해국도지 【十】

海國圖志 十

해국도지 海國圖志 【十】

초판 1쇄 인쇄 2024년 12월 2일

초판 1쇄 발행 2024년 12월 20일

―

저 자 | 위원魏源

역주자 | 정지호·이민숙·고숙희·정민경

발행인 | 이방원

발행처 | 세창출판사

신고번호·제1990－000013호

주소·03736 서울특별시 서대문구 경기대로 58 경기빌딩 602호

전화·02 － 723 － 8660 팩스·02 － 720 － 4579

홈페이지·http://www.sechangpub.co.kr 이메일·edit@sechangpub.co.kr

―

ISBN 979-11-6684-385-3 94900

ISBN 979-11-6684-040-1 (세트)

―

이 역주서는 2017년 대한민국 교육부와 한국연구재단의 지원을 받아 수행된 연구임.

(NRF－2017S1A5A7020082)

―

해국도지
海國圖志

【十】

(권31~권32)

위원魏源 저

정지호 · 이민숙 · 고숙희 · 정민경 역주

세창출판사

옮긴이의 말

『해국도지』 출판 배경

1839년 호광총독湖廣總督 임칙서林則徐(1785~1850)는 도광제道光帝(재위 1820~1850)의 특명을 받고 아편 무역을 단속하기 위해 흠차대신欽差大臣(특정한 사항에 대해 황제의 전권을 위임받아 처리하는 대신)으로 광주廣州에 파견되었다. 그의 목적은 아편 수입의 급증에 따른 경세지 혼란과, 관료와 군인들이 아편 흡입으로 세국의 기강이 무너지는 것을 방지하기 위한 것이었다. 광주에 도착한 임칙서는 외국 상인에게서 약 2만여 상자의 아편을 몰수한 후 석회를 섞어 소각해서 바다로 흘려보냈다. 아편 1상자가 약 1백 명이 1년간 상용할 수 있는 양이라고 하니 당시 소각한 아편은 엄청난 양이었음을 알 수 있다.

임칙서는 아편을 단속하는 한편, 서양 정세에도 깊은 관심을 기울였다. 그러나 당시 서양의 실상을 알기 위한 중국 서적이 거의 없는 상황에서 그는 서양 사정에 관한 다양한 자료를 수집하여 번역하는 작업에 착수했다. 번역 팀은 양진덕梁進德, 원덕휘袁德輝, 아맹亞孟, 임아적林亞適 등으로 구성되었다. 이 중 양진덕은 중국 최초의 기독교 선교사로서 『권세양언勸世良言』을 저술한 양발梁發의 아들이다. 독실한 기독교 가정에서 자란 그는 미국인 선교사 엘리자 콜먼 브리지먼Elijah Coleman Bridgman으로부터 영어를 배웠다고 한다.

임칙서는 수집한 자료 중에서 영국인 휴 머레이Hugh Murray(중국명 모단慕端)가 저술한 『세계지리대전The Encyclopaedia of Geography』(London, 1834)을 번역하게 한 후 이를 윤색하여 『사주지四洲志』를 편찬했다. 『사주지』는 원저의 요점을 간추려서 20분의 1 분량으로 요약했다고 하는데, 임칙서가 윤색에 어느 정도 관여했는지는 명확하지 않다. 임칙서는 1841년 6월에 아편전쟁의 책임을 지고 이리伊犁로 좌천되었는데, 도중 양주揚州 근처 경구京口(강소성 진강鎭江)에서 위원을 만나 『사주지』를 비롯해 그동안 수집한 다양한 자료 등을 전해 주었다.

공양학자公羊學者이면서 일찍부터 해방海防에 관심이 높았던 위원은 임칙서가 전해 준 『사주지』 등의 자료를 토대로 1년 만인 1842년 『해국도지海國圖志』 50권본을 출간했다. 그 후 1847년에는 60권본으로 증보 개정했고, 1852년에는 방대한 분량의 100권 완간본을 출간했다. 『해국도지』는 그 서명에서도 알 수 있듯이 대륙 중심의 중국이 처음으로 해양을 통한 세계 여러 나라에 관심을 기울이게 된 기념비적인 서적이라고 할 수 있다.

위원은 『해국도지』 서문에서 이 서적의 특징에 대해 "이전 사람들의 책이 모두 중국인의 입장에서 서양을 언급한 것이라면, 이 책은 서양인의 관점에서 서양을 언급한 것이다"라고 밝히고 있다. 나아가 "서양의 힘을 빌려 서양을 공격하고(以夷攻夷), 서양의 힘을 빌려 서양과 화친하며(以夷款夷), 서양의 뛰어난 기술을 배워(爲師夷長技) 서양을 제압하기 위해서 저술한 것이다(以制夷而作)"라고 언급하고 있다. 당시 중화사상에 입각해 외국에 배운다고 하는 것에 저항감이 있었던 중국의 현실에서 위원은 서양을 제압하기 위해서는 서양의 뛰어난 기술을 배울 필요가 있다고 호소한 것이다. 근대 계몽사상가인 량치차오梁啓超는 『중국근삼백년학술사中國近三百年學術史』에서 『해국도지』에 대해 "근래 백 년 동안 중국의 민심을 지배했고, 오늘날까지 그 영향력이 적지 않을 뿐만 아니라 … 중국 사대부의 지리에 관한 지식은 모두 이 책에서 비롯되었다"라고 높게 평가하고 있다.

위원의 생애

위원魏源(1794~1857)은 청대 정치가이며 계몽사상가이다. 호남성湖南省 소양邵陽 사람으로, 자는 묵심默深, 묵생墨生, 한사漢士이며, 호는 양도良圖이다. 그의 아버지 위방로魏邦魯(1768~1831)는 강소성 가정현嘉定縣 등에서 지방관을 역임했다. 위원은 주로 강소성 지역에서 활동하면서 해방에 대해 관심이 높았는데, 이러한 해방 의식의 형성 배경에는 이 지역이 해상으로부터 피해를 입기 쉬운 곳이라는 지역적 특성이 작용한 듯하다.

위원은 유봉록劉逢祿으로부터 공양학公羊學을 전수받았다. 공양학은 『춘추공양전春秋公羊傳』에 입각하여 성인의 미언대의微言大義(간결한 언어로 심오한 대의를 논하는 것)를 연구하는 학문이다. 그는 특히 동중서董仲舒 『춘추번로春秋繁露』의 미언대의 중에서 '도道'와 '세勢'의 관계에 주목했다. 도뿐만 아니라 세를 중시하는 그의 사상은 세상을 일대 변국으로 보고 다양한 정치 개혁을 착수하는 데 밑거름이 되었던 것이다.

위원은 도광 2년(1822) 향시鄕試에 합격해 거인擧人이 되었으나 이후 거듭되는 과거 시험의 낙방으로 결국은 연납捐納을 통해 관직에 진출했다. 이후 내각중서內閣中書로 일하면서 황실 도서를 이용할 수 있게 되어 이를 바탕으로 『성무기聖武記』를 저술했다. 이 책은 위원이 10여 년의 시간을 들여 청조의 흥기에서 아편전쟁에 이르기까지 국내의 여러 반란이나 주변 민족의 문제 등에 내해 서술한 것으로 청조의 전법戰法, 군사, 재정에 대해 종합적으로 논한 것으로 평가되고 있다. 위원은 37세가 되던 1830년 임칙서 등과 함께 선남시사宣南詩社를 결성했다. 이는 문인들의 모임이지만, 아편 엄금론을 주장한 황작자黃爵滋, 고증학자로 유봉록에게서 공양학을 전수받은 공자진龔自珍 등 당시로서는 개혁적 성향을 지닌 인사들의 교류 공간이었다. 위원은 1840년 아편전쟁이 발발하자 임칙서의 추천으로 양절총독 유겸裕謙의 막료로 들어갔다. 영국 장교 앤스트러더Anstruther를 만난 것은 바로 이 시기이다. 위원은 앤스트러더에게서 영국의 제반 상황을 전해 듣고 1841년 『영길리소기英吉利小記』라는 소책자를 출간하면서 서양에 대해 본격적인 관심을 기울였다. 마침 같은 해 아편전쟁 패배의 책임을 지고 이리로 좌천되어 가던 임칙서에게서

『사주지』를 비롯해 서양 관련 자료를 전해 받았다. 위원은 "서양 오랑캐를 물리치려면 먼저 서양 오랑캐의 실정을 자세하게 파악하는 데서 시작해야 한다(欲制外夷者, 必先悉夷情始)"(『해국도지海國圖志』 권1 「주해편籌海篇」)라는 인식하에 이듬해인 1842년 마침내 『해국도지』 50권본을 편찬하게 되었다.

위원은 도광 25년(1845)에 비로소 진사가 되어 고우현高郵縣 지주知州를 지냈으나 만년에는 벼슬을 버리고 불교에 심취했다. 주요 저작으로는 『공양고미公羊古微』, 『동자춘추발미董子春秋發微』, 『춘추번로주春秋繁露注』, 『시고미詩古微』, 『서고미書古微』, 『원사신편元史新篇』, 『고미당시문집古微堂詩文集』, 『성무기』 등이 있는데, 경학經學, 사학史學, 지리학, 문학, 정치, 경제 및 군사 등 다방면의 내용을 다루고 있다.

『해국도지』의 판본

『해국도지』는 모두 3종의 판본이 있다. 50권본(1842), 60권본(1847), 100권본(1852)이 그것이다. 그 외, 후에 영 존 앨런Young John Allen에 의하여 20권본이 증보된 120권본이 있는데, 여기에서는 전자인 3종의 판본에 대해 설명한다.

1. 50권본

『해국도지』 50권본은 이 책의 「서敍」에 따르면, "도광 22년(1842), 임인년 가평월(음력 12월) 양주에서 내각중서 소양 사람 위원이 쓰다(道光二十有二載, 歲在壬寅嘉平月, 內閣中書魏源邵陽敍于揚州)"라고 되어 있다. 즉 1842년 12월 57만 자에 이르는 『해국도지』 50권본이 처음으로 세상에 모습을 드러낸 것이다. 이 책에는 23폭의 지도와 8쪽에 이르는 서양 화포 도면이 수록되어 있다. 「서」에 따르면, 임칙서의 『사주지』를 토대로 더 많은 내용을 첨가해서 "동남양·서남양은 원서(『사주지』)에 비해 10분의 8이 늘어났고, 대소서양·북양·외대양은 원서(『사주지』)보다 10분의 6이 더 늘어났다(大都東南洋·西南洋, 增于原書者十之八, 大小西洋·北洋·外大洋增于原書者十之六)"라고 기록하고 있다.

2. 60권본

『해국도지』60권본은 이 책의 「원서原敍」에 따르면 "도광 27년(1847)에 양주에서 판각되었다(道光二十七載刻于揚州)"라고 기록하고 있다. 위원은 50권본을 출간한 이후 5년간의 노력 끝에 60여만 자로 확충해 『해국도지』60권본을 편찬한 것이다. 이 책은 50권본에 비해 해외 각 나라의 당시 상황과 서양의 기예技藝 부분 1권을 8권으로 확충했는데, 위원에 따르면 임칙서가 번역한 서양인의 『사주지』와 중국 역대의 사지史志, 명明 이래의 도지島志 그리고 최근의 외국 지도와 외국 저술에 의거하여 편찬했다고 한다.

3. 100권본

『해국도지』100권본은 "함풍 2년(1852)에 책 내용을 더 보태 100권본으로 만들어서 고우주에서 판각했다(咸豊二年重補成一百卷, 刊于高郵州)"고 한다. 『해국도지』「후서後敍」에 따르면 함풍 2년 88만 자로 확충해서 100권본을 출간했다고 언급하고 있는데, 이 책에서는 지도 75쪽, 서양 기예 도면도가 57쪽, 지구천문합론도식地球天文合論圖式 7폭이 보충되었다. 이후 이를 정본으로 하여 위원의 사후에도 중국 각지에서 100권본에 대한 재간행이 이루어졌다. 그중에서 위원의 후손인 위광도魏光燾가 광서光緒 2년(1876)에 『해국도지』를 재간행했는데, 이 책에는 좌종당左宗棠의 서문이 실려 있다. 최근에는 지난대학暨南大學의 천화陳華 등이 주석을 단 악록서사본岳麓書社本(1988)이 간행되어 『해국도지』를 읽어 나가는 데 유익함을 주고 있다. 본 역주 작업은 광서 2년본 『해국도지』를 저본으로 삼아 악록서사본 및 그외 판본 등을 참조하여 진행했음을 미리 밝혀 둔다.

『해국도지』의 구성 및 내용

『해국도지』의 구성은 다음과 같다.

권수	구성
권1~2	주해편籌海篇
권3~4	해국연혁각도海國沿革各圖
권5~70	동남양東南洋(동남아시아, 일본), 서남양西南洋(인도, 서·중앙아시아), 소서양小西洋(아프리카), 대서양大西洋(유럽), 북양北洋(러시아와 발틱 국가들), 외대서양外大西洋(남북아메리카)의 인문지리
권71~73	동서양 종교, 역법曆法, 기년법紀年法 비교표
권74~76	세계 자연지리 총론: 오대주와 곤륜崑崙에 대한 서양의 지도 소개
권77~80	주해총론籌海總論 - 중국 저명인사의 해방론에 대한 상주문과 해방 관련 글
권81~83	청대 신문 잡지에 실린 대외 관련 기사
권84~93	해방을 위한 대포, 포탄 등 무기 12종에 관한 논의와 도설圖說
권94~95	망원경 제작 방법 등 서양의 과학 기술에 대한 소개, 아편의 중국 수입 통계 등.
권96~100	지구천문합론地球天文合論, 칠정七政과 일월식日月蝕 등 14종의 지구과학적 자연 현상에 대한 해설

각 권의 요지는 다음과 같다.

권1~2 주해편은 『해국도지』를 편찬하는 목적이라고 할 수 있는 해방론을 다룬 부분이다. 여기에서 위원은 아편전쟁에서 패한 교훈을 근거로 방어와 화친에 대해 논한다. 먼저 '방어란 무엇인가? 어떻게 방어할 것인가?'라는 문제에 대해 "바다를 지키는 것은 해구海口를 지키는 것만 못하고, 해구를 지키는 것은 내륙의 하천을 지키는 것만 못하다"라는 원칙하에 해안보다는 내지 하천의 방비를 강화할 것을 주장한다. 특히 안남국과 미얀마가 영국을 무찌른 사례를 들어 중국의 지세를 활용한 방어책의 중요성을 강조하며, 나아가 군사 모집의 방법과 용병술에 대해 서술하고 있다. 내부의 방어를 견고히 한 후 외국의 공격을 막기 위해서는 적을 이용해 적을 공격하는 이른바 '이이공이以夷攻夷'를 제기한다. 당시 적국인 영국과 사이가 좋지 않은 러시아와 프랑스를 끌어들여 영국을 견제하게 하는 방안이다. 이와 함께 해상전을 위해 광동과 복건 등지에 조선소를 건설해서 군함을 비롯한 선박을 제조하고 적합한 인재를 양성해 해군력을 강화할 것을 주장한다. 화친에 대해서는 단지 열강과의 충돌이 두려워 그들의 요구를 수용(예를 들면 아편 무역을 허용)하기보다는 대체 무역을 통해 그들의 이익을 보장해 주어 화친할 것을 논하고 있다.

권3~4에서는 동남아시아와 서남아시아·아프리카·대서양 유럽 및 남북아메리카의 연혁과 함께 지도를 수록하고 있다. 역사적으로는 지도를 통해 한대부터 위진 남북조, 당대, 원대까지 역대 사서에 기록된 서역 각 나라의 연혁을 서술하여 세계 각 나라의 지리를 한눈에 볼 수 있게 했다.

권5~18의 동남양에서는 역사적으로 중국과 관계가 깊은 베트남을 필두로 해서 태국, 미얀마[이상을 연안국(海岸諸國)으로 분류], 루손, 보르네오, 자와, 수마트라, 일본[이상을 섬나라(海島諸國)로 분류] 등 각 나라의 지리, 역사, 문화 특색 및 중국을 비롯한 서양 국가들과의 대외관계를 서술하고 있다. 동남아시아의 주요 국가를 기술하면서 일본을 포함시킨 이유에 대해 바다로부터 침입을 막은 해방의 경험이 있기 때문이라고 하며, 조선과 류큐는 해방과는 거리가 멀어 언급하지 않는다고 밝히고 있다. 그리고 베트남을 제일 먼저 서술하고 있는 것에 대해 베트남이 역사상 중요한 조공국인 것도 있지만, 그보다도 지리적 여건을 이용해 여러 차례 네덜란드를 비롯한 서양 선박을 물리친 사실에서 중국이 해방을 하는 데 유의할 만한 사례라고 언급하고 있다. 나아가 베트남에서 아편을 금지한 것도 일본에서 기독교를 금지한 것과 함께 높게 평가하고 있다. 이 동남양에서는 중국에서 동남아시아 제 지역으로 가는 항로에 대해서도 상세하게 소개하고 있어 마치 독자로 하여금 지섭 여행하는 기분을 느끼게 해 준다.

권19~32에서는 서남양의 인도 및 서아시아에 대해 서술하고 있다. 먼저 인도를 동인도·서인도·남인도·북인도·중인도로 나누어 이들 지역에 존재했던 왕국의 지리, 역사, 문화 등에 대해 언급하고 이울러 중국을 비롯한 서양 국가들과의 대외관계에 대해 서술하고 있다. 그리고 영국 동인도 회사의 설립과 해산 과정, 영국 속지의 지리, 역사, 문화, 종교, 인구, 풍속 등을 기술하고 있다. 또한 페르시아, 유다 왕국, 터키의 지리, 역사, 문화 및 서양과의 대외관계에 대해 기술하고 있는데, 여기에서는 특히 천주교가 중국에 어떠한 경로를 통해 전래되었는지를 보여 주는 『대진경교유행중국비大秦景教流行中國碑』 전문을 소개하고 있다. 위원은 천주교의 교리에 대해서도 많은 지면을 할애해서 소개하면서 그 교리의 문제점에 대해 비판적인 자세를 보이고 있다.

권33~36의 소서양에서는 아프리카대륙에 대한 전반적인 소개를 비롯해서 이집트, 에티오피아 등 아프리카대륙 국가들의 역사, 지리, 문화, 대외관계 등에 대해서 기술하고 있다. 특히 로마와 카르타고의 전쟁에 대해 상세하게 서술하고 있어 흥미롭다.

권37~53의 대서양에서는 유럽대륙에 대한 전반적인 소개를 하고 포르투갈을 필두로 해서 유럽 각 나라의 역사, 지리, 문화, 대외관계 등에 대해 기술하고 있다. 포르투갈 편에서는 옹정제 시기 포르투갈 국왕에 대한 하사품으로 일반적인 은상 외에 인삼, 비단, 자기 등 수십여 가지 품목을 구체적으로 기록하고 있어 서양과의 조공무역 일단을 살피는 데 유익하다. 위원은 영국에 대해 특히 많은 관심을 보여 다른 국가에 비해 많은 지면을 할애하여 영국의 역사, 지리, 문화, 정치, 경제, 사회, 대외관계 등에 대해 상세하게 소개하고 있다. 영국과의 아편전쟁이 『해국도지』 편찬에 중요한 계기가 되었음을 보여 주는 좋은 사례라 하겠다.

권54~58 북양·대서양에서는 러시아와 북유럽 국가의 역사, 지리, 민족, 언어, 정치 제도, 종교, 문화 등에 대해 상세하게 소개하고 있다. 특히 러시아 지역을 백해 부근, 백러시아, 발트해 연안, 신러시아, 시베리아 등 여러 지역으로 구분해서 각 지역의 복잡다단한 역사와 지리, 지역적 특성에 대해 고찰하고 있어 러시아에 대한 전반적인 이해를 돕는 데 유익하다. 위원이 러시아에 대해 영국과 마찬가지로 많은 지면을 할애하고 있는 것은 영국과 대립하고 있는 러시아를 이용해 영국을 견제하고자 하는 의도가 담겨 있는 것이라고 하겠다.

권59~70 외대서양에서는 콜럼버스의 아메리카대륙 발견 과정과 남북아메리카대륙의 위치와 기후, 물산의 특징에 대해 서술하고 있다. 특히 미국의 역사와 정치, 종교, 교육, 복지, 경제 및 미국인들의 인격 등에 대해서 상세하게 설명하고 있다. 보스턴 차 사건을 계기로 미국이 영국으로부터 독립을 쟁취하기까지의 과정을 상세히 살펴보면서 미국의 독립을 높게 평가하고 있다. 위원이 영국을 '영이英夷(영국 오랑캐)'라고 표기하면서도 미국을 '미이美夷'라고 표기하지 않은 것 역시 영국에 대한 적대적 감정과 함께 미국을 통해 영국을 견제하고자 하는 의도가 담겨 있는 것이라 하겠다.

권71~73 표에서는 동서양의 종교, 역법, 기년법의 차이에 대해 상세하게 서술하고 있다.

권74~76 지구총설에서는 불교 경전과 서양의 도설에 의거해 오대주와 세계의 지붕이라고 불리는 곤륜(파미르고원)의 자연지리 및 설화 등에 대해 상세한 소개를 하고 있다.

권77~80 주해총론은 당대 관료와 학자들의 변방과 해안 방어에 관한 각종 대책과 상주문을 모은 것으로 19세기 당시 중국 엘리트 지식인들의 영국, 프랑스 등 서양 각 나라에 대한 인식을 비롯해 영국을 제압하기 위한 방도 및 급변하는 시국에 적절한 인재 양성 등을 논하는 내용을 다루고 있다.

권81~83 이정비채夷情備採에서는 『오문월보澳門月報』를 비롯한 서양 신문 잡지에 실린 내용을 통해 외국의 눈에 비친 중국의 모습을 소개하고 있으며, 서양의 중국에 대한 관심 및 아편 문제, 중국 해군의 취약점 등을 상세하게 서술하고 있다.

권84~93에서는 해방을 위한 서양의 전함과 대포 및 포탄 등 병기 제조, 전술, 측량술 등을 도면과 함께 상세하게 소개하고 있다.

권94~95에서는 망원경 제작 방법 등 서양의 다양한 과학 기술을 소개하고 있으며, 아편의 중국 수입량에 대한 통계를 다루고 있다.

권96~100에서는 포르투갈 출신의 예수회 선교사 호세 마르티노 마르케스José Martinho Marques의 지술에 의기하여 칠정七政, 즉 일日·월日·화성火星·수성水星·금성金星·목성木星·토성土星을 소개하고, 이외 일월식日月蝕, 공기, 바람, 천둥과 번개, 조수 및 조류, 지진, 화산 등 다양한 자연 현상의 발생 원인과 양상에 대해 구체적으로 설명하고 있다. 나아가 일월과 조수의 관계, 절기에 따른 태양의 적위, 서양 역법의 기원에 대해서도 다루고 있다.

『해국도지』의 조선 및 일본에의 전래

전근대 중국의 세계관은 고도의 문명을 자랑하는 중국(華)을 중심으로 해서 그 주변에 아직 문명이 미치지 않은 오랑캐(夷)가 존재한다고 하는 일원적인 세계관을 전제로 했다. 화이관에 입각한 중국의 지배 질서는 황제의 덕이 미치는 정도에 따라 중앙과 지방의 이원적 구조를 뛰어넘어 표면상으로는 전 세계에 걸쳐 있었다. 이른바 '천하일통天下一統'의 관념이 존재했던 것이다. 이러한 화이사상에 근거한 중화 세계 질서는 아편전쟁 이후 서구 열강의 침략을 받게 되면서 서서히 무너져 가기 시작한다. 중국이 서구 열강을 중심으로 하는 국제 질서에 편입하게 됨에 따라 '중국'은 더 이상 세계의 중심이 아니라 많은 나라 중의 하나에 불과하며, 세계는 서로 다른 문화를 가진 각 나라가 서로 경합하는 다원적인 공간이라고 하는 인식의 변화가 일어난 것이다. 이러한 인식의 변화는 당시 중국의 엘리트 지식인들에게는 일찍이 경험해 보지 못한 미증유의 세계였다. 위원이 편찬한『해국도지』는 중국의 지식인들이 새로운 세계에 눈을 돌릴 수 있는 계기를 제공한 것으로, 그것은 단순히 지리적 세계뿐만 아니라 정신적 세계로의 길잡이 역할을 한 것이다. 이리하여『해국도지』는 당시 중국 지식인들이 '천하'에서 '세계'로 세계상을 전환하면서 중화사상이라는 자기중심적 세계상에서 탈출하는 힘들고 어려운 여행길에 나설 수 있게 해 주었다.

『해국도지』50권본은 출간되자마자 조선에 전래되었다. 남경조약이 체결되고 나서 1년여가 지난 1844년 10월 26일 조선은 겸사은동지사兼謝恩冬至使를 북경에 파견했는데, 이듬해인 1845년 3월 28일 겸사은동지사의 일행 중에서 정사正使 흥완군興完君 이정응李晸應, 부사 예조판서 권대긍權大肯이『해국도지』50권본을 가지고 귀국한 것이다. 이 50권본은 일본에는 전해지지 않았다. 이후 많은 학자들이 북경에 다녀올 때마다『해국도지』를 구입해 들여와서 개인 소장할 정도로 인기가 높았다고 한다. 가령 김정희金正喜(1786~1856)는『완당선생전집阮堂先生全集』에서 "『해국도지』는 반드시 필요한 책이다(海國圖志是必需之書)"라고 했으며, 또한 허전許傳(1792~1886)의『성재집性齋集』에 실린「해국도지발海國圖志跋」에는 "그 대강을 초록해 놓음으로써 자세히 살피고 검토하는 데 보탬이 된다(故略抄其槩, 以資考閱云爾)"라고 언급하고 있는 것으로 보아 당시에 이미 요약본도 있었음을 알 수 있다. 나아가 최한기崔漢綺(1803~1877)는『해국도지』등을 참고하여『지구전요地球典要』를 썼고, 1871년 신미양요 중에 김병학金炳學은『해국도지』를 인용하여 국왕에게 미국의 정세를 보고했으며, 1872년 박규수는 중국에 다녀온 뒤로 당시 청년 지식인들에게 해외에 관한 관심과 이해를 강조하며 『해국도지』를 권장했다고 할 정도로 『해국도지』는 조선의 지식인들에게 외국에 대한 이해를 넓히고 새로운 세계 문명지리에 대한 지식을 갖게 해 주었다. 특히 신헌申櫶(1810~1884)은 『해국도지』에 제시된 무기도武器圖에 근거하여 새로운 무기를 만들었다고 할 정도이니 그 영향이 매우 컸음을 알 수 있다.

이러한 상황은 일본의 경우도 마찬가지이다. 『해국도지』는 1851년 처음 일본에 전해졌지만, 1854년 미일통상수교조약이 체결된 뒤에 정식으로 수입이 허가되었다. 그 뒤로 막부 말기에 가와지 도시아키라川路聖謨가 사재를 들여 스하라야 이하치須原屋伊八에게 번각翻刻 출간하게 함으로써 일반인에게도 알려졌다. 그 뒤로 메이지 원년(1868)까지 간행된 『해국도지』는 23종에 이를 정도로 널리 보급되었으며, 일본 근대화에 큰 영향을 미친 사쿠마 쇼잔佐久間象山, 요시다 쇼인吉田松陰, 사이고 다카모리西鄕隆盛 등은 이 책의 열렬한 독자였다고 전해진다.

『해국도지』 역주 작업의 경과 및 의의

『해국도지』 역주 작업은 한국연구재단 명저번역 사업의 일환으로 진행되었다. 번역진은 필자를 포함해 모두 4인으로 초 3년에 걸쳐 초번 번역을 진행했으며, 이후 지속적이고 꼼꼼한 윤독 과정을 거치며 번역문에 대한 수정 작업에 전념했다. 위원이 『해국도지』의 서문에서 100권이라는 분량의 방대함에 너무 질리지 않았으면 좋겠다고 한 것에서 알 수 있듯이 방대한 분량으로 인해 당초 3년이라는 시간 내에 역주 작업을 마칠 수 있을까 하는 염려가 없지 않았으나, 번역진의 부단한 노력 끝에 무사히 번역 작업을 완수할 수 있게 되었다.

본 역주 작업은 광서 2년에 간행된 『해국도지』 100권을 저본으로 삼아 기존에 간행된 판본과의 비교 검토를 진행하면서 글자의 출입을 정리하는 것에서부터 시작했다. 이 작업에는 악록서사 교점본에 많은 도움을 받았다.

번역 작업은 그 자체로 험난한 여정이었다. 『해국도지』는 세계 문명지리서인

만큼 외국의 수많은 국명과 지명, 인명이 한자어로 표기되어 있는데, 독자들의 가독성을 위해 가급적 원어 명칭을 찾으려고 노력했다. 유럽과 아메리카의 경우 다른 대륙에 비해 명칭 확인이 비교적 용이했지만, 지금은 사라진 국명이나 전혀 알려지지 않은 지명 등의 원어 명칭을 찾는 일은 그 자체로 수고로운 일이었다. 끊임없는 노력을 기울였음에도 원어 명칭을 찾지 못해 한자어 명칭을 그대로 표기한 것도 있는데, 이에 대해서는 독자들의 양해를 구하는 바이다.

또한 이미 언급했듯이 100권이라는 방대한 분량에 각 권의 내용도 상당히 난해하여 해석하고 주석을 다는 일 역시 쉬운 작업은 아니었다. 지금까지 『해국도지』의 중요성을 모두 인식하고 있음에도 불구하고 아직 완역본이 나오지 않은 것 역시 역주 작업의 어려움을 간접적으로 말해 주는 것이다. 이에 본서는 『해국도지』에 대한 세계 최초의 역주서라는 점에서 그 의의를 높게 살 만하지 않을까 생각한다. 게다가 본 번역진의 완역 작업을 통해 그동안 일부 전문 연구자의 전유물이었던 『해국도지』를 일반 독자에게도 제공할 수 있게 되었다는 점에 의미를 부여하고자 한다. 그럼에도 불구하고 본 역주 작업에는 번역진이 미처 인지하지 못한 번역상의 문제가 있을 수 있으니, 독자 여러분의 아낌없는 질정을 바라는 바이다.

마지막으로 어려운 출판 여건 속에서도 좋은 책을 만들기 위해 항상 애쓰시는 세창출판사 관계자 여러분께 깊은 감사를 드린다. 특히 김명희 이사님과 정조연 편집자님의 끝없는 관심과 세세한 교정 덕분에 본서의 완성도를 한층 더 높일 수 있게 되었다고 생각한다.

고황산 연구실에서 역주자를 대표해 정지호 씀

차례

해국도지
海國圖志

【十】
(권31~권32)

해국도지 전체 차례

일러두기 ───

1. 본 번역은 『해국도지海國圖志』 광서光緖 2년본(平慶涇固道署重刊), 『해국도지』 도광
   본道光本과 천화陳華 등이 교점한 『해국도지』(岳麓書社, 1998)(이하 '악록서사본'으로 약칭)
   등 『해국도지』 관련 여러 판본을 참고, 교감하여 진행했다.

2. 『해국도지』는 다음 원칙에 준해 번역한다.
   ① 본 번역은 광서 2년본에 의거하되, 글자의 출입이나 내용상의 오류가 발견될
      경우 악록서사본 등을 참고하여 글자를 고쳐 번역하고 주석으로 밝혀 둔다.

      예) 태국은 미얀마의 동남東南[1]쪽에서 위태롭게 버텨 오다가 건륭 36년(1771)에
         미얀마에게 멸망되었다.
         暹羅國跼長, 居緬東南, 緬于乾隆三十六年滅之.
         1) 동남쪽: 원문은 '동남東南'이다. 광서 2년본에는 '서남西南'으로 되어 있
            으나, 악록서사본에 따라 고쳐 번역한다.

   ② 본 번역은 가능한 한 직역을 위주로 하고 직역으로 문맥이 통하지 않을 경
      우에는 본뜻에 벗어나지 않는 범위 내에서 의역하며, 문맥의 이해를 돕기
      위해 필요시 [ ] 부분을 삽입해 번역한다.

   ③ 본 번역에서 언급되는 중국의 국명, 지명, 인명, 서명의 경우, 한국식 독음으
      로 표기하며, 조목마다 처음에만 한자어를 병기한다. 다만 홍콩, 마카오와
      같이 한국인에게 널리 알려진 지명의 경우는 그대로 사용하며, 지금의 지명
      으로 설명이 필요한 경우는 중국 현대어 발음으로 표기한다.

④ 중국을 제외한 외국의 국명, 지명, 인명, 서명의 경우, 외래어 표기법에 의거하여 해당 국가의 현대식 표기법을 따르고, 조목마다 처음에만 해당 지역의 영문 표기를 병기한다. 나머지 필요한 상황은 주석으로 처리한다. 외국의 국명, 지명, 인명 등에 대한 음역의 경우, 이해를 돕기 위해 두음법칙을 적용하지 않았다.

예) 캘리컷Calicut[1]

　　1) 캘리컷Calicut: 원문은 '고리古里'로, 인도 서남부의 캘리컷을 가리킨다. 지금의 명칭은 코지코드Kozhikode이다.

⑤ 외국 지명은 현대식 표기법을 따를 때 역사적 사건과 사실이 잘 드러나지 않는 경우가 있다. 안남安南의 경우, 오늘날의 베트남을 지칭하지만, 역사적으로 보면 베트남의 한 왕국 이름이다. 따라서 이 경우에는 부득이하게 한자음을 그대로 따르고 처음 나올 때 이를 주석에 명기한다.

예) 안남安南[1]

　　1) 안남安南: 지금의 베트남을 가리키는 말로, 당대에 이곳에 설치된 안남도호부安南都護府에서 유래되었다. 청대에는 베트남을 안남국, 교지국 등으로 구분하여 불렀다. 또한 안남국은 꽝남국을 가리키기도 한다.

⑥ '안案', '안按', '원안源案' 및 부가 설명은 번역문과 원문에 그대로 노출시킨다. 본문 안의 안과 부가 설명은 본문보다 작게 표기하고 안은 본문보다 연하게 다른 서체로 표기한다. 다만 본문 가장 뒤에 나오는 '안'과 '원안'의 경우는 번역문과 원문 모두 진하게 표기하고 본문 안의 안과 같은 서체로 표기해 구분한다.

예1) 이에 스페인 사람들은 소가죽을 찢어 몇천 길의 길이로 고리처럼 엮어 필리핀의 땅을 두르고는 약속대로 해 달라고 했다. 살펴보건대 마닐라 땅을 [소가죽 끈으로] 두르고 약속대로 해 달라고 했다고 해야 한다.

其人乃裂牛皮, 聯屬至數千丈, 圍呂宋地, 乞如約. 案: 當云圍體里喇地. 乞如約.

예2)   영국·네덜란드령 아체와 스리비자야

단, 3국은 같은 섬으로, 당唐나라 이전에는 파리주婆利洲 땅이었다.

수마트라의 현재 이름이 아체이다. 스리비자야의 현재 이름이 팔렘방Palembang이다.

英荷二夷所屬亞齊及三佛齊島

三國同島, 卽唐以前婆利洲地. 蘇門答剌, 今名亞齊. 三佛齊, 今名舊港.

예3) 위원이 살펴보건대 베트남의 서도는 후에에 있으니 곧 참파의 옛 땅이다. 여기에서
별도로 본저국을 가리켜 참파라고 하는데, 옳지 않다. 본저국은 캄보디아, 즉 옛
첸라국이다. 『해록』이 상인과 수군의 입에서 나온 책이기 때문에 보고 들은 것은
비록 진실에 속할지 모르지만, 고대의 역사사실을 고찰함에 있어 오류가 많다. 이
에 특별히 부록을 달아 바로잡는다. 참파의 동남쪽 바다에 있는 빈동·룡국은 바로
『송사』에서 말하는 빈다라賓陀羅로, 빈다라는 참파와 서로 이어져 있고 지금도 나
란히 꽝남 경내에 속해 있는 것으로 보아 아마도 용·내의 땅인 것 같다. 명나라 왕기
王圻가 편찬한 『속통고續通考』에는 『불경』의 사위성舍衛城이라고 잘못 가리키고 있
는데, 이에 대해서는 말루쿠제도Maluku 뒤에서 바로잡는다.

源案: 越南之西都, 在順化港, 卽占城舊地也. 此別指本底爲占城, 非是. 本底爲柬埔寨, 卽古眞
臘國. 『海錄』出於賈客舟師之口, 故見聞雖眞, 而考古多謬. 特附錄而辯之. 至占城東南瀕海, 尙
有賓童龍國, 卽『宋史』所謂賓陀羅者, 與占城相連, 今竝入廣南境內, 疑卽龍柰之地. 明王圻『續
通考』謬指爲『佛經』之舍衛城, 辯見美洛居島國後.

⑦ 주석 번호는 편별로 시작한다.

⑧ 본서에서 언급하고 있는 '원본'은 임칙서林則徐의 『사주지四洲志』이다.

예) 원본에는 없으나, 지금 보충한다.

해국도지 원서[1]

—

『해국도지』 60권은 무엇에 의거했는가? 첫째로 전 양광총독兩廣總督이자 병부상서兵部尚書였던 임칙서林則徐[2]가 서양인[3]의 저서를 번역한 『사주지四洲志』[4]에 의거했다. 둘째로 역대 사지史志[5] 및 명대明代 이래의 도지島志,[6] 그리고 최근의 외국 지도[7]·외국어 저술[8]에 의거했다. 철저하게 조사·고찰하고 일목요연하게 정리하여 새로운 길을 열고자 한다. 대체로 동남양東南洋,[9] 서남양西南洋[10]은 원본에 비해 10분의 8 정도를 증보했고, 대서양大西洋·소서양小西洋,[11] 북양北洋,[12] 외대서양外大西洋[13] 역시 10분의 6 정도를 증보했다. 또한 지도와 표를 날줄과 씨줄로 하고 다양한 사람들의 논점을 폭넓게 참고하여 논의를 진행했다.

[이 책이] 이전 사람들의 해도海圖에 관한 서적과 다른 점은 무엇인가? 이전 사람들의 책이 모두 중국인의 입장에서 서양[14]을 언급한 것이라면, 이 책은 서양인의 관점에서 서양을 언급했다는 것이다.[15]

이 책을 저술한 이유는 무엇인가? 서양의 힘을 빌려 서양을 공격하고

(以夷攻夷), 서양의 힘을 빌려 서양과 화친하며(以夷款夷), 서양의 뛰어난 기술을 배워(爲師夷長技) 서양을 제압하기 위해서 저술한 것이다(以制夷而作).

『주역周易』에 다음과 같은 기록이 있다.

"사랑과 증오가 서로 충돌함에 따라 길흉吉凶을 낳고, 장래의 이익과 눈앞의 이익을 취함에 따라 회린悔吝을 낳으며, 진실과 거짓이 서로 감응함에 따라 이해利害를 낳는다."[16] 그러므로 똑같이 적을 방어한다고 해도 그 상황을 아는 것과 모르는 것은 손익 면에서 아주 큰 차이가 난다. 마찬가지로 적과 화친한다고 해도 그 사정을 아는 것과 모르는 것은 손익 면에서 커다란 차이가 있다. 과거 주변 오랑캐[17]를 제압한 경우에, 적의 상황을 물어보면 자기 집 가구를 대하듯이 잘 알고 있었으며, 적의 사정을 물어보면 일상다반사와 같이 잘 알고 있었다.

그렇다면 이 서적만 있으면 서양을 제압할 수 있다는 것인가? 그렇다고 할 수도 있지만, 아닐 수도 있다. 이것은 군사적 전략은 될 수 있지만, 근본적인 대책은 아니다. 유형의 전략이지 무형의 전략은 아니다. 명대 관료는 말하길 "해상의 왜환倭患을 평정하고자 한다면 우선 사람들의 마음속에 쌓인 우환을 다스려야 한다"라고 했다. 사람들의 마음속에 쌓인 우환이란 무엇인가? [이것은] 물도 아니고 불도 아니며 칼도 아니고 돈도 아니다. 연해의 간민奸民도 아니고 아편을 흡입하거나 판매하는 악인도 아니다. 그러므로 군자는 [무공을 칭송한] 「상무常武」와 「강한江漢」[18]의 시를 읽기 전에 [인정을 칭송한] 「운한雲漢」과 「거공車攻」[19]을 읽으면서 『시경詩經』의 「대아大雅」와 「소아小雅」 시인들이 발분한 원인을 깨달았다. 그리고 『주역』 괘사卦辭와 효사爻辭[20]의 내괘內卦(하괘), 외괘外卦(상괘), 소식괘消息卦[21]를 음미하면서 『주역』을 지은 자가 근심한[22] 원인을 알았다. 이 발분과 우환이야말로 하늘의 도(天道)가 부否를 다해서 태泰로 움직이게 하는

34

것[23]이고 사람들의 마음(人心)이 몽매함을 벗어나 각성하게 하는 것이며 사람들의 재주(人才)가 허虛를 고쳐서 실實로 옮겨 가게 하는 것이다.

예전 강희康熙·옹정雍正 시기에 세력을 떨쳤던 준가르도 건륭乾隆 중기 순식간에 일소되어 버렸다.[24] 오랑캐의 아편[25]이 끼친 해로움은 그 해악이 준가르보다 더 크다. 지금 폐하[26]의 어짊과 근면함은 위로는 열조列祖[27]에 부합하고 있다. 하늘의 운행과 사람의 일에 길흉화복[28]은 언제나 번갈아 가며 변하는 것이니 어찌 [서양을] 무찔러 버릴 기회가 없음을 근심하는가? 어찌 무위武威를 떨칠 시기가 없음을 근심하는가? 지금이야말로 혈기 있는 자는 마땅히 분발해야 할 때이며, 식견을 가진 자는 마땅히 원대한 계획을 세워야 할 때이다.

첫째로, 허위虛僞와 허식을 버리고 재난에 대한 두려움을 버리며, 중병을 키우지 말고 자신의 안위만을 추구하지 않는다면 사람들의 우매한 병폐는 제거될 것이다.

둘째로, 실제의 일을 가지고 실제의 성과를 평가하고, 실제의 성과를 가지고 실제의 일을 평가해야 한다. 쑥은 삼 년간 묵혀서 쌓아 두고[29] 그물은 연못에 가서 엮고,[30] 맨몸으로 황하를 건너지 말며,[31] 그릇의 떡을 바라지 않는다면,[32] 인재가 부족하다는 근심은 사라질 것이다.

우매함이 제거되면 태양이 밝게 빛나고, 인재가 부족하다는 근심이 사라지면 우레가 칠 것이다. 『전』에 이르기를 "누가 집안을 어지럽게 하고서 나라를 다스릴 수 있겠는가? 천하가 안정되니 월상越裳[33]도 신하 되기를 청하네"라고 한다.[34]

『해국도지』의 내용은 다음과 같다.

첫 번째, 「주해편籌海篇」[35]에서는 방어를 통해 공격하고 방어를 통해 화친하며, 오랑캐를 이용해서 오랑캐를 제압하는 열쇠를 쥐고 있는 것은 누구인가에 대해 서술한다.

두 번째, 「각 나라 연혁도各國沿革圖」에서는 3천 년의 시간과 9만 리의 공간을 씨실과 날실로 삼으면서, 지도와 역사적 사실을 아울러 서술한다.

세 번째, 「동남양 연안 각 나라東南洋海岸各國」에서는 기독교[36]와 아편을 영내에 들어오지 못하게 하면 우리의 속국[37]도 또한 적개심을 불태울 수 있다는 것에 대해 서술한다.

네 번째, 「동남양 각 섬東南洋各島」에서는 필리핀[38]과 자와는 일본과 같은 섬나라이지만, 한쪽(필리핀과 자와)은 병합되고 한쪽(일본)은 강성함을 자랑하는 것은 교훈으로 삼을 만하다[39]는 것에 대해 서술한다.

다섯 번째, 「서남양 오인도西南洋五印度」에서는 종교가 세 차례나 변하고,[40] 국토는 오인도[41]로 분할되어 까치집(인도)에 비둘기(영국)가 거주하는 것과 같은 형국이니, 이는 중국[42]에게도 재앙이 되고 있는 것에 대해 서술한다.

여섯 번째, 「소서양 아프리카小西洋利未亞」에서는 백인[43]과 흑인[44]은 거주하는 영역이 멀리 떨어져 있는데도 불구하고 흑인이 부림을 당하고 내몰리고 있는데, 이에 대해서는 해외에서 온 외국인[45]에게 자문한 것을 서술한다.

일곱 번째, 「대서양 유럽 각 나라大西洋歐羅巴各國」에서는 대진大秦[46]과 해서海西[47]에는 다양한 오랑캐[48]가 살고 있는데, 이익과 권위로 반림泮林의 올빼미[49]와 같이 감화시킬 수 있다는 것에 대해 서술한다.

여덟 번째, 「북양 러시아北洋俄羅斯國」에서는 동서양에 걸쳐 있고 북쪽은 북극해에 접해 있으니, 근교원공近交遠攻 정책을 취할 시에 육상전에 도움이 되는 우리 이웃 국가에 대해 서술한다.

아홉 번째, 「외대양 미국外大洋彌利堅」에서는 영국의 침략에 대해서는 맹

렬히 저항했지만, 중국에 대해서는 예의를 다하니 원교근공遠郊近攻 정책을 취할 시에 해상전에 도움이 되는 나라에 대해 서술한다.

열 번째, 「서양 각 나라 종교 표西洋各國敎門表」에서는 사람은 모두 하늘을 근본으로 하고 가르침은 성인에 의해 세워져 있으니, 이합집산을 되풀이하면서도 조리를 가지고 문란하지 않은 것에 대해 서술한다.

열한 번째, 「중국·서양 연표中國西洋紀年表」에서는 1만 리 영토의 기년紀年이 하나로 통일되어 있는 점에서 중화에는 미치지 못하지만, 단절되면서도 연속되어 있는 아랍[50]과 유럽[51]의 기년에 대해 서술한다.

열두 번째, 「중국·서양 역법 대조표中國西曆異同表」에서는 중국력은 서양력의 바탕이 되지만, 서양력은 중국력과 차이가 있으며, 사람들에게 농사짓는 시기를 알려 주는 것에 있어서는 중국력이 근간을 이루고 있다는 것에 대해 서술한다.

열세 번째, 「지구총설國地總論」에서는 전쟁은 지세의 이점을 우선하는데, 어찌 먼 변방이라고 해서 경시하겠는가! 쌀이나 모래로 지형을 구축해서 지세를 파악한다면[52] 조정은 전쟁에서 승리할 수 있다는 것에 대해 서술한다.

열네 번째, 「주이장조籌夷章條」에서는 지세의 이점도 사람들의 화합에는 미치지 못하며, 기공법奇攻法과 정공법正攻法을 병용한다면 작은 노력으로도 커다란 성과를 거둘 수 있다는 것에 대해 서술한다.

열다섯 번째, 「이정비채夷情備探」에서는 적을 알고 나를 알면 화친할 수도 있고 싸울 수도 있으니, 병의 증상을 알지 못하면 어찌 처방할 것이며, 누가 어지럽고 눈앞이 캄캄한 증상을 치료할 수 있겠는가에 대해 서술한다.

열여섯 번째, 「전함조의戰艦條議」에서는 해양국이 선박에 의지하는 것은 내륙국이 성벽에 의지하는 것과 같으니, 뛰어난 기술을 배우지는 않고 풍파를 두려워하는 것은 누구인가에 대해 서술한다.

열일곱 번째, 「화기화공조의火器火攻條議」에서는 오행이 상극하여 금金과 화火[53]가 가장 맹렬하니, 우레가 지축을 흔들듯이 공격과 수비도 같은 이치라는 것에 대해 서술한다.

열여덟 번째, 「기예화폐器藝貨幣」에서는 차궤와 문자[54]는 다르지만, 화폐의 기능은 같으니, 이 신기한 것을 유용하게 활용하기 위해서 어찌 지혜를 다하지 않겠는가에 대해 서술한다.

도광 22년(1842) 임인년 12월, 내각중서 소양 사람 위원이 양주에서 쓴다.

海國圖志原敍

—

『海國圖志』六十卷何所據? 一據前兩廣總督林尙書所譯西夷之『四洲志』. 再據歷代史志及明以來島志, 及近日夷圖·夷語. 鉤稽貫串, 創榛闢莽, 前驅先路. 大都東南洋·西南洋, 增於原書者十之八, 大·小西洋·北洋·外大西洋增於原書者十之六. 又圖以經之, 表以緯之, 博參群議以發揮之.

何以異於昔人海圖之書? 曰彼皆以中土人譚西洋, 此則以西洋人譚西洋也.

是書何以作? 曰爲以夷攻夷而作, 爲以夷款夷而作, 爲師夷長技以制夷而作.

『易』曰: "愛惡相攻而吉凶生, 遠近相取而悔吝生, 情僞相感而利害生." 故同一禦敵, 而知其形與不知其形, 利害相百焉. 同一款敵, 而知其情與不知其情, 利害相百焉. 古之馭外夷者, 諏以敵形, 形同几席, 諏以敵情, 情同寢饋.

然則執此書卽可馭外夷乎? 曰: 唯唯, 否否. 此兵機也, 非兵本也. 有形之兵也, 非無形之兵也. 明臣有言: "欲平海上之倭患, 先平人心之積患." 人心之積患如之何? 非水, 非火, 非刃, 非金. 非沿海之奸民, 非吸煙販煙之莠民. 故君子讀「雲漢」·「車攻」, 先於「常武」·「江漢」, 而知二雅詩人之所發憤. 玩卦爻內外消息, 而知大『易』作者之所憂患. 懼與憂, 天道所以傾否而之泰也, 人心所以違寐而之覺也, 人才所以革虛而之實也.

昔準噶爾跳踉於康熙·雍正之兩朝, 而電埽於乾隆之中葉. 夷煙流毒, 罪萬準夷. 吾皇仁勤, 上符列祖. 天時人事, 倚伏相乘, 何患攘剔之無期? 何患奮武之無會? 此凡有血氣者所宜憤悱, 凡有耳目心知者所宜講畫也.

去偽, 去飾, 去畏難, 去養癰, 去營窟, 則人心之寐患祛, 其一. 以實事程實功, 以實功程實事. 艾三年而蓄之, 網臨淵而結之, 毋馮河, 毋畫餅, 則人材之虛患祛, 其二. 寐患去而天日昌, 虛患去而風雷行.『傳』曰:"孰荒於門, 孰治於田? 四海既均, 越裳是臣." 敘『海國圖志』.

以守爲攻, 以守爲款, 用夷制夷, 疇司厥楗, 述「籌海篇」第一.

縱三千年, 圜九萬里, 經之緯之, 左圖右史, 述「各國沿革圖」第二.

夷教夷煙, 毋能入界, 嗟我屬藩, 尙堪敵愾, 志「東南洋海岸各國」第三.

呂宋·爪哇, 嶼垺日本, 或噬或駮, 前車不遠, 志「東南洋各島」第四.

教閱三更, 地割五竺, 鵲巢鳩居, 爲震旦毒, 述「西南洋五印度」第五.

維哲與黔, 地遼疆閡, 役使前驅, 疇詡海客, 述「小西洋利未亞」第六.

大秦海西, 諸戎所巢, 維利維威, 實懷泮鴞, 述「大西洋歐羅巴各國」第七.

尾東首西, 北盡冰溟, 近交遠攻, 陸戰之鄰, 述「北洋俄羅斯國」第八.

勁悍英寇, 恪拱中原, 遠交近攻, 水戰之援, 述「外大洋彌利堅」第九.

人各本天, 教綱於聖, 離合紛紜, 有條不紊, 述「西洋各國教門表」第十.

萬里一朝, 莫如中華, 不聯之聯, 大食·歐巴, 述「中國西洋紀年表」第十一.

中曆資西, 西曆異中, 民時所授, 我握其宗, 述「中國西曆異同表」第十二.

兵先地利, 豈間遐荒! 聚米畫沙, 戰勝廟堂, 述「國地總論」第十三.

雖有地利, 不如人和, 奇正正奇, 力少謀多, 述「籌夷章條」第十四.

知己知彼, 可款可戰, 匪證奚方, 孰醫瞑眩, 述「夷情備採」第十五.

水國恃舟, 猶陸恃堞, 長技不師, 風濤誰讋, 述「戰艦條議」第十六.

五行相克, 金火斯烈, 雷奮地中, 攻守一轍, 述「火器火攻條議」第十七.

軌文匪同, 貨幣斯同, 神奇利用, 盍殫明聰, 述「器藝貨幣」第十八.

道光二十有二載, 歲在壬寅嘉平月, 內閣中書邵陽魏源敍於揚州.

주석

1   원서: 이 서문은 원래 『해국도지』 50권본의 서문이다. 악록서사본에 따르면 이는 도광 22년 12월(1843년 1월)에 서술되어 도광 27년(1847) 『해국도지』 60권본을 출판할 때, 단지 50권본의 '5'자를 '6'자로 바꾸고 '서敍'를 '원서原敍'로 수정했다. 나머지 내용은 전부 50권본 그대로이다.

2   임칙서林則徐: 임칙서(1785~1850)는 청나라 말기의 정치가로 복건성 복주 출신이다. 자는 소목少穆, 호는 문충文忠이다. 1837년 호광총독湖廣總督으로 재임 중 황작자黃爵滋의 금연 정책에 호응해서 아편 엄금 정책을 주장했다. 호북湖北·호남湖南에서 금연 정책의 성공을 인정받아 흠차대신으로 등용되어 광동에서의 아편 무역을 단속하게 된다. 1839년 광동에 부임하여 국내의 아편 판매 및 흡연을 엄중히 단속하고 외국 상인이 소유하던 아편을 몰수했으며, 아편 상인을 추방하여 아편 무역을 근절하고자 했다. 그러나 이에 항의한 영국이 함대를 파견하자 이에 대한 책임을 지고 면직되어 신강성新疆省에 유배되었다.

3   서양인: 원문은 '서이西夷'이다.

4   『사주지四洲志』: 임칙서가 휴 머레이Hugh Muray 『세계지리대전The Encyclopaedia of Geography』의 일부를 양진덕梁進德 등에게 번역시킨 후, 직접 원고의 일부분을 수정해서 펴낸 책이다. 이하 본서에서 언급하고 있는 원본은 바로 『사주지』를 가리킨다.

5   사지史志: 『해국도지』에 인용되어 있는 24사를 비롯해 『통전通典』, 『문헌통고文獻通考』, 『속문헌통고續文獻通考』, 『황조문헌통고皇朝文獻通考』, 『통지通志』, 『수경주水經注』, 『책부원귀冊府元龜』, 『대청일통지大淸一統志』, 『광동통지廣東通志』, 『무역통지貿易通志』 등의 서적을 가리킨다.

6   도지島志: 『해국도지』에 인용되어 있는 주달관周達觀의 『진랍풍토기眞臘風土記』, 왕대연汪大淵의 『도이지략島夷志略』, 사청고謝淸高의 『해록海

錄』, 장섭張燮의 『동서양고東西洋考』, 황충黃衷의 『해어海語』, 황가수黃可垂의 『여송기략呂宋紀略』, 왕대해汪大海의 『해도일지海島逸志』, 장여림張汝霖의 『오문기략澳門紀略』, 진륜형陳倫炯의 『해국문견록海國聞見錄』, 줄리오 알레니Giulio Aleni의 『직방외기職方外紀』, 페르디난트 페르비스트Ferdinand Verbiest의 『곤여도설坤輿圖說』 등의 서적을 가리킨다.

7   외국 지도: 원문은 '이도夷圖'이다. 서양에서 제작된 지도를 가리킨다.

8   외국어 저술: 원문은 '이어夷語'이다. 서양인이 저술한 서적을 가리킨다.

9   동남양東南洋: 위원이 말하는 동남양은 동남아시아Southeast Asia 해역, 한국Korea・일본Japan 해역 및 오세아니아Oceania 해역 등을 가리킨다.

10   서남양西南洋: 위원이 말하는 서남양은 아라비아해Arabian Sea 동부에 있는 남아시아South Asia 해역 및 서남아시아 동쪽의 아라비아해 서부 등의 해역을 포괄해서 가리킨다.

11   대서양大西洋・소서양小西洋: 위원이 말하는 대서양은 서유럽West Europe 및 스페인Spain・포르투갈Portugal의 서쪽 해역, 즉 대서양Atlantic Ocean에 인접해 있는 여러 국가 및 북해North Sea의 남부와 서부를 가리킨다. 위원이 말하는 소서양은 인도양Indian Ocean과 대서양에 인접해 있는 아프리카 Africa 지역을 가리킨다.

12   북양北洋: 위원이 말하는 북양은 북극해Arctic Ocean 및 그 남쪽의 각 바다에 인접해 있는 유럽Europe과 아시아Asia 두 대륙 일부, 일부 발트해 연안 국가의 해역, 덴마크Denmark 서쪽의 북해 동부 및 북아메리카North America의 그린란드Greenland 주위 해역, 즉 노르웨이Norway・러시아・스웨덴 Sweden・덴마크・프로이센Preussen 5개국의 해역 및 크름반도 주변 해역을 가리킨다.

13   외대서양外大西洋: 위원이 말하는 외대서양은 대서양에 인접해 있는 남북아메리카 일대를 가리킨다.

14   서양: 대서양 양안의 구미 각 나라를 가리킨다.

15   이 책은 … 언급했다는 것이다: 도광 27년(1847)의 60권본의 5, 7, 13, 14, 16, 20~23, 25~33, 36~38, 40~43권은 유럽인 원찬(歐羅巴人原撰), 후관 임

칙서 역후관림칙서役侯官林則徐譯, 소양 위원 중집邵陽魏源重輯이라고 기록하고 있는데, 이 부분은 『사주지』를 원본으로 하고 다른 서적을 참고해서 증보한 것이다.

16 사랑과 증오가 … 낳는다: 『주역』 제12장 「계사전繫辭傳」 하에 보인다. 길吉은 좋은 것, 흉兇은 나쁜 것이다. 회悔는 후회하는 것이고, 린吝은 개선하려고 하지 않는 것이다. 흉과 길이 이미 벌어진 일이라면 회와 린은 일종의 전조와 같은 것으로 회는 길할 전조, 린은 흉할 전조가 된다.

17 주변 오랑캐: 원문은 '외이外夷'이다.

18 「상무常武」와 「강한江漢」: 모두 『시경』 「대아」의 편명이다. 주나라 선왕宣王이 회북淮北의 오랑캐를 정벌하여 무공을 떨친 것을 기리기 위해 지은 것이다.

19 「운한雲漢」과 「거공車攻」: 「운한」은 『시경』 「대아」의 편명이고 「거공」은 「소아」의 편명이다. 주나라 선왕이 재해를 다스리고 제도를 정비한 것 등 내정을 충실히 한 것을 기리기 위해 지은 것이다.

20 괘사卦辭와 효사爻辭: 『주역』은 본래 양(—)과 음(--)의 결합에 의해 64괘로 이루어져 있다. 이 64괘에 대한 설명을 괘사라고 한다. 그리고 괘를 구성하고 있는 (—)과 (--)을 효라고 하는데, 이에 대한 의미를 설명한 것을 효사라고 한다. 1괘당 6개의 효가 있어 효사는 모두 384개로 이루어져 있다.

21 내괘內卦(하괘), 외괘外卦(상괘), 소식괘消息卦: 원문은 '내외소식內外消息'이다. 모두 『주역』의 용어로서 끊임없는 변화를 의미한다.

22 『주역』을 지은 자가 근심한: 『주역』 「계사전」 하에 의하면 "『주역』이 흥기한 것은 중고 시대일 것이다. 『주역』을 지은 자는 근심을 품고 있을 것이다(『易』之興也, 其於中古乎. 作『易』者其有憂患乎)"라고 언급하고 있다.

23 부否를 다해서 태泰로 움직이게 하는 것: '부'와 '태'는 모두 『주역』 64괘의 하나이다. '부'는 막혀 있는 상태, '태'는 형통하고 있는 상태로서 양자는 정반대의 위치에 있다. '부'가 지극해지면 '태'로 변화하는데, 이는 분노와 우환이 막혀 있는 상태에서 형통하는 상태로 변화하는 것을 의

미한다.

24 준가르도 … 일소되어 버렸다: 준가르는 17세기 초에서 18세기 중엽에 걸쳐 세력을 떨친 서북 몽골의 오이라트계 몽골족이다. 17세기 말경 종 종 중국의 서북 변경에 침입했으나 1755년 청나라군의 공격을 받아 준 가르가 붕괴되고 나아가 1758년 완전히 멸망되었다.

25 오랑캐의 아편: 원문은 '이연夷烟'이다.

26 폐하: 도광제道光帝(재위 1820~1850)를 가리킨다.

27 열조列祖: 청조의 역대 제왕을 가리킨다.

28 길흉화복: 원문은 '의복倚伏'이다. 노자老子 『도덕경道德經』의 "화란 것은 복이 의지하는 곳이고, 복은 화가 숨어 있는 곳이다(禍兮福之所倚, 福兮禍之 所伏)"라는 말에서 유래한다.

29 쑥은 삼 년간 묵혀서 쌓아 두고: 원문은 '애삼년이축지艾三年而蓄之'이다. 『맹자孟子』 「이루離婁」 하편에 "7년의 병을 치료하기 위해서는 삼 년간 숙성된 쑥이 필요하다(七年之病救三年之艾)"는 말이 있다.

30 그물은 연못에 가서 엮고: 원문은 '망임연이결지網臨淵而結之'이다. 『한서 漢書』 「동중서전董仲舒傳」에 "연못에 임해서 고기를 탐하는 것은 물러나 그물을 만드는 것보다 못하다(臨淵羨魚, 不如退而結網)"라는 말이 있다.

31 맨몸으로 황하를 건너지 말며: 원문은 '무풍하毋馮河'이다. 『논어論語』 「술이述而」편에 "맨손으로 호랑이를 잡고 맨몸으로 황하를 건너다가 죽 어도 후회가 없다는 사람과는 나는 함께하지 않을 것이다(暴虎馮河, 死而無 悔者, 吾不與也)"라는 말이 있다.

32 그림의 떡을 바라지 않는다면: 원문은 '무화병毋畵餠'이다.

33 월상越裳: 서주 초기의 '월상'은 막연하게 중국 남쪽의 아주 먼 나라를 가 리키기 때문에 정확한 지역은 알 수 없다. 삼국 시대 이후에 등장하는 '월상'은 대체로 베트남 중부의 월상현越裳縣을 가리키며, 지금의 하띤성 Ha Tinh 일대에 해당한다. 또한 라오스Laos나 캄보디아Cambodia를 가리키 기도 한다.

34 『전』에 … 한다: 『후한서後漢書』 「남만전南蠻傳」에 의하면 월상은 베트

남의 남쪽에 있던 나라로 주공周公 시기 여러 번이나 통역을 거쳐서 입조해서 흰 꿩을 바쳤다는 일화가 등장하는데, "누가 집안을 … 신하 되기를 청하네"는 한유韓愈의 시 「월상조越裳操」에서 인용한 것이다.

35 「주해편籌海篇」: '의수議守', '의전議戰', '의관議款' 세 항목으로 구성되어 있다.

36 기독교: 원문은 '이교夷敎'이다.

37 속국: 원문은 '속번屬藩'이다.

38 필리핀: 원문은 '여송呂宋'이다.

39 교훈으로 삼을 만하다: 원문은 '전거불원前車不遠'이다. 이 말은 앞 수레가 넘어지면 뒤 수레의 경계가 된다는 의미의 '전거복철前車覆轍'과 은나라가 망한 것을 거울로 삼아야 할 것은 멀리 있지 않다는 의미의 '은감불원殷鑑不遠'의 앞뒤 두 글자를 따온 것이다.

40 종교가 세 차례나 변하고: 원문은 '교열삼경敎閱三更'이다. '종교의 나라'로로 불리는 인도는 힌두교와 불교의 탄생지이며, 10세기경에는 이슬람군이 인도의 델리 지방을 점거하면서 이슬람교가 전파되기 시작했다.

41 오인도: 원문은 '오축五竺'으로, 동인도·남인도·서인도·북인도·중인도를 가리킨다. 악록서사본에 따르면 오인도는 다음과 같이 구분되고 있다. 동인도Pracys는 지금의 인도 아삼주Assam 서부, 서벵골주West Bengal의 중부와 남부, 오디샤Odisha의 북부와 중부 및 현 방글라데시Bangladesh의 중부와 남부이다. 북인도Udicya는 현 카슈미르주Kashmir, 인도의 편자브주Punjab, 하리아나주Haryana, 파키스탄의 서북 변경, 편자브주 및 아프가니스탄의 카불강Kabul River 남쪽 양측 강변 지역이다. 서인도Aparanta는 현 파키스탄 중부와 남부, 인도 구자라트주Gujarat의 북부와 동부, 마디아프라데시주Madhya Pradesh의 북부와 서부, 라자스탄주Rajasthan의 남부이다. 『대당서역기大唐西域記』에는 '인도국'이 아니라고 명확히 밝히고 있다. 중인도Madhyadesa는 현 방글라데시 북부, 인도의 서벵골주 북부, 라자스탄주 북부, 우타르프라데시주Uttar Pradesh이다. 네팔Nepal을 중인도에 넣고 있는데, 이는 옳지 않다. 선학들도 이미 논한 바 있다. 남인도Daksinapatha는 인도차이나반도상의 오디샤주의 남부, 중앙주의 동남부,

마하라슈트라주Maharashtra와 위에서 서술한 세 곳 이남의 인도 각주 및 서북쪽으로 면한 카티아와르반도Kathiawar Peninsular이다. 『대당서역기』에는 '인도국'이 아니라고 명확히 밝히고 있다. 위원이 『해국도지』를 편찬할 때 무굴 제국Mughal Empire은 이미 멸망하여 잘 알지 못했기 때문에 『직방외기』에서 언급한 동·북·중·서인도가 무굴 제국에 병합되었다고 하는 설의 영향을 크게 받았다. 확실하게 영국의 동인도 회사가 직접 통치하는 벵골(현 방글라데시와 인도의 서벵골주 지역)을 동인도로 하고 카슈미르를 북인도라 한 것을 제외하고는 예전 중·서인도 및 동·북인도의 나머지 지역을 '중인도'라고 했다. 또한 지금 이란의 아라비아반도에 이르는 일대를 '서인도'라고도 했다.

42 중국: 원문은 '진단震旦'으로, 지나支那와 같이 중국을 달리 부르는 말이다.

43 백인: 원문은 '석晳'이다.

44 흑인: 원문은 '검黔'이다.

45 해외에서 온 외국인: 원문은 '해객海客'이다.

46 대진大秦: 고대 로마 제국Roman Empire, 또는 동로마 제국Byzantium Empire을 가리킨다.

47 해서海西: 고대 로마 제국, 또는 동로마 제국을 가리킨다.

48 오랑캐: 원문은 '융戎'이다. 고대 중국은 주변 민족을 동이東夷, 서융西戎, 남만南蠻, 북적北狄으로 불렀다. 여기에서 융은 중국의 서쪽에 있는 이민족을 가리킨다.

49 반림泮林의 올빼미: 원문은 '반효泮鴞'이다. 『시경』 「노송魯頌·반수泮水」편에 "훨훨 날아다니는 올빼미가 반궁 숲에 내려앉았네. 우리 뽕나무의 오디를 먹고서는 나에게 듣기 좋은 소리로 노래해 주네(翩彼飛鴞, 集于泮林, 食我桑黮, 懷我好音)"라고 하는데, 이는 훨훨 나는 올빼미가 오디를 먹고 감화되었다는 것을 의미한다.

50 아랍: 원문은 '대식大食'이다. 대식은 원래 이란의 한 부족명이었는데, 후에 페르시아인은 이를 아랍인의 국가로 보았다. 중국은 당조唐朝 이후 대식을 아랍 국가의 명칭으로 사용하고 있다.

51 유럽: 원문은 '구파歐巴'이다.

52 쌀이나 모래로 … 파악한다면: 원문은 '취미화사聚米畵沙'이다. 『후한서』
　　권24 「마원열전馬援列傳」에 의하면, 후한 광무제가 농서隴西의 외효隗嚣
　　를 치기 위하여 친정했을 때, 농서 출신 복파장군伏波將軍 마원이 쌀을
　　모아서 산과 골짜기 등 지형을 그림처럼 만들어 보여 주자 광무제가 오
　　랑캐가 내 눈앞에 들어왔다고 기뻐했다는 고사가 전해진다.

53 금金과 화火: 금과 화는 음양오행설의 목·화·토·금·수의 순서에 따라 상
　　극(상승) 관계에 있다. 동시에 여기에서는 무기, 화기를 나타낸다. 『주
　　역』에 "우레가 지축을 흔든다(雷奮地中)"라는 말이 있다.

54 차궤와 문자: 『예기禮記』 「중용中庸」편에 "지금 천하의 수레는 차궤를
　　같이하고, 서적은 문자를 같이하며, 행실은 윤리를 같이한다(今天下車同
　　軌, 書同文, 行同倫)"라고 한다. 여기에서 차궤, 문자, 행실은 넓은 의미에서
　　인류 사회의 문명을 의미한다.

海國圖志

해국도지 후서

서양의 지리에 대해 이야기할 경우에는 명대 만력萬曆[1] 연간 서양[2]인 마테오 리치Matteo Ricci[3]의 『곤여도설坤輿圖說』[4]과 줄리오 알레니Giulio Aleni[5]의 『직방외기職方外紀』[6]에서부터 시작해야 한다. 이들 책이 처음 중국에 소개되었을 때, 중국인들은 대체로 추연鄒衍[7]이 천하를 논하는 것과 같다고 생각했다.[8] 청조[9] 시기에 이르러 광동에서 통상무역[10]이 활발해지면서 중국어와 산스크리트어가 두루 번역됨에 따라 지리에 관한 많은 서적이 중국어로 번역·간행되었다. 예를 들면, 북경 흠천감欽天監[11]에서 근무하던 페르디난트 페르비스트Ferdinand Verbiest[12]와 미셸 베누아Michel Benoist[13]의 『지구전도地球全圖』가 있다. 광동에서 번역 출간된 것으로서 초본鈔本[14]인 『사주지四洲志』·『외국사략外國史略』[15]이 있고, 간행본으로는 『만국지리전도집萬國地理全圖集』[16]·『평안통서平安通書』[17]·『매월통기전每月統紀傳』[18]이 있는데, 하늘의 별처럼 선명하고 손금을 보는 것처럼 명료했다. 이에 비로소 해도海圖와 해지海志를 펼쳐 보지 않았으면 우주의 창대함과 남북극의 상하가 둥

글다는 것을 몰랐다는 사실조차 몰랐을 것이다. 다만, 이 발행물들은 대부분 서양 상인들이 발행한 것으로 섬 해안가 토산물의 다양함, 항구도시 화물 선박의 수, 더위와 추위 등 하늘의 운행에 따른 절기에 대해서는 상세하다. 그리고 각 나라 연혁의 전모나 행정 구역의 역사로 보아 각 나라 사서史書에 9만 리를 종횡하고 수천 년을 이어져 온 산천 지리를 기록할 수 있을 것 같은데, [이들 책에서는] 유감스럽게도 아직 들어 보지 못했다.

다만 최근에 나온 포르투갈[19]인 호세 마르티노 마르케스José Martinho Marques[20]의 『지리비고地理備考』,[21] 미국[22]인 엘리자 콜먼 브리지먼Elijah Coleman Bridgman[23]의 『미리가합성국지략美理哥合省國志略』[24]은 모두 그 나라의 문인들이 고대 전적典籍[25]을 세세하게 살펴 [집필하여] 문장의 조리가 매우 분명해 이해하기가 쉽다. 그리고 『지리비고』의 「구라파주총기歐羅巴洲總記」 상하 2편[26]은 더욱 걸작으로, 바로 오랫동안 막혀 있던 마음을 확 트이게 해 주었다. 북아메리카[27]에서는 부락이 군장을 대신하고[28] 그 정관이 대대로 이어지는데도 폐단이 없고, 남아메리카[29] 페루국[30]의 금은은 세계에서 제일 풍부하지만, 모두 역대로 들은 바가 없다. 이미 [『해국도지』는] 100권을 완성해 앞에 총론을 제시해서 독자들로 하여금 그 대강을 파악한 후에 그 조목을 상세하게 알게 해 두었으니 분량의 방대함에 질려 탄식하지 않기를 바란다.

또한 예전 지도는 단지 앞면과 뒷면 2개의 전도全圖만 있고, 또한 각 나라가 모두 실려 있지 않아 좌우에 지도와 역사서를 모두 갖추는 바람을 채우지 못했다. 그런데 지금 광동과 홍콩에서 간행된 화첩畫帖[31] 지도를 보면 각각 지도는 일국의 산수와 성읍의 위치를 구륵鉤勒, 즉 동그라미로 표시하고 색칠해 두었으며 경도[32]와 위도[33]를 계산하는 데 조금도 어긋나지 않았다. 이에 고대부터 중국과 교류가 없었던 지역임에도 산천을 펼쳐 보면 마치 『일통지—統志』의 지도를 보는 것 같았고 풍토를 살펴보면 마치 중국 17개 성省의 지방지를 읽는 것 같았다. 천지 기운의 운행이 서북쪽에서 동남쪽으로 해서 장차 중외가 일가를 이루려고 하는 것인가!

무릇 그 형세를 자세하게 알면 다스리는 방법이 틀림없이 「주해편」에 들어 있다는 것을 알게 될 것이다. 「주해편」은 작게 쓰면 작은 효용이, 크게 쓰면 큰 효용이 있을 것이니 이로써 중국의 명성과 위엄을 떨칠 수 있다면 이는 밤낮으로 매우 원하던 바이다.

마르케스의 『천문지구합론天文地球合論』과 최근 수전에서 사용되었던 화공과 선박, 기기의 도면을 함께 뒤쪽에 부록으로 실어 두었으니, 지식을 넓히는 데 보탬이 되고, 유익하게 활용하는 데 도움이 되기를 바란다.

함풍咸豐 2년(1852), 소양 사람 위원이 고우주高郵州에서 쓴다.

海國圖志後敍

———

譚西洋輿地者, 始於明萬曆中泰西人利馬竇之『坤輿圖說』, 艾儒略之『職方外紀』. 初入中國, 人多謂鄒衍之談天. 及國朝而粵東互市大開, 華梵通譯, 多以漢字刊成圖說. 其在京師欽天監供職者, 則有南懷仁·蔣友仁之『地球全圖』. 在粵東譯出者, 則有鈔本之『四洲志』·『外國史略』, 刊本之『萬國地理全圖集』·『平安通書』·『每月統紀傳』, 爛若星羅, 瞭如指掌. 始知不披海圖海志, 不知宇宙之大, 南北極上下之渾圓也. 惟是諸志多出洋商, 或詳於島岸土產之繁, 埠市貨船之數, 天時寒暑之節. 而各國沿革之始末·建置之永促, 能以各國史書誌富媼山川縱橫九萬里·上下數千年者, 惜乎未之聞焉.

近惟得布路國人瑪吉士之『地理備考』與美里哥國人高理文之『合省國志』, 皆以彼國文人留心丘索, 綱舉目張. 而『地理備考』之『歐羅巴洲總記』上下二篇尤爲雄偉, 直可擴萬古之心胸. 至墨利加北洲之以部落代君長, 其章程可垂奕世而無弊, 以及南洲孛露國之金銀富甲四海, 皆曠代所未聞. 旣彙成百卷, 故提其總要於前, 俾觀者得其綱而後詳其目, 庶不致以卷帙之繁, 望洋生歎焉.

又舊圖止有正面背面二總圖, 而未能各國皆有, 無以愜左圖右史之願. 今則用廣東香港冊頁之圖, 每圖一國, 山水城邑, 鉤勒位置, 開方里差, 距極度數, 不爽毫髮. 於是從古不通中國之地, 披其山川, 如閱『一統志』之圖, 覽其風土, 如讀中國十七省之志. 豈天地氣運, 自西北而東南, 將中外一家歟!

夫悉其形勢, 則知其控馭必有於「籌海」之篇. 小用小效, 大用大效, 以震疊中國之聲靈者焉, 斯則夙夜所厚幸也. 夫至瑪吉士之『天文地球合論』與夫近日水戰火攻船械之圖, 均附於後, 以資博識, 備利用.

咸豐二年, 邵陽魏源敘於高郵州.

주석

1 만력萬曆: 명나라 제13대 황제 신종神宗 주익균朱翊鈞의 연호(1573~1620)이다.

2 서양: 원문은 '태서泰西'이다. 널리 서방 국가를 가리키는데, 일반적으로 서유럽과 미국을 의미한다.

3 마테오 리치Mateo Ricci: 원문은 '이마두利瑪竇'이다. 마테오 리치(1552~1610)는 이탈리아 마체라타Macerata 출신으로 1583년에는 광동에 중국 최초의 천주교 성당을 건립해 그리스도교를 전파했다. 그는 유학에도 상당히 조예가 깊었으며, 철저한 중국화를 위해 스스로 유학자의 옷을 입었다. 그리고 조상 숭배도 인정하는 융통성을 보여 유학자들로부터 '서양의 유학자(泰西之儒士)'라고 불리었다. 대표적인 저작으로 자신과의 대화 형식을 빌려 천주교 교리를 설명한 『천주실의天主實義』가 있다.

4 『곤여도설坤輿圖說』: 청대 초기 흠천감을 맡고 있던 페르비스트(1623~1688)는 천문역법뿐만 아니라 세계 지리와 지도, 천주교 등 다양한 유럽 문화를 소개했는데, 그중 세계 지리서로 간행한 것이 바로 『곤여도설』이다. 이 책은 상하 2권 1책으로 구성되어 있다. 여기에서 마테오 리치의 저술이라고 한 것은 오류이다. 마테오 리치는 1601년 『만국도지萬國圖志』를 그려서 만력제에게 선물했으며, 세계 지도 위에 지리학과 천문학적인 설명을 덧붙여 놓은 『곤여만국전도坤輿萬國全圖』를 번역하기도 했다. 본문에서 『곤여도설』은 『곤여만국전도』의 오류가 아닌가 생각한다.

5 줄리오 알레니Giulio Aleni: 원문은 '애유략艾儒略'이다. 알레니(1582~1649)는 이탈리아 출신의 예수회 소속 선교사이다. 중국의 복장과 예절을 받아들여 '서양의 공자'라고 일컬어졌다.

6 『직방외기職方外紀』: 알레니가 한문으로 저술한 세계지리도지世界地理圖

志이다. 마테오 리치의 『만국도지』를 바탕으로 증보했으며, 아시아, 유럽, 아프리카, 아메리카 및 해양에 관한 내용을 적고 있다. 『주례周禮』에 기록된 관제 중에 직방씨職方氏가 있는데, 천하의 땅을 관장하기 위해 지도를 맡아 관리했다. 이에 따르면 천하는 중국과 주위의 사이四夷, 팔만八蠻, 칠민七閩, 구맥九貊, 오융五戎, 육적六狄으로 구성되어 있다. 이에 알레니는 중국 사람들에게 천하에는 이들 이외에 중국에 조공하지 않는 많은 나라가 있음을 이 책을 통해 알려 주려고 한 것이다.

7   추연鄒衍: 추연(기원전 305~기원전 240)은 중국 전국 시대戰國時代 제齊나라 사람으로 제자백가 중 음양가陰陽家의 대표적 인물이다. 오행사상五行思想과 음양이원론陰陽二元論을 결합하여 음양오행사상을 구축했다.

8   천하를 논하는 것과 같다고 생각했다: 여기에서 천문은 추연의 대구주설大九州說을 말하는 것이다. 『사기史記』에 따르면, "중국을 이름 붙이기를 적현신주赤縣神州라고 했다. 적현신주의 안에 구주九州라는 것이 있는데, 우禹임금이 정한 구주가 바로 이것이나, 대구주는 아니다. 중국의 밖에는 적현신주 같은 것이 9개가 있는데, 이것이 구주인 것이다"라고 되어 있다. 즉 추연은 우공의 구주 전체를 적현신주라 하고 이와 똑같은 것이 8개가 더 합쳐져서 전 세계가 하나의 주를 구성하고 있다고 보았다. 추연의 대구주설은 처음에는 이단으로 받아들여졌으나, 서양의 세세 지도가 중국에 선래되면서 관심을 끌게 되었다고 한다.

9   청조: 원문은 '국조國朝'이다.

10 통상무역: 원문은 '호시互市'이다. 본래 중국의 역대 왕조가 국경 지대에 설치한 대외무역소를 가리키는데, 명청 시대에는 책봉 관계를 체결하시 않은 외국과의 내외무역 체세를 의비한다.

11 흠천감欽天監: 명청 시대 천문·역법 등에 관한 일을 담당하던 기관으로 서양 선교사들이 황실의 천문을 살펴 주고 그 사업을 주도했다.

12 페르디난트 페르비스트Ferdinand Verbiest: 원문은 '남회인南懷仁'이다. 벨기에 출신으로 1659년 중국에 와서 전도에 일생을 바쳤다. 당초 예수회 수사 아담 샬Adam Schall을 도와 흠천감에서 근무했는데, 이는 서양의 천

문학과 수학에 통달했기 때문이었다. 강희 원년(1662) 양광선楊光先을 중심으로 하는 보수파의 반대 운동에 부딪혀 아담 샬과 함께 북경 감옥에 갇혔다. 이어 보수파가 실각하자 다시 흠천감의 일을 맡게 되었으며, 궁정의 분수 등을 만들어 강희제의 신임을 받아 공부시랑工部侍郎의 직위를 하사받았다. 또한 서양풍의 천문기기를 주조하고 그것을 해설한 『영대의상지靈臺儀象志』(1674) 16권을 출판했으며, 같은 해에 『곤여도설坤輿圖說』이라는 세계 지도를 펴냈다.

13 미셸 베누아Michel Benoist: 원문은 '장우인蔣友仁'이다. 미셸 베누아 (1715~1774)는 프랑스 출신의 예수회 선교사, 천문학자이다.

14 초본鈔本: 인쇄 기술에 의존하지 않고 손으로 직접 글을 써서 제작한 도서나 출판물을 가리킨다. 필사본이라고도 한다.

15 『외국사략外國史略』: 영국인 선교사 로버트 모리슨Robert Morrison의 작품으로 『해국도지』에 커다란 영향을 미쳤다.

16 『만국지리전도집萬國地理全圖集』: 광서 2년본에는 '『만국도서집萬國圖書集』'으로 되어 있으나, 악록서사본에 따라 고쳐 번역한다.

17 『평안통서平安通書』: 미국 선교사 디비 베툰 매카티Divie Bethune McCartee의 저서로, 기독교 교의와 과학 지식, 천문天文·기상氣象 관련 상식들을 소개하고 있다.

18 『매월통기전每月統紀傳』: 원명은 『동서양고매월통기전東西洋考每月統記傳』으로, 카를 귀츨라프Karl Gützlaff가 1833년에 광주廣州에서 창간한 중국어 월간지이다.

19 포르투갈: 원문은 '포로국布路國'이다.

20 호세 마르티노 마르케스José Martinho Marques: 원문은 '마길사瑪吉士'이다. 마규사馬圭斯, 혹은 마귀사馬貴斯라고도 한다. 마르케스(1810~1867)는 어려서부터 마카오의 성요셉 수도원에서 한학을 배웠다. 1833년 23세 때 통역사 자격을 취득한 후 마카오 의사회에서 통번역 일을 했으며, 1848년부터는 프랑스 외교사절의 통역에 종사했다.

21 『지리비고地理備考』: 전 10권으로 구성되어 있다. 제1권은 지리학, 천문학

과 기상학, 제2권은 지진, 화산 등 각종 자연 현상, 제3권은 포르투갈의 정치 무역을 비롯해 각 나라의 기원과 역사에 대해, 제4권에서 제10권은 지구총론, 유럽, 아시아, 아프리카, 아메리카, 오세아니아주의 정치, 지리, 경제 현상에 대해 서술하고 있다.

22 미국: 원문은 '미리가국美里哥國'이다.

23 엘리자 콜먼 브리지먼Elijah Coleman Bridgman: 원문은 '고리문高理文'이나, 비치문裨治文으로 표기하는 것이 일반적이다. 브리지먼(1801~1861)은 중국에 파견된 최초의 미국 프로테스탄트 선교사이다. 성서 번역 외에 영어판 월간지 *Chinese Repository*를 창간했다. 또한 싱가포르에서 한문으로 미국을 소개한 『미리가합성국지략』을 간행했는데, 이 책은 위원의 『해국도지』에서 미국 부분을 서술하는 데 중요한 참고자료가 되었다.

24 『미리가합성국지략美理哥合省國志略』: 원문은 '『합성국지合省國志』'이다. 혹자는 이 말을 오해해서 『합성국지』가 『해국도지』 100권본에 이르러 비로소 인용되었다고 하지만, 악록서사본에 따르면 이미 『해국도지』 50권본에서 이 책을 인용하고 있다고 한다.

25 고대 전적典籍: 원문은 '구색索丘'이다. 『팔색八索』과 『구구九丘』를 아울러 칭한 것으로 일반적으로 고대의 모든 전적을 가리킨다.

26 『지리비고地理備考』의 「구라파주총기歐羅巴洲總記」 상하 2편: 위원은 『지리비고』의 「방국법노인유성지부력근본총론邦國法度原由政治貿易根本總論」의 전문을 각색해서 「구라파주총기」 상하 두 편으로 표제를 수정했다.

27 북아메리카: 원문은 '묵리가북주墨利加北洲'이다.

28 부락이 군장을 대신하고: 원문은 '이부락대군장以部落代君長'으로, 미국의 연방제를 가리키는 것으로 보인다.

29 남아메리카: 원문은 '남주南洲'이다.

30 페루국: 원문은 '패로국孛露國'이다.

31 화첩畵帖: 원문은 '책혈冊頁'이며, 화책畵冊이라고도 한다.

32 경도: 원문은 '개방리차開方里差'이다. 오늘날 시간대를 나타내는 이차의 원리는 원나라 이후 널리 알려져 절기와 시각, 일식과 월식을 예측하는

데 널리 적용됐다.

33 위도: 원문은 '거극도수距極度數'이다.

海國圖志
卷三十一

해국도지
권31

—

소양邵陽 위원魏源 편집

본권에서는 북인도 서북쪽 인근에 위치한 사마르칸트, 테르메스, 헤라트, 바다흐샨, 볼로르, 투르키스탄, 카자흐스탄, 타슈켄트 등의 연혁과 지리, 풍속, 외모, 언어 및 중국과의 대외관계를 서술하고 있다. 특히 구장춘邱長春의 서역 여행기인 『장춘진인서유기長春眞人西遊記』를 통해 사마르칸트까지의 여정이 상세히 나타나 있다.

서남양

연혁

부록
북인도 서북 주변부

—

『한서漢書』에 따르면, 계빈국罽賓國의 서북쪽 나라들은
모두 북인도 변경 지역에 위치한다고 되어 있는데,
『대당서역기大唐西域記』에 따르면 수·당 대 소무昭武 구성姓[1] 등의 나라로,
어느 나라가 북인도에 속하는지 아닌지에 대해서 아주 상세하게 분석하고 있어,
지금 여기서는 다시 기록하지 않는다. 다만 원대에는 나라 이름이 모두 바뀌었고,
『명사明史』에서는 북방의 사마르칸트Samarkand[2]를 계빈국으로 오인했으며,
관서官書인 『서역도지西域圖志』에서도 남방의 힌두스탄Hindustan[3]을 계빈국으로 보고 있어,
계빈국의 남쪽에 있는 티베트가 바야흐로 천축天竺이 되었으니,
결국 북쪽의 연燕나라와 남쪽의 영郢나라의 위치가 바뀐 것처럼 뒤엉켜 버렸다.
지금은 다만 북인도 바깥쪽에 있는 나라는 종족의 법령과 풍속을 기준으로
땅을 구획하고 있는데, 이는 원·명 대로부터 시작되었다.

『장춘진인서유기長春眞人西遊記』[4] 문인 이지상李志常[5]의 저술로, 전반부에는 오정
烏程 사람 정동문程同文씨 주가 달려 있고, 후반부에는 대흥大興 사람 서송徐松의 주가
달려 있는데, 위원이 주를 덧붙인다. 에 다음 기록이 있다.

진인眞人 장춘자長春子는 성이 구씨邱氏이고 이름은 처기處機이며, 등주登州
서하棲霞 사람이다. 기묘년(1219) 기묘년은 원나라 태조太祖가 왕위에 오른 지 14년
째 되던 해로, 송나라 영종寧宗 가정嘉定 12년, 금金나라 선종宣宗 흥정興定 3년에 해당한다.
에 내주萊州[6]의 호천관昊天觀에서 머물면서, 강남江南과 하남河南의 대수大帥가
누차 초빙해도 가지 않았다. 마침 그해 겨울 12월에 칭기즈칸Chingiz Khan[7]
이 보낸 시신侍臣 유중록劉仲祿이 호두금패虎頭金牌[8]를 가지고 기병 20명을 끌고
그를 초청하러 왔다. 당시 산동은 여전히 금나라에 속해 있었는데, 마침 두

조정 간에 강화가 이루어져 명을 받들어 갈 수 있게 되었다. 경진년(1220) 경
진년은 원나라 태조 15년, 송나라 영종 가정 13년, 금나라 선종 흥정 4년에 해당된다.
정월에 길을 나서 연경燕京을 거쳐 거용관居庸關을 나와서 선덕주宣德州[9]에
머물렀다. 10월에 알진대왕斡辰大王이 사신 아리선阿里鮮[10]을 보내 초빙했다.
정동문의 주에 따르면 알진대왕은 태조의 넷째 동생인 테무게Temüge[11]로, 태조가 서
쪽으로 정벌 가면서 테무게에게 명해 오논강Onon Gol[12]을 지키게 했다. 신사년(1221) 신
사년은 원나라 태조 16년, 송나라 영종 가정 14년, 금나라 선종 흥정 5년에 해당한다.
2월 8일에 길을 떠나 야호령野狐嶺[13] 장가구張家口 바깥쪽에 위치한다. 을 넘어
북쪽으로 무주撫州[14]를 지나갔다. 15일에 동북쪽으로 개리박蓋里泊『금사金史』
에 따르면 무주의 풍리현豐利縣에 개리박이 있는데, 개리박은 지금의 장가구 북쪽 1백
리에 위치한다. 을 지나자 염지鹽池가 나왔고, 동북쪽으로 가니 여기서부터
는 강이 없어서 사정沙井을 뚫어 물을 길었으며, 남북 수천 리에 걸쳐 큰
산도 없었다. 말을 타고 5일을 가서 명창계明昌界[15]를 나왔다. 다시 6~7일
을 가자 갑자기 혼선달극渾善達克사막[16] 대사막을 말한다. 이 펼쳐졌고, 동북
쪽으로 천 리 밖을 가서 3월 초하루에 혼선달극사막을 벗어나 부이르호
Buir Lake[17]에 이르자 비로소 인가와 촌락이 나타났다. 장덕휘張德輝[18]의 『새북
기행塞北紀行』에 창주昌州 이북에서 사막으로 들어가 역참 총 6곳을 지나 사막을 빠져
나온다고 되어 있는데, 바로 이곳과 일치하며, 이곳은 지금의 달라이호Dalai Nuur[19]로, 헤
시그텐Khishigten[20] 북쪽에 위치한다. 다시 20일 남짓 가면 하이라르강Hailar River[21]
이 나오는데, 하이라르강은 서북쪽으로 흘러 육국하陸局河 육국하는 여구하
臚朐河의 음역으로, 지금의 케룰렌강Kherlen Gol[22]을 말한다. 로 유입된다. 육국하를
건너서 북쪽으로 3일을 가 작은 사막으로 들어가서 4월 초하루에 테무게
의 진영 오논강의 옛 진영이지, 카라코룸Karakorum[23]이 아니다. 에 도착했다. 17일에
말을 타고 서북쪽으로 가서 22일에 육국하에 도착했다. 물이 모여 바다

가 되었으며, 사방 수백 리에 달했다. 또한 육국하의 남쪽 해안에서 서쪽으로 갔는데, 5월 초하루 정오에 일식이 있었다. 물길을 따라 동북쪽으로 16일을 가니 물줄기가 서북쪽 산을 돌아 흘러가는데, 그 발원지를 알 수가 없었다. 케룰렌강은 헨티산Hentiyn Nuruu[24]에서 발원해 남쪽으로 흐르다가 평지에 이르면 비로소 동남쪽으로 물줄기 방향이 바뀐다. 구장춘은 케룰렌강의 남쪽 해안에서 출발해 강을 돌아 서쪽으로 갔기 때문에 발원지를 볼 수 없었다. 서남쪽 낙역로灤驛路[25]로 다시 10일을 가서 하지 때 측량한 해그림자가 3자 6~7치가 되어서야 험준한 큰 산이 차츰 보였고, 여기서 본 큰 산은 헨티산이다. 여기서부터 서쪽으로 산등성이가 점차 나타났다. 또 4일 여정을 가서 서북쪽으로 강을 건너면 여기서 건넌 강은 투라강Tura River[26]이다. 바로 평야가 나오는데, 산천은 수려하고 물과 풀이 풍부했다. 또 거란契丹의 옛 성이 있는데, 아마도 요가 망하면서 투항하지 않은 군사들이 서쪽으로 가서 세운 성읍 같다. 또 서남쪽으로 가면 사마르칸트성[27]이 나오고, 그 만 리 밖으로 회흘回紇의 가장 아름다운 곳이 나오는데, 바로 거란의 도성으로 이곳에서 7대를 지냈다고 한다. 아래 문장에 상세하게 적혀 있다. 거란이 처음에 나이만Naiman[28]을 정벌하고 나시 비구 시쪽으로 회흘이 피미르 그윈[29]으로 옮겨 갔기 때문에 나이만 원국은 멸망한 뒤에 서요西遼[30]에 투항한 것 같다.

6월 13일에 장송령長松嶺[31]에 도착한 뒤 그곳에서 머물렀다. 14일에 산을 넘고 얕은 하천을 건너는데 날이 매우 추웠다. 17일에는 장송령의 서쪽에서 머물렀는데, 한여름인데도 얼음과 눈이 쌓여 있고 산길은 구불구불했으며, 서북쪽으로 1백 리 남짓 갔다가 잠시 뒤에 다시 서북쪽으로 가자 비로소 평지가 보이기 시작했다. 길이가 50리 남짓 되는 석하石河가 흐르고 있었다. 이곳은 오르혼강Orhon Gol[32]이 동쪽으로 흘러 카라카시강Karakash River[33]과 합류되는 지점으로, 강이 산골짜기를 거쳐 가기 때문에 석하라고 부른다. 옹정雍

正[34] 연간에 준가르와 대적할 때, 흑룡강黑龍江의 군사들이 오르혼강[35] 군영에 왔다. 이들은 한산汗山을 지나서 곧장 서북쪽으로 투라강을 건넜고, 다시 서북쪽으로 가서 객리아이산喀里雅爾山을 넘어서 바로 오르혼강을 건넜는데, 구장춘의 여정과 똑같다. 장송령은 바로 객리아이산으로, 그 땅이 북위 49도에 위치하기 때문에 매우 추운 것인가? 산길로 5~6일을 가면서 산봉우리를 돌고 길을 돌아 곧장 높은 고개에 오르면 마치 무지개를 걸쳐 놓은 듯하고, 절벽이 천 길 낭떠러지에 우뚝 서 있어 강을 내려다보면 그 깊이에 사람들이 기겁한다. 이 산은 바로 액로혁특산厄魯赫特山이다. 28일에 오르도ordo[36]의 동쪽에 묵었다. 오르도는 중국어로 행궁을 의미한다. 황후의 뜻을 받들어 선사 구처기에게 강을 건너도록 청했다. 그 강은 동북쪽으로 흐르며, 수레바퀴 축이 물에 잠길 정도로 물이 넘쳐흘렀다. 진영으로 들어가서 남쪽 강기슭에 마차를 세워두고 행궁의 마차와 휘장을 보니 아주 장엄한 것이 옛날의 위대한 선우單于도 이렇게까지 화려하지는 않았다. 이곳은 카라코룸 행궁으로, 오르혼강의 북쪽, 셀렝게강Selenge Moron[37]의 남쪽에 위치하며, 또한 타미르강Tamir Gol[38]과 합수하哈綏河 두 작은 강 사이에 위치한다. 합수하는 바로 원나라 때의 카라코룸강으로, 카라코룸강의 이름에서 카라코룸 행궁이란 이름이 생겨났으며, 이 땅은 옛날부터 회흘이 조정을 두었던[39] 곳이다. 이들이 건넜던 강은 카라코룸강으로 유입되는 지류로 보이는데, 지금은 호이노하瑚伊努河라 부른다. 7월 9일에 선무사宣撫使[40]와 함께 서남쪽으로 갔는데, 5~6일 뒤로 눈 덮인 산과 산 아래의 무덤이 종종 눈에 띄었다. 다시 2~3일 뒤에 자브항Zawhan[41] 옛 성을 지나갔다. 다시 5~6일을 지나 고개를 넘어 남쪽으로 가니 남산이 구불구불 이어져 있었는데, 바라보니 눈이 쌓여 있었다. 이 땅의 동쪽은 케룰렌강에서 약 5천 리 정도 떨어져 있다. 7월 25일에 바타르카이르칸Baatar Khairkhan[42] 북쪽에 도착했을 때 진해상공鎭海相公[43]이 보러 왔다. 아부한산은 알타이산Altai Mountain[44]의 동북쪽에 위치하는데, 바로 지금의 바타르카이르칸을 가리킨다. 『원사元史』 「진해전鎭海傳」에 따르면 태조太祖가 아로환阿魯歡에 둔전을 두고 진해성鎭海城[45]을 세웠다. 아로환은 바로 아부한의 음역이다. 8월에 큰 산을 끼고 서쪽으로 약 3일을 가다가 다시 동남쪽으로 가서 큰 산을 지나 큰 협곡을 경유해 가서 중추절에 알타이산의 동북쪽에 도착했다. 알타이산은 높고 거대하며 깊은 골짜기와 산비탈로 마차가 다닐 수 없었으나, 오고타이Ogotai[46]가 출병하면서 비로소 길이 열렸다. 병사들에게 끌채 위쪽을 줄로 묶고 바퀴 아래쪽을 줄로 묶게 해서 당기면서 이동해, 약 4일 여정 동안 연속으로 다섯 고개를 넘어서 남쪽으로 산을 나와 물가에 이르러 쉬었다. 큰 산을 낀다는 것은 바로 알타이산 동쪽 대간을 낀다는 말이다. 이에 서남쪽을 향해 갈 때는 반드시 호브드Hovd[47]를 경유해서 가야 한다. 다시 서남쪽으로 가면 바로 호브드강Hovd Gol[48]과 이르티시강Irtysh River[49]의 발원지인데, 알타이산맥에 해당하기 때문에 큰 계곡을 거쳐 알타이산 동북쪽에 이른다고 한 것이다. 남쪽으로 산을 나가 물가에 도착했다고 했는데, 이 강은 바로 오르혼강[50]으로, 유욱劉郁의 『서사기西使記』에서 말하는 용골하龍骨河이다. 강을 건너 남쪽으로 가서 작은 민둥산[51] 70리, 다시 노지鹵地[52] 30리를 거쳐 갔다. 선무사와 진해상공이 의논했다.

"이 땅이 가장 가기가 어려운 곳입니다. 앞으로 가다 보면 백골전白骨甸[53]이 나오고 2백 리를 가면 사막 북쪽에 도착하는데, 그곳에는 물과 풀이 제법 있습니다. 다시 사막을 건너 1백 리 남짓 가면 바야흐로 회흘성에 도착할 수 있습니다. 이른바 백골전은 고대의 전쟁터로, 지친 군사들이 이곳에 이르면 백에 하나도 돌아가지 못했으며, 최근에는 나이만 부족이 이곳에서 대패했습니다. 그래서 반드시 저녁에 출발해서 밤에 반정도 건너가면 이튿날 정오 무렵에 비로소 물과 풀을 만날 수 있습니다. 다만 깜깜한 밤에는 귀신이 재앙을 내리니 반드시 말 머리에 피를 칠해서 귀신을 물리쳐야 합니다."

선사 구처기는 웃으면서 대답하지 않았다. 서송이 말했다. "알타이산 동북
쪽과 우룸치(烏魯木齊) 관할의 고성古城[54]은 남북으로 서로 마주 보고 있다. 오늘날 호
브드에서 신강역로新疆驛路에 이르기까지 남쪽으로는 고성의 악륜포鄂倫布, 납극태拉克
台, 소길태蘇吉台, 갈법태噶法台에 맞닿아 있는데, 모두 사막 지역으로 바로 백골전이다."
이튿날, 사막을 지나 남쪽 하늘을 바라보니 은빛노을 같은 것이 있었는
데, 음산陰山 같았다. 8월 27일, 음산의 뒤쪽에 도착할 때 회흘에서 작은
성의 북쪽까지 마중 나와 말했다.

"이 음산의 앞쪽 3백 리는 화주和州[55]입니다."

이튿날, 화주를 따라 서쪽으로 가다 보니 곡식이 막 영글고 있었다.
[화주의] 서쪽은 베쉬발릭Beshbalik[56]이다. 회흘 왕과 부족민들은 포도주를
권하고 꽃과 과일을 바치며 말했다.

"이곳은 당唐나라 때의 북정도호부北庭都護府[57]입니다. 경룡景龍[58] 3년(709)
에 양하楊何[59]가 대도호大都護가 되었으며, 용흥서사龍興西寺의 두 비석에 그
공덕을 새겨 기록해 놓고 있습니다. 그 동쪽으로 수백 리 떨어진 곳에 서
량부西涼府가 있고 서쪽으로 2백 리 남짓 떨어진 곳에 윤대현輪臺縣이 있는
등, 당나라 시기의 변경 마을이 간간이 남아 있습니다." 여기서 음산陰山은
오르도스Ordos[60]에 있는 음산이 아니라 바로 천산天山이다. 보그드산Bogd Uul[61]의 세 봉
우리는 고성 북쪽에서 며칠 거리로, 바로 보이기 때문에 구장춘이 시에서 "산봉우리
세 개가 나란히 차가운 구름을 뚫고 나왔네"라고 했던 것이다. "이 음산의 앞쪽 3백 리
는 화주和州입니다"라는 말은 천산 이남의 투르판이 옛날 화주火州 땅[임을 논한 것]으
로, 화火 자가 화和 자로 와전된 것이다. 당대의 북정대도호부北庭大都護府는 지금의 베
쉬발릭 북쪽에 위치하고, 단주端州에서 단端은 바로 도호都護 두 글자를 합친 것이다.
윤대현은 지금의 부강현阜康縣 서쪽 50~60리를 관할하며, 관할 소재지는 보그드산 뒤

쪽에 위치했기 때문에 남쪽으로 음산이 보인다고 한 것이다. 정동문은 "별사驚思는 바로 별실이다"라고 했고, 구양규재歐陽圭齋[62]는 "북정北庭은 지금의 별실팔리이다"라고 한 것으로 보아, 원대의 베쉬발릭은 바로 이곳에 위치했다.

　9월 7일에 서쪽으로 가면서 몇 정程을 더 가면 행재소에 도착할 수 있냐고 물었더니, 모두 서남쪽으로 다시 1만 리 남짓 가면 도착할 수 있다고 대답했다. 4일에 윤대현의 동쪽에서 묵었다. 다시 성 하나를 지나서 음력 9월 9일에 회흘의 창팔랄성昌八剌城에 도착했다. 그 왕 외오아畏午兒[63]는 진해상공과 구면인지라 부족을 이끌고 멀리까지 마중 나왔다. 위원이 살펴보건대, 외오아畏午兒는 바로 외오아畏吾兒로, 회골回鶻의 또 다른 음역이다. 원나라 초에 외오아의 땅은 서쪽으로는 이리伊犁와 접해 있고, 동쪽으로는 하미Hami[64]와 맞닿아 있었기 때문에 이곳에 족장을 두게 되었다. 정동문이 말한 창팔랄성昌八剌城은 바로 『원사』 「서북지리부록西北地理附錄」에 나오는 창팔리彰八里[65]이다. [『원사』] 「야율희량전耶律希亮傳」에 천산을 넘어 북정도호부에 도착했고, 2년에 창팔리성昌八里城에 도착했으며, 여름에 마나스강Manas River[66]을 건넜다고 되어 있는 것으로 보아, 창팔리昌八里는 지금의 마나스강 동쪽에 위치한다. 이튿날 모두 함께 음산 서쪽으로 10일 여정을 가다가 다시 시장沙場을 지나서 히루 밤낮 뒤에 겨우 빠져나왔다. 대개 백골전 사막에서 물줄기가 나뉘는데, 남쪽은 음산의 기슭에 이른다. 사막을 넘어 다시 5일을 가서 음산의 북쪽에서 묵었다. 다음 날 새벽에 남쪽으로 가서 사비탈로 70~80리를 갔다 이튿날에 다시 서남쪽으로 20리를 가자, 거의 사방 2백 리 정도 되는 큰 호수 하나가 느닷없이 나타났다. 설봉雪峰[67]이 호수를 둘러싸고 있고, 그 그림자가 호수에 거꾸로 비치고 있었기에 선사께서 천지天池라 명명했다. 서송이 말했다. "사장沙場은 정하성晶河城[68]에서 동쪽으로 탁극다托克多[69]에 이르는데, 모래가 쌓여 산이 되었고, 동쪽은 부강현에서 1100리 떨어져 있기 때문에 10일 조금 넘는 여정이라고 했다. 그 사이에 작은 강 몇 개를 건너야 하는데, 여기에서 언급하지 않은 것은 강들이 여름에는 눈이 녹아 물이 불어나고 겨울에는 물이 마르는데, 이곳을 9월에 지나갔기 때문에 물이 있는지 몰랐던 것이다. 탁극다에서 정하성까지 산길로 5백 리 남짓 가면 사이람호Sayram Lake[70] 동쪽 해안이 나오며, 사이람호는 아주 둥글고 사방 1백여 리에 달하니, 바로 천지해天池海이다."

천지를 따라 정남쪽으로 내려가면 좌우에 산봉우리가 있는데, 많은 물줄기가 그 협곡으로 들어가 60~70리를 굽이쳐 흐른다. 차가타이 Chaghatai[71]와 호위대가 서쪽으로 정벌을 나가면서 비로소 바위를 뚫어 길을 닦고 나무를 베어 48개를 연결한 다리를 만들어서 그 다리로 마차가 지나갈 수 있게 되었다. 함께 사이람호 남쪽으로 5천 리를 가서 탑륵기산塔勒奇山[72] 협곡으로 들어간다. 속담에 "과자구果子溝,[73] 과자구의 물이 남쪽으로 흐르네"라는 말이 있다. 물살이 거세서 나무다리를 걸쳐 놓아 거마를 건너게 했다. 협곡의 길이는 60리 정도 되고 지금은 42개가 남아 있는데, 여기가 바로 그 유적지이다. 이튿날이 되어서야 협곡을 나와서 동서대천東西大川으로 들어가 묵고, 1일 여정을 거쳐 아리마성阿里馬城[74]에 도착했다. 무슬림Muslim[75] 국왕과 몽골의 다루가 치Darughachi[76]가 마중을 나왔다. 서과원西果園에서 묵었다. 토착민들이 '과일'을 '아리마阿里馬'라 부른 데서 아리마성의 이름이 나왔다. 동서대천은 바로 지금의 이리강Ili River[77]이다. 아리마阿里馬는 『원사』에는 아력마리阿力麻里라고 되어 있는데, 바로 이리성伊犁城을 가리킨다. 『원사』에서는 엽밀리葉密里 또는 엽밀립葉密立이라고 하는데, 모두 이 성을 가리키며, 청조에서는 이리伊犁라고 부른다. 『당서唐書』에서 이 렬하伊刕河라고 한 데서 붙인 이름으로, 바로 엽밀립의 음역인 것 같다. 다시 서쪽으로 4일을 가서 탈라스강Talas River[78]에 도착했다. 토착민들은 '강'을 '몰련沒輦'이라 부르면서 수심이 깊고 물살이 큼을 드러냈다. 동쪽에서 서북쪽으로 흐르는 동안 음산에 가로막혀 있는데, 강의 남쪽은 다시 설산이다.

10월 2일에 배를 타고 강을 건너 남쪽으로 내려가 큰 산에 이르렀는데, 북쪽에 작은 성이 있었다. 여기서 강은 지금의 이리강으로, 물이 서쪽으로 흐른다. 이리강 서쪽으로 4일 갔다는 것으로 짐작건대, 건넌 강은 지금의 찰림도察林渡가 틀림없다. 남쪽으로 내려가 큰 산에 이르렀는데, 지금의 연창제산鉛廠諸山인 것 같다. 또 서쪽으로 5일을 가자 선무사 유중록은 행재소와 거리가 차츰 가까워졌다고 생각해서 먼저 아뢰러 갔으며, 진해상공만이 선사를 따라갔다. 다시 서쪽으로 7일을 가서 서남쪽의 한 산을 지나다 동하東夏[79]에 갔다가 돌아오는 사신을 만났는데 이렇게 말했다.

"7월 12일에 행재소에서 출발했으며, 상장군과 병사들은 술탄(算端) 칸을 추격해 인도로 갔습니다." 서남쪽의 한 산은 선탑사령善塔斯嶺[80]이 틀림없다. 산단算端은 서역 군주의 명칭으로, 『원사』에는 산단算端, 『명사明史』에는 속단速檀 혹은 쇄단瑣檀, 청조의 관서官書에는 소륵탄蘇勒坦이라 되어 있는데, 지금은 카자흐스탄·키르기스스탄에서 이렇게 부른다. 7월 12일에 행재소를 떠나 10월 14일에 이곳에 도착했으니, 3개월 동안 길에서 지냈다.

이튿날, 회흘의 작은 성에 도착했다. 16일에 서남쪽으로 널다리를 통해 강을 건너서 저녁에 닌산 자리에 도착했으니, 바로 카라키타이Kara Khitai[81]이다. 그 나라의 국왕은 요遼의 후손이다. 금나라 군대에 멸망당한 이래로 야율대석耶律大石[82]은 무리 수천 명을 이끌고 서북쪽으로 가서 10여 년을 떠돌아다니다가 비로소 이곳에 도착했다. 풍토와 기후는 막부과 다르며, 평지에서는 주로 농사를 짓고 누에를 치는데, 과실은 중국과 비슷하다. 다만 여름과 가을에는 비가 내리지 않아 모두 관개시설을 이용한다. 동서남북으로 왼쪽에는 산, 오른쪽에는 하천이 있고, 면적은 1만 리에 달하며 나라는 몇백 년째 이어져 오고 있다. 나이만국은 나라를 잃은 뒤 카라키타이에서 살다가 군사력을 회복하자 그 땅을 빼앗아 근거지로 삼았지만, 곧이어 술탄이 서쪽에서 그 땅을 약탈하고 천병天兵이 오는 바람에 나이만은 얼마 지나지 않아 멸망하고 술탄국도 망했다. 위원이 살펴보건대, 앞서 또 서남쪽으로 가면 사마르칸트가 나오고, 그 만 리 밖으로 회흘의 가장 아름다운 곳이 나오니, 바로 거란의 도성으로 여기서 7대를 거쳤다고 했는데, 바로 이곳이다. 유중록이 나이만 왕국에서 조서를 받들고 군사를 이끌고 정벌 나갔다고 했는데, 그곳 역시 여기이다. 야율대석은 요의 왕족으로, 요가 망한 뒤 무리를 이끌고 서쪽으로 만 리 멀고 험한 길을 가 서쪽 땅에 나라를 세웠으니, 바로 서요이다. 야율대석은 덕종이라 불렸으며, 연호를 연경延慶[83] 2년이라 바꾸었다. 강국康國[84] 10년 (1143)에 아들 야율이렬耶律夷列[85]이 왕으로 세워지고 인종仁宗이라 불렸다. 야율이렬이 어렸을 때 태후 소씨蕭氏[86]가 정권을 잡고 연호를 함청咸淸이라 바꾸고 무릇 7년을 다스렸다. 야율이렬이 친정하게 되었을 때 연호를 소흥紹興이라 바꾸고 13년을 다스렸다. 야율이렬이 죽었을 때 아들이 어려 누이 야율보속완耶律普速完[87]이 나라를 다스렸다. 숭복崇福[88] 14년(1177)에 야율이렬의 아들 야율직로고耶律直魯古[89]가 왕위에 올라 연호를 천희天禧[90]로 바꾸고 34년을 다스렸다. 원 태조가 나이만국을 멸망시키고 타이양칸Tayang Khan[91]을 사로잡자, 그의 아들 쿠슐루크Küčülüg[92]는 거란으로 달아나 야율직로고를 습격하여 붙잡고 태상황으로 추대한 뒤, 나라를 찬탈해 10여 년을 다스렸다. 원 태조가 서역으로 정벌 갔다가 이 나라를 멸망시켰다. 이 일은 『요사遼史』「천우기天祐紀」 말미에 덧붙여져 있고, 『거란국지契丹國志』에도 함께 보이는데, 기실 나라를 세운 지 70년 동안 세 명의 황제와 두 명의 황후가 역임했다. 파미르고원을 사이에 두고 멀리 떨어져 있기 때문에 여러 사서에는 그 기록이 보이지 않는다. 그러나 이 땅은 또한 이리의 서쪽 변경에 위치해 일찍이 파미르고원을 넘어간 적이 없다. 당시에는 나이만이 파미르고원 동쪽을 차지하고 있고, 인도의 술탄이 파미르고원 서쪽을 차지한 채 두 개의 왕국으로 분리되어 있었다. 사마르칸트는 바로 인도의 술탄이 웅거하던 곳이다. 옛날에는 모두 서요의 땅이었다.

18일에 산을 따라 서쪽으로 7~8일 가자 산의 방향이 갑자기 남쪽으로 틀어져 있고 석성石城 한 채가 길을 막고 있었는데, 돌 색깔이 모두 붉었다. 또한 주둔 군대의 유적이 남아 있고 서쪽에는 큰 무덤이 별처럼 서로 이어져 있었다. 지금의 이식쿨호Lake Issyk-Kul[93] 남쪽 해안으로, 옛날 석상[94]이 많은 곳이 바로 이 땅이다. 이리강[95]을 건너서 남쪽으로 가는 경유지로, 바로 지금의 이리 군사가 카슈가르에 가서 교대 근무를 하러 가는 곳이다. 이식쿨호[96]가 동남쪽에 접해 있기 때문에 키르기스스탄 유목 지대를 지나면 바로 파미르고원이 나온다. 또한 서남쪽 산길로 5일 여정을 가니 사이람Sayram[97]에 도착했는데, 그곳에는 작은 탑이 있었으며 회흘 왕이 마중을 나와 관사에 들어갔다.

11월 4일에 토착민들은 새해를 맞아 정오 무렵에 서로 인사를 나눴다. 서남쪽으로 다시 3일을 가자 성 하나가 나왔는데, 그 왕도 회흘족이었다. 이튿날 또 한 성을 거쳐 다시 2일을 가자 강이 나왔는데, 바로 시르다리야강Syr Darya[98]이다. 배다리로 건너서 서쪽 해안에 머물렀다. 시르다리야강은 동쪽과 남쪽 양쪽에 있는 대설산大雪山 사이에서 발원하며, 물색이 흐리고 물살이 급하며, 수심은 몇 길이나 되고 서북쪽으로 흐르는데, 몇천 리에 걸쳐 흐르는지 모른다. 이곳은 비로 파미르고원을 넘어가는 길로, 정동문에 따르면, 사이람은 유욱의 『서사기』에 탈라스Talas[99]에서 서쪽으로 4일 여정의 거리에 있다고 했는데, 바로 지금의 탈라스강[100] 서쪽이다. 『명사』 「외국전外國傳」에는 사이람이 타슈켄트Tashkent[101]의 동쪽에 있다고 되어 있는데, 지금 타슈켄트 성은 시린강 Xilin River[102] 북쪽에 있다. 원나라 때 서역을 왕래할 때는 반드시 탈라스강에서 출발해 사이람을 지나서 서남쪽으로 가서 시르다리야강을 건너야 했으니, 시르다리야강이 바로 나린강Naryn River[103]이다. 유욱의 『서사기』에는 홀견하忽牽河[104]라고 되어 있는데, 음이 비슷하다. 강의 서남쪽으로 2백 여 리에 걸쳐 물과 풀이 전혀 없으며, 다시 남쪽으로 대설산을 바라보면서 서쪽으로 가다 보면 산이 사마르칸트(邪

米思干)의 남쪽 산과 서로 연결되어 있다. 또 가다 보면 한 성이 나오는데, 물과 풀을 얻을 수 있다. 다시 성 3개를 거쳐 산길로 반나절 가다가 남북으로 이어진 평원으로 들어갔다. 음력 11월 18일에 큰 강을 지나 사마르칸트의 북쪽에 도착했으니, 바로 서요의 하중부河中府이다. 대사大師 이랄국공移剌國公[105] 및 몽골·회흘의 수장이 교외로 마중 나와 대대적으로 막사를 쳤다. 선무사 유중록이 길이 막혀 그곳에 머물러 있었는데, 천 리 밖의 배다리가 모두 토비들에 의해 무너져 그런 것임을 알게 되었다. 그래서 결국 그곳에서 겨울을 보냈다. 그 성은 강가에 위치하며, 가을과 여름에는 늘 비가 내리지 않아 나라 사람들은 도랑 두 개를 터 성으로 물을 끌어들여 거리 곳곳에 물이 흐르게 했다. 바야흐로 술탄이 아직 패하지 않았을 때는 성안에 10만 호 남짓 있었으나 지금은 4분의 1만 남아 있으며, 대부분이 회흘 사람이고 거란과 중국인이 그다음으로 많다. 높이가 10길 남짓 되는 산등성이가 있는데, 술탄이 이곳에 새로 궁전을 세웠다. 또한 이곳의 공작孔雀과 코끼리는 모두 동남쪽으로 수십 리 떨어져 있는 인도에서 온 것이다. 사미사간은 『원사』와 『서사기』에는 모두 심사간尋思干으로 되어 있는데, 바로 사마르칸트(賽馬爾罕城)로, 지금의 코칸트Kokand[106] 경내에 위치하며 나린강의 남쪽에 있다. 구장춘이 북쪽에서부터 오면서 먼저 시르다리야강을 건너고 여기서 다시 큰 강을 지나 사마르칸트에 도착했다는 것은, 응당 사마르칸트 동쪽의 강이 북쪽으로 흘러 나린강에 유입되었음을 가리킨다. 북정대도호부에서 출발해 이곳에 올 때는 주로 서쪽으로 가다가 이곳을 지나면 대체로 남쪽으로 가는데, 서쪽 정벌의 최고 요충지이기 때문에 이곳에서 숙영하며, 야율초재도 이곳에 주둔했다. 그 뒤로 부마 티무르Timur[107]를 이곳에 봉함으로써 명대에 와서도 여전히 서역의 대국이 될 수 있었다. 위원이 살펴보건대, 『원사』에 태조가 먼저 심사간성을 손에 넣고 후에 설미사간薛迷思干성을 취했다고 되어 있는데, 이는 사마르칸트를 두 개의 지역으로 잘못 적고 있는 것이다. 설미邪迷는 바로 사미邪迷이다.

선사가 5월 초하루에 있었던 일식에 대해서 묻자, 그곳 사람들은 "이곳에서는 진시辰時(오전 7시~오전 9시)에 일식이 6할 진행되었습니다"라고 했다. 선사가 말했다.

"전에 케룰렌강에 있을 때 오시(오전 11시~오후 1시)에 개기일식을 보았습니다. 또 서남쪽으로 알타이산에 갔을 때는 사람들이 사시(오전 9시~오전 11시)에 일식이 7할 정도 진행되었다고 했습니다. 이 세 곳에서 본 것이 제각기 서로 다른데, 이치상 따져 보면 달이 정중앙 아래에 있을 때 개기일식이 보이고, 달이 옆에 있으면 천 리 밖에서는 점차 차이가 납니다."

그해 윤12월이 다 갈 무렵 선무사가 보낸 기밀 정찰병이 돌아와 이렇게 보고했다.

"차가타이가 군대를 일으켜 토비를 치고 교량을 정비했으며, 황제께서는 대설산의 동남쪽에 머물고 계십니다. 지금 산문山門 밖 1백여 리는 눈이 깊이 쌓여 있어 다닐 수가 없기에 지금 이 길로 선사를 모시게 되었습니다."

그래서 선사가 지은 시에 "음산 서쪽으로 3천 리를 오르고, 대석(카라기타이) 동쪽으로 20일 여정을 갔네"라는 시구가 있게 된 것이다.

임오년(1222) 춘3월에 원나라 태조 17년, 송나라 영종 가정 15년, 금나라 선종 원광元光 원년에 해당한다. 아리선이 행궁에서 마중 나왔다. 선사가 아리선에게 여정이 얼마나 걸렸는지 묻자 이렇게 대답했다.

"춘정월春正月(음력 1월) 13일에 이곳에서 처음 출발해 3일 동안 동남쪽으로 달려 철문鐵門[108]을 지났고, 또 5일을 달려 대하大河를 지나서 2월 초에 동남쪽으로 가서 대설산을 지나갔는데, 눈이 너무 높이 쌓여 말 위에서 채찍을 들어 눈을 재는데 도리어 그 반에도 미치지 못했고, 말에서 내려 눈을 밟는데 5자 남짓이나 되었습니다. 남쪽으로 3일을 가서 행궁에 도착했습니다."

3월 15일에 선무사 유중록과 함께 길을 나섰다. 4일 뒤에 갈석성碣石城[109]을 지나는데, 군사 천 명으로 호송케 하라는 전교를 받았다. 철문을 지나 동남쪽으로 산을 넘는데, 산세가 높고 돌이 여기저기 산재해 있어 많은 군사가 이틀 동안 마차를 끌고 나서야 비로소 앞산에 도착했다. 물길을 따라 남쪽으로 갈 때 군사들은 북쪽 큰 산으로 들어가 도적을 물리쳤다. 5일 뒤에 배로 작은 강을 건넜다. 7일 뒤에 배로 큰 강을 지났으니, 바로 아무다리야강Amu Darya[110]이다. 갈석(碣石)은 『원사』「지리지」에는 가상柯傷이라 되어 있다. 『명사』「외국전」에는 갈석渴石이라고 하고, 남쪽으로 큰 산이 우뚝 솟아 있으며 골짜기 입구를 나오면 쇠 색깔의 검은 빛 석문이 있다고 되어 있다. 당대의 『서역기』에 따르면 철문을 나서면 토하라Tokhara[111]에 도착하는데, 그 땅은 동쪽으로는 파미르고원에 막혀 있고, 서쪽으로는 파르사Parsa[112]에 인접해 있으며, 남쪽으로는 대설산에 이르고, 북쪽으로는 철문에 자리 잡고 있다. 설산을 넘으면 바로 람파카Lampaka[113]로, 북인도 경내에 있다. 태조가 북인도의 술탄을 추격해 남쪽으로 설산을 넘어서 곧이어 직접 북인도로 갔다. 태조는 회군한 뒤에 다시 장군을 보내 인도[114]까지 추격해 가서 인더스강Indus River[115]까지 갔으며, 술탄이 죽은 뒤에야 돌아왔으니, 군사들 역시 중인도 경계까지 갔다. 앞서 아리선이 행재소에 도착했다고 나와 있는데, 이때가 바로 태조가 술탄을 추격해 인도에 갔던 날이기 때문에 설산을 넘어 남쪽으로 다시 3일을 가서야 도착했던 것이다. 이에 구장춘이 행재소에 도착했을 때 황제는 이미 설산으로 돌아와 더위를 피하고 있었기 때문에 구장춘은 철문을 지난 뒤 12일을 가서 설산에 도착해서 그곳에서 머물렀다. 그가 건넜던 아무다리야강은 『원사』에는 암포하暗布河, 아목하阿木河로 되어 있고, 『원비사元秘史』에서는 아매하阿梅河라 되어 있는데, 바로 불경에서 말하는 옥수스강Oxus River[116]으로, 파미르고원의 아나바타프다Anavatapta[117]에서 발원해 서북쪽 카스피해Caspian Sea[118]로 유입된다. 그 뒤로 아무다리야강에 원수부元帥府를 세우고 파미르고원 서쪽 나라들을 통치했다. 대설산은 지금의 화라삼탁산和羅三托山으로, 동쪽에서 서쪽에 이르기까지 천 리에 걸쳐 있다.

동남쪽으로 4일을 가서 행재소에 도착했으니, 그때가 바로 4월 5일이었다. 황제는 인도 이남의 무더위를 두려워했기 때문에 설산에서 더위를 피했다. 황제는 점을 쳐 4월 15일에 출발하려 했으나, 그날이 되었을 때 회흘의 산적이 난리를 일으켰다는 보고가 있었다. 황제가 친히 정벌을 나가려고 해서 다시 점을 치자 10월이 길하다는 점괘가 나왔다. 선사가 옛날 관사로 돌아가길 청하면서 잠시 다시 들르자 천여 명의 기병이 그를 호위해 돌아갔다. 마침내 대산을 지나가는데, 산의 석문은 깎아지른 담벼락처럼 보였으며, 큰 돌이 다리처럼 그 위에 걸쳐져 있고, 그 아래의 물살이 아주 거셌다. 이 땅은 입구 같은데 최근에 군사들에 의해 파괴되었다. 선사는 협곡을 나서면서 시를 지었으니, "물 북쪽의 철문은 그래도 괜찮으나, 물 남쪽의 석협은 더욱 놀랄 만하도다"가 그것이다. 위원이 살펴보건대, 아무다리야강의 남쪽과 설산의 북쪽 사이에 인더스강이 있으니, 이 석협은 바로 인더스강의 상류에 해당한다. 인더스강은 신두하新頭河라고도 불린다. 『법현전法顯傳』에 다음 기록이 있다. "파미르고원을 지나 서남쪽으로 15일을 가면 길이 아주 험난하고 낭떠러지가 몹시 험하며, 산에는 돌밖에 없고 절벽이 천 길 낭떠러지에 우뚝 서 있으니 그곳에 서면 눈앞이 아찔하며, 그 아래로 인더스강이 흐르고 있다. 옛날 사람 중에 누군가 돌을 뚫고 길을 내어 동아줄을 매달아 강을 건넜는데, 양쪽 기슭 사이가 80보 정도 되었다. 인더스강을 건너면 우디야나Uddiyana[119]에 도착하는데, 바로 북인도이다." 『수경주』에는 "오타국烏托國의 서쪽에 현도국懸度國이 있다"라는 기록이 있다. 살펴보건대, 한나라 때의 오타烏托는 지금의 바다흐샨이고, 현도국은 또 그 서쪽에 위치하니 인더스강의 하류에 있으며, 이 석협은 인더스강의 상류에 있다. 서쪽으로 정벌

나갔던 사람들이 돌아왔으니, 대부분 산호를 가지고 있어서 한 종관從官이 백금 2일鎰로 산호 50그루를 사들였으니, 1자 남짓 되는 것도 있었다.

위원이 살펴보건대, 『직방외기職方外紀』에 파미르고원 서쪽에 득백덕得白德이라 불리는 나라가 있는데, 이곳에서는 백은을 화폐로 사용하지 않고 산호만을 사용할 뿐이라고 되어 있다. 또 서홍해西紅海는 메카Mecca[120]의 서쪽에 위치하고 물색이 모두 붉은데, 전해 오는 말에 따르면 산호가 비쳐서 그렇다고 한다. 5월 5일에 사마르칸트[121]로 돌아왔다. 8월 8일에 다시 길을 나서 행재소에 이르렀다. 12일에 갈석성을 지났다. 이튿날 보병과 기병 천여 명이 대산으로 들어갔으니, 바로 철문 바깥쪽에 있는 또 다른 길이다. 붉은 계곡을 건너면 높이가 몇 리나 되는 산봉우리가 나온다. 동남쪽으로 가다 보면 산기슭에서 염천鹽泉이 흘러나오는데, 해가 나면 흰 소금으로 바뀐다. 또 동남쪽으로 분수령에 올라가 서쪽을 바라보면 얼음같이 생긴 높은 골짜기가 보였는데, 모두 소금이었다. 14일에 철문 서남쪽 기슭에 도착해서 산을 빠져나오려니, 산문이 아주 험준하고 왼쪽 기슭이 무너져 내려 있었으며, 골짜기 물이 1리 정도 땅속으로 흘러 들어갔다. 중추절에 강에 도착했는데, 강의 기세가 황하의 물살과 같아서 배를 타고 건넜다. 동남쪽으로 30리를 가도 물이 나오지 않아 위원이 살펴보건대, 이것은 또한 아무다리야강을 지났음을 의미한다. 그대로 밤길을 걸어 마자르이샤리프Mazār-i-Sharif[122]를 지나가는데, 성이 아주 컸다. 동쪽으로 수십 리를 가자 물이 나왔는데, 말이 겨우 건널 수 있을 정도였다. 위원이 살펴보건대, 이것은 또한 인더스강 상류를 지나갔음을 의미한다. 22일에 행재소에 이르러 황제를 알현하러 들어갔는데 선사는 황제를 알현함에 무릎을 꿇지 않고 예를 올린 뒤 장막 안으로 들어가 몸을 굽히고 합장할 뿐이었다. 27일에 거마를 따라 북쪽에서 돌아왔다가 9월 초하루에 다리를 건너 북쪽으로 갔다. 염천은 철문산의 서쪽에 위치하고,

그 서북쪽은 아랄해Aral Sea[123]이다. 『원사』「곽보옥전郭寶玉傳」에 따르면 태조는 아랄해를 혜제왕惠濟王의 봉지로 주었다. 유욱의 『서사기』에 납상성納商城을 지날 때 온 산이 모두 소금이었으며 마치 그 모습이 수정과 같았다고 되어 있는데, 납상성은 바로 갈석성이다. 3일 뒤에 산을 나와 강변에 도착했는데 황하 같은 물살이 서북쪽으로 흐른다는 것은 바로 아랄해로 유입되었다는 뜻이다. 대개 파미르고원의 서쪽 물이 모두 이곳, 즉 아무다리야강으로 모여들기 때문이다. 페르디난트 페르비스트Ferdinand Verbiest의 『곤여도설坤輿圖說』에서는 "도도하게 흐르는 카스피해의 물은 아주 짜다"라고 했는데, 설마하니 이 물이 유입되어 그런 것인가? 동쪽으로 수십 리를 가다 다시 강 하나를 건넜다고 했는데, 바로 인더스강의 상류이다. 9월 초하루에 다시 강의 다리를 건너 북쪽으로 돌아왔다는 것은 바로 아무다리야강의 배다리로 건너왔다는 것으로, 아무다리야강의 배다리는 일전에 적군에 의해 파괴되었으나 관군이 다시 복구했다. 그래서 구장춘이 황제를 알현하고 난 뒤에 바로 황제를 따라서 북쪽으로 간 것 같다. 『장춘진인서유기』를 읽고서야 비로소 『원사』「본기本紀」와 「야율초재전耶律楚材傳」의 황제가 동인도에 가서 철문관에 머무를 때 각단角端이 나타나자 군사를 돌렸다[124]는 내용이 송자정宋子貞[125]이 쓴 「초재신도비楚材神道碑」를 근거로 했음을 알게 되었다. 그러나 태조의 군대는 설산을 넘어가 목빈노에만 가려 했는데, 무슨 까닭에 갑자기 바닷가에 위치한 동인도까지 갔는지는 모르겠다. 철문의 경우는 설산, 북인도와는 되레 먼데도 말이다. 『담연집湛然集』[126]을 살펴보니, 야율초재는 서역에 있는 10년 동안 오직 사마르긴드에만 머물러 있었으니, 설령 어쩌다가 철문에는 갔을 수도 있지만, 인도에는 갈 이유가 없다. 「초재신도비」에서 야율초재에게 공을 돌리려다 보니 인도로 이동하는 과정에서 일어났던 일을 철문에 견강부회하게 되었는데, 모든 사건이 실제에 부합하는지는 모르겠다.

『명사』에 다음 기록이 있다.

사마르칸트는 바로 한나라 때의 계빈국 땅이고 이 말은 왕기王圻의 『속문 헌통고續文獻通考』의 오류를 잘못 따라 한 것이다. 사마르칸트는 나린강 강가에 있으며, 지금의 코칸트 서북쪽 타슈켄트에 위치하는데, 서남쪽은 옛날 대완국大宛國·대하국大夏國의 땅이다. 코칸트와 부하라Bukhara[127]는 모두 원나라 때 사마르칸트의 관할지로, 계빈국과는 무관하다. 수·당 대에 모두 중국과 왕래했다. 원나라 태조가 서역을 평정한 뒤 제왕과 부마를 모두 그곳의 군장君長으로 삼고 전대의 나라 이름을 모두 몽골어로 바꾸면서 비로소 사마르칸트라는 명칭이 생겼다. 사마르칸트는 가욕관嘉峪關[128]에서 9600리 떨어져 있다. 원나라 말에 그곳의 왕이 된 자가 바로 부마 티무르이다. 홍무洪武[129] 연간에 태조가 서역과 왕래하고자 해 누차 사신을 보내 위무했으나, 먼 곳의 군장 가운데 온 사람이 없었다. 홍무 20년(1387) 4월에 티무르가 먼저 이슬람교도 마울라나 하피즈Maulana Hafiz[130] 등을 보내 입조해서 말 15필과 낙타 2마리를 바치기에, 조서를 내려 그 사신에게 연회를 베풀고 백금白金 18정錠을 하사했다. 이로부터 여러 해 동안 계속 말·낙타 및 빈철鑌鐵[131]·도검刀劍·갑옷 등의 물건을 바쳐 왔다. 그러나 그 나라의 이슬람교도들이 또한 직접 말을 몰아 양주涼州에 와서 교역을 하자, 홍무제는 이를 불허하고 도성에 와서 교역하게 했다. 원나라 때에는 이슬람교도가 천하에 널리 퍼져 있었는데, 이때에 와서 감숙甘肅에 거주하는 이가 더욱 많아 지방 장관에게 조서를 내려 모두 돌려보내게 했으니, 이때 사마르칸트로 돌아간 자가 1200여 명이나 되었다. 홍무 27년(1394) 8월에 티무르는 말 2백 필을 바치면서 표문을 올려 "삼가 조세배照世杯와 같은 성심을 우러러 받자오니 신의 마음이 뻥 뚫린 듯 밝아집니다"라고 했다. 조세배는 그 나라에서 옛날부터 전해 오는 밝은 빛을 내어 사물의 속을 훤히 드러나게 하는 잔으로, 그 잔에 비춰 보면 세상사를 알 수 있기 때문에 그렇게 부르는 것이다.

성조成祖[132]가 즉위해서 사신을 보내 칙서를 내리고 그 나라를 위무했다.

영락 3년(1405)에 부안傳安[133] 등이 아직 귀국하지 않았지만, 조정에서는 티무르가 베쉬발릭을 경유해 군대를 거느리고 동진한다는 소식을 듣고 감숙 총병관總兵官 송성宋晟에게 칙서를 내려 경계하고 방비케 했다. 영락 5년(1407) 6월에 부안이 귀국했다. 처음에 부안이 그 나라에 갔을 때 억류되고 조공도 끊겼지만, 얼마 지나지 않아 사람을 시켜 부안을 데리고 여러 나라 수만 리를 돌면서 그 나라의 광대함을 과시했다. 이때에 와서 티무르가 죽자 그 손자 할릴Halil[134]이 뒤를 잇고는 곧장 사신을 보내 부안을 호송해서 귀국시키고 공물을 바쳤다. 영락제는 그 사신에게 후사하고 관리를 보내 작고한 왕(티무르)을 위해 제사를 올리게 하고 새로운 왕과 부락에 은과 비단을 하사했다. 부락의 우두머리인 사리누딘Sarinurdin[135] 등도 낙타와 말을 바쳤다. 경태景泰[136] 7년(1456)에 옥석玉石을 바쳤다. 천순天順[137] 원년(1457)에 도지휘사都指揮使 마운馬雲 등에게 명해 서역에 사신으로 가게 해, 칙서를 내려 술탄[138]을 격려하고 재물과 비단을 하사하며 조공사신을 호송해 갔다가 돌아오게 했다. 술탄이란 군장의 칭호로, 몽골의 칸과 같다. 성화成化[139] 연간에 그 술탄은 이스칸Iskan[140]의 각 수장과 함께 사자 2마리를 바치고 숙주肅州[141]로 갔으며, 그 사신은 귀국할 때 원래 왔던 길로 가지 않고 광동으로 가서 양갓집 여자를 많이 사들여 처첩으로 삼았으며, 또한 돌아갈 때 배를 타고 믈라카Melaka[142]에 가서 사자를 사들여 다시 조공하기를 청했다. 시박사市舶司[143] 태감太監[144] 위권韋眷이 이를 아뢰자, 포정사布政使 진선陳選이 극력 불가하다고 해 그만두었다. 홍치弘治[145] 2년(1489)에 사마르칸트의 사신이 믈라카를 거쳐 광동에 가서 사자·앵무새 등의 동물을 바쳤다. 지방 장관이 이를 조정에 알리자, 예부의 관원 경유耿裕[146] 등은 "남해南海는 서역에서 공물을 바치러 오는 길이 아니니 이를 거절하시고, 그 사신에게 음식을 조금 보내어 위로하고 참작하여 무늬 비단을 그 왕에게 하사하시기를 바랍니다"라고 아뢰었다. 이듬해 또 투르판과 함께 사자와 카라칼Caracal[147] 등의 짐승을 바치러 감숙성을 통해 들어왔다. 가정嘉靖 12년(1533)에 메카·투르판과 함께 들어와 조공했는데, 왕으로 자처하는 자들이 1백여 명이나 되었다. 예부의 관원 하언夏言[148] 등은 예법에 맞지 않는다고 논하면서 황제에게 칙서를 내려 각신閣臣[149]에게 그 대답을 논의하도록 청했다. 장부경張孚敬[150] 등이 말했다.

"서역의 왕들은 본국에서 영지를 받거나 혹은 부락에서 서로 붙인 존칭에서 나온 듯한데, 이전에도 이런 경우가 30~40명이나 되었습니다. 만약 갑자기 논의해서 정리해 없앤다면 그들이 원망할 수도 있으니, 예부와 병부에 칙령을 내려 상세히 논의하시길 바랍니다."

그러자 하언과 중신 왕헌王憲 등이 말했다.

"서역에서 왕으로 자처하는 나라로는 투르판·메카·사마르칸트에 불과하며, 해가 지는 곳에 있는 나라는 비록 많지만, 조공을 바치는 경우는 절대적으로 적습니다. 홍치·정덕正德[151] 연간에 투르판에서 13차례 입조하여 공물을 바쳤습니다. 정덕 연간에 메카에서 4차례 입조하여 공물을 바쳤는데, 왕을 칭하는 사람은 대개 1명이고 많아도 3명에 불과했으며, 나머지는 그저 수장이라 칭했을 따름입니다. 가정 2년(1523)과 8년(1529)의 경우 메카에서는 많게는 6~7명이고, 투르판에서는 11~12명이며, 사마르칸트에서는 27명에 이르렀습니다. 장부경 등이 30~40명이라고 한 것은 세 나라를 합산한 것입니다. 지금 투르판은 왕이 15명, 메카는 왕이 27명, 사마르칸트는 왕이 53명이라고 하는데, 실제로 이 이전에는 이런 일이 없었습니다. 홍치 연간 때는 답례하는 칙서에서 1명만을 왕이라 칭했는데, 왕년의 사마르칸트처럼 대체로 왕이라 자처하는 이에게 회답으로 칙서 한 통씩을 다 준다면, 이는 중국을 받들고 오랑캐를 다스리는 방법이 아닙니다."

가정제는 그 말을 받아들여 나라마다 칙서 한 통씩을 내리는 동시에 질책하면서 한 나라에 두 명의 왕이 있을 수 없다는 도리를 보여 주었다. 그러나 여러 오랑캐 나라에서는 끝내 따르지 않다가 가정 15년(1536)에 입조하여 공물을 바치면서 다시 이전처럼 했다. 감숙순무甘肅巡撫 조재趙載가 상주하기를, "각 나라에서 왕을 자처하는 자가 150여 명에 이르는데, 이는 모두 본조에서 작위를 내린 것이 아니니 의당 개정토록 해야 하고, 또한 조공 사절단의 인원수를 정해야 합니다. 통사通事는 반드시 중국인을 등용해서 오로지 색목인色目人만을 등용해 소통에 문제가 생기는 일이 없도록 해야 합니다"라고 했다. 이후로도 만력萬曆[152] 연간까지 끊이지 않고 입조하여 공물을 바쳤다. 대개 서역인들은 장사에 뛰어나서 중국과의 교역을 욕심냈고, 경내로 들어온 뒤의 일체의 음식과 여비는 모두 담당 관원에게서 가져갔다. 또한 5년에 한 번 조공할 것을 정해 두었지만 시종 따르려 하지 않았고, 천조에서도 꾸짖을 수 없었다.

그 나라는 동시로 3천 리 남짓이고, 지세는 넓고 평평하며 토양은 비옥하다. 왕성은 사방 10여 리이고 인구가 조밀했으며, 서남쪽에 사는 여러 오랑캐의 화물이 주로 이곳에 모여들기에 아주 풍요롭다고 불렸다. 성의 동북쪽에 있는 토옥土屋은 하늘을 모시는 곳으로, 규모와 양식이 정교하고 기둥은 모두 청석에다 꽃무늬를 새겨 놓았으며, 가운데에 강당이 설치되어 있다. 금가루로 적은 경서經書는 양피로 싸 놓았다. 민간에서는 술을 금했다. 헤라트Herat[153]보다 사람들의 인물이 좋고 솜씨가 뛰어나지만, 풍속과 토산품은 대부분 헤라트와 비슷하다. 그 옆 동쪽으로는 샤흐루히야Shahrukhiya[154]·타슈켄트Tashkent·사이람·양히Yanghi[155]가 있고, 서쪽

에는 케시·테르메스Termez[156] 등 여러 부락이 있는데, 모두 [사마르칸트에]
복속되어 있다. 달실간達失干은 바로 지금의 타슈켄트로, 코칸트의 북쪽, 카자흐스
탄의 서쪽에 위치한다.

또 다음 기록이 있다.

테르메스는 사마르칸트 서남쪽에 위치하고 헤라트에서 2천 리 남짓
떨어져 있다. 신구新舊 두 성이 있는데, 서로 10여 리 떨어져 있다. 수장
은 신성新城에 살고 있고, 성 안팎으로 겨우 수백 가구가 살고 있으며, 가
축을 많이 키운다. 성은 아무다리야강 동쪽에 위치하고 물고기가 많다.
아무다리야강의 동쪽 땅은 사마르칸트에 예속되어 있다. 서쪽에는 갈
대숲이 많고 사자가 서식한다. 영락 연간에 진성陳誠[157]과 이달李達이 일찍
이 그 땅에 사신으로 갔다. 부하라(卜花爾)는 사마르칸트에서 서북쪽으로
7백여 리 떨어져 있다. 살펴보건대, 복화이는 코칸트 서쪽에 위치하는데, 바로 지
금의 부하라이다. 사마르칸트의 도성이 지금의 부하라와 코칸트 지역에 위치하는 것
으로 보아, 결단코 한나라 때의 계빈국은 아니다. 계빈국은 지금의 카슈미르이고, 또
한 중간에 바다흐샨 등의 국가를 사이에 두고 있으며, 두 나라 간의 거리가 아주 멀다.
또한 부하라는 그 당시는 영토가 아주 작았지만, 지금은 사마르칸트의 땅을 모두 차
지한 대국이 되었기 때문에, 사마르칸트를 지금의 부하라·고대의 대하국으로 보는 것
이 아마도 사실에 근접할 것이다. 성은 평원에 위치하고 둘레는 10여 리이며,
1만 호 정도 산다. 시장과 마을은 번화해서 잘 사는 곳으로 알려져 있다.
지세가 낮고 계절은 늘 온난해서 오곡·뽕나무·삼베 재배에 적합하며, 비
단, 포백이 많고 가축 또한 많다. 영락 13년(1415)에 진성이 서역에서 돌
아오는 길에 헤라트·사마르칸트·베쉬발릭(別失八里)·안드호이Andkhoy[158]·
바다흐샨(八答黑商)·테르메스·샤흐루히야·사이람·케시·양히·카라호자

Karakhoja[159]·럭춘Lukchun[160]·투르판·야무시yamshi[161]·하미Hami[162]·타슈켄트(達失幹)·부하라 등 17개국을 거쳐 오면서 각 나라의 산천·인물·풍속을 모두 상세히 기록해 『사서역기使西域記』를 지어 바쳤기 때문에 중국에서 참고할 수 있게 된 것이다. 선덕 7년(1432)에 이달에게 명해 서역을 위무하게 했는데, 부하라도 거기에 포함되었다. 달실간達失幹은 바로 지금의 타슈켄트이고, 별실팔리別失八里는 지금의 신강 천산남로天山南路 회부이며, 팔답흑상八答黑商은 바로 지금의 바다흐샨이다.

『명사』에 다음 기록이 있다.

헤라트Herat는 일명 흑로黑魯라고도 하며, 사마르칸트에서 서남쪽으로 3천 리 떨어진 곳에 위치하고, 헤라트는 지금의 아프가니스탄 지역이다. 가욕관에서 1만 2천 리 남짓 떨어진 서역의 대국이다. 원나라의 부마 티무르가 사마르칸트의 군주가 된 이후에 다시 아들 샤루흐Shah Rukh[163]를 파견해 헤라트를 점령했다. 홍무 연간에 사마르칸트와 베쉬발릭이 모두 조공했지만, 헤라트는 길이 멀어 오지 않았다. 홍무 25년(1392)에 관리를 보내 조서를 내려 그 왕을 효유하며 무늬 비단과 재물을 하사했지만, 여전히 오지 않았다. 홍무 28년(1395)에 급사중給事中 부안·곽기郭驥 등을 보내 사졸 1500명을 데리고 가게 했으나, 사마르칸트에서 억류되어 헤라트에 갈 수 없었다. 홍무 30년(1397)에 다시 북평안찰사北平按察使 진덕문陳德文[164] 등을 보냈으나, 역시 오랫동안 돌아오지 못했다. 성조가 즉위해서 관리를 보내 조서와 재물을 가지고 가서 그 나라 왕에게 하사했지만, 여전히 그 명을 따르지 않았다. 영락 5년(1407)에 부안 등이 돌아왔다. 진덕문은 여러 나라를 두루 돌며 각 나라의 수장에게 입조하여 공물을 바치라고 말했지만, 모두 길이 멀다면서 오지 않았고, 진덕문 역시 같은 해에 겨우 돌아왔다. 진덕문이 여러 지방의 풍속을 채집하고 시가를 지어 바치자 영락제가 이를 가상히 여겼다. 이듬해(1408)에 다시 부안을 파견해 조서와 재물을 가지고 헤라트에 가자, 그 수장 샤루흐 바하두르ShahRukh Bahadur[165]는 그제야 사신을 보내 부안을 따라 입조해 조공했다. 영락 7년(1409)에 사신들이 도성에 도착하자, 영락제는 다시 명을 내려 하사품을 가지고 그 사신과 함께 가서 보답하게 했다. 이듬해에 그 수장이 사신을 보내 조공했다. 사마르칸트의 수장 할릴은 헤라트 수장 형의 아들인데, 두 사람은 서로 잘 지내지 못해 여러 차례 싸웠다. 그래서 영락제는 사신이 돌아갈 때 도지휘사 바이 아르킨 테이Bai arkin tay[166]에게 명해 칙서를 가지고 가서 위무케 했다. 바이 아르킨 테이는 사신이 되어 사마르칸트·시라즈Shiraz[167]·안디잔Andizhan[168]·안드호이·투르판·카라호자·럭춘·카슈가르Kashgar[169] 등의 나라에 두루 가서 재물과 비단을 하사하며 입조하도록 타일렀다. 여러 수장은 각자 사신을 파견해 사자·서역 말·표범 등의 동물을 바쳤다. 이때부터 여러 나라의 사신이 함께 왔으며, 매번 헤라트가 가장 앞에 있었다. 인종仁宗[170] 때에 와서 먼 나라에 대한 경략에 힘쓰지 않았고, 선종宣宗[171]도 그대로 따르면서 오랫동안 사신을 먼 지역까지 보내지 않았기 때문에, 그곳의 조공 사절 역시 거의 오지 않았다. 선덕宣德 7년(1432)에 명을 내려 환관 이귀李貴를 서역에 보내 칙서를 내리고 헤라트를 위무했다. 이귀 등이 채 돌아오기도 전에 그쪽 조공 사절이 이미 도성에 도착해 낙타·말·옥석을 바쳤다. 영종英宗[172]은 나이가 어리고 대신들은 보양에 힘쓰느라 중국을 피폐하게 하면서까지 이민족(外蕃)을 돌보고자 하지 않았기 때문에 먼 곳에서 통공通貢하는 경우는 더욱 드물었고, 천순 연간 이후로는 조공이 아예 끊어졌다.

그 나라는 서역에서 가장 강성한 나라로, 대왕이 사는 성은 사방 10여 리나 되었고, 돌을 쌓아 집을 만들매 평평하고 반듯한 것이 마치 높은 누대와 같았으며, 들보·기둥·기와·벽돌을 사용하지 않아서 가운데에 널찍한 공간이 수십 칸이나 되었다. 창문과 문짝은 모두 화려한 무늬로 조각했고, 황금색과 푸른색으로 그림을 그려 넣었으며, 바닥에는 양탄자가 깔려 있었다. 남녀가 서로 모일 때에는 군신 상하의 구분이 없이 모두 바닥에 책상다리하고 앉았다. 그 나라 사람들은 왕을 술탄이라 불렀으니, 바로 군장君長을 말한다. 남자들은 머리를 깎고 머리에 흰 천을 둘렀으며, 아녀자들 역시 머리에 흰 천을 덮어쓴 채 두 눈만 내놓았다. 상하 사람들이 서로를 부를 때는 모두 이름으로 불렀다. 서로 만날 때는 그저 몸을 조금 굽힐 뿐이었지만, 처음 만날 때는 한쪽 다리를 굽히고 세 번 절했는데, 남녀 모두 그러했다. 식사 때에는 숟가락과 젓가락을 사용하지 않았으며, 자기를 사용했다. 포도로 술을 빚는다. 교역을 할 때는 은전을 사용했는데, 은전의 크기는 세 종류[173]이다. 사적으로 주조하는 것도 금하지는 않았지만, 다만 수장에게 세금을 낼 때는 반드시 도장이 찍혀 있는 것을 사용했으며, 도장이 없는 것은 금하여 사용할 수 없었다. 물건을 사고팔 때는 모두 2할의 세금을 거두어들였다. 두斗나 곡斛은 몰랐고, 그저 저울추와 저울대로 무게를 쟀다. 관부는 두지 않고 일을 담당하는 사람을 두었는데, 그를 도완刀完이라 불렀다. 형법 역시도 없고, 죄를 지으면 그저 벌금을 물렀다. 자매를 처첩으로 삼았다. 상을 당했을 때도 1백 일에 그쳤으며, 관을 사용하지 않고 천으로 시신을 싸서 매장했는데, 늘 묘지에서 제사를 지냈다. 조상에게는 제사를 올리지 않고 귀신에게도 제사를 지내지 않았으며, 오직 하늘을 모시는 예의만을 중시했다. 간지干支와 삭망朔望이 없고 7일을 한 주기로 삼았다. 매년 2월과 10월을 금식의 달로 정해 낮에는 음식을 먹지 않고 밤이 되어서야 음식을 먹었으며, 한 달이 지나면 비로소 육식을 했다. 성안에 큰 토실土室을 짓고 중간에 동기銅器 하나를 두었는데, 그 둘레가 몇 길이나 되고 위에 문자를 새겨 둔 것이 고대 중국의 정鼎 같았으며, 학생들이 모두 이곳에 모여드는 것이 마치 중국의 태학太學 같았다. 하루에 3백 리를 달릴 수 있는 달리기를 잘하는 사람이 있어 급한 일이 생기면 전령으로 삼아 소식을 알리게 했다. 사치 와 낭비를 좋아해 씀씀이가 헤프다. 토양이 비옥하며, 날씨가 아주 따뜻 하고 비가 드물게 내린다. 이 땅에서는 소금·구리·철·금·은·유리·산호· 호박·진주와 비취 등이 난다. 대부분 누에를 치고 비단을 잘 짰다. [죄를 지으면] 형벌로 매질만 했다. 교역을 할 때는 은전을 함께 사용했다. 사 자는 아무다리야강의 갈대숲에서 살며, 처음에는 눈을 감은 채로 태어 났다가 7일이 지나서야 비로소 눈을 떴다. 토착민들은 사자가 눈을 감고 있을 때 데려다가 그 습성을 조련했는데, 조금 자라면 길들일 수가 없었 기 때문이다. 헤라트 인근의 안드호이와 바다흐샨은 모두 헤라트에 예속 되어 있다.

안드호이는 헤라트에서 동북쪽으로 1300리 떨어진 곳에 위치하고, 동 북쪽 사마르칸트와도 그러하다. 동북쪽은 이전에는 서북쪽으로 오인했고, 또 동북쪽은 이전에는 동남쪽으로 오인했기 때문에 지금 수정해서 바로 고친다. 안드호 이와 바다흐샨은 인접해 있으며 지금의 아프가니스탄에 해당하니, 어찌 더욱이 헤라 트의 서쪽에 위치하고 사마르칸트의 북쪽에 위치할 수 있겠는가? 성은 큰 촌락에 위치하고 그 둘레는 10여 리이다. 지세는 평탄해 험지가 없으며, 토지가 비옥하고 사람들과 산물이 풍부해 낙원으로 불렸다. 영락 8년(1410)에서 부터 영락 14년(1416)에 이르기까지 헤라트와 함께 조공을 바쳤으며, 그 뒤로는 더 이상 오지 않았다.

바다흐샨은 안드호이의 동북쪽에 위치하고, 이 말을 통해 앞 단락에서 나왔던 방향의 오류를 증명할 수 있으니, 바다흐샨은 아프가니스탄의 동북쪽에 위치하는 것 같다. 성의 둘레는 10여 리이며, 땅은 넓고 험준한 곳이 없다. 산천은 수려하고 사람이 순박하며 물산이 풍부하다. 부도浮屠가 몇 군데 있는데, 왕의 거주지처럼 장엄하고 화려하다. 서양과 서역의 상인들이 대부분 이곳에서 장사하기 때문에 사람들이 아주 여유롭고 넉넉하다. 일찍이 헤라트의 수장 샤루흐의 아들에게 점령당했다. 영락 6년(1408)에 환관에게 명하여 그 수장에게 칙서와 재물을 하사하게 하고 더불어 카슈가르·하틀론Khatlon[174] 등의 부락에도 하사해, 이로부터 서로 왕래하고 통상했으며, 동서 1만 리에 걸쳐 여행을 하는 데 막힘이 없었다. 영락 12년(1414)에 진성이 그 나라에 사신으로 갔다. 영락 18년(1420)에 그 나라에서 사신을 보내 조공했다.

『황청통고皇淸通考』「사예고四裔考」에 다음 기록이 있다.

바다흐샨은 파미르고원에 위치하고 경계가 북쪽으로는 야실쿨호 Yashilkul Lake[175]에 이르며 동북쪽으로 야르칸드Yarkand[176]와는 천 리 남짓 떨어져 있다. 성곽이 있고, 그 왕은 미르샤순탄Mir Shah Sultan[177]이며, 부락은 번성하고 인구는 10만 명 남짓 된다. 군장은 붉은 털실의 작은 모자를 쓰고 비단 머리띠로 묶었으며, 비단 모직 옷을 입고 허리에는 흰색 끈을 묶었으며, 검은 가죽신을 신었다. 여자들은 머리를 풀어 양 갈래로 늘어뜨렸으며, 나머지는 모두 남자들과 똑같이 했다. 백성들은 모자 끝을 갈대처럼 만들고 그 테두리를 가죽으로 장식했으며, 누런 털옷을 입고 흰색 끈을 묶으며 검은 가죽신을 신는데, 황소 가죽을 사용해 만드는 경우도 있다. 그 나라는 험준한 곳에 위치한 채 파미르고원의 오른쪽을 차지하고 있어 그 형세가 압도적이다. 북쪽으로 흐르는 강이 있는데, 볼로르

Bolor[178]·바다흐샨 두 부락 사이를 지나 이십득특아伊什得特兒에 이르러 물줄기가 나뉘진다. 한 줄기는 북쪽을 거처 투즈쿨호Tuzkŭl Lake[179]로 유입되고, 다른 한 줄기는 서쪽으로 흘러가다 북쪽으로 야실쿨호로 유입된다. 북쪽 변경에 위치한 와한Wakhan[180]은 한나라 때의 오타국烏秅國[181] 경내에 있었다. 건륭 24년(1759) 8월에 이슬람교도인 역적 부라니둔Buranidun[182]과 호지잔Hojijan[183]은 청나라 군대에 패해 바다흐샨으로 달아났다.[184] 부장군副將軍 부덕富德[185]이 군대를 이끌고 추격하자, 두 역적은 바야흐로 바다흐샨의 석극남촌錫克南村으로 도망쳐 들어가 메카[186]로 가는 길을 빌려 달라고 거짓말해 곧장 달아나면서 내키는 대로 마을을 약탈했다. 미르샤술탄은 부라니둔을 사로잡고 또한 군대를 일으켜 아이혼초합령阿爾渾楚哈嶺에서 호지잔을 포위했다. 그러자 호지잔은 보제나이하保齊那爾河까지 퇴각했다. 미르샤술탄은 싸워서 그를 사로잡아 시찰포柴札布에 가두었다. 시찰포는 바다흐샨에 있는 감옥이다. 미르샤술탄은 곧장 청나라 군영으로 사람을 보내 강화를 청하며 두 역적을 잡았다고 아뢰었다. 부장군 부덕은 그 충직함을 살펴 사신을 보내 효유하면서 책임지고 포로를 진상하도록 명하고 와한까지 진군해 그들을 기다렸다. 이때 힌두스탄이 바야흐로 군대를 일으켜 바다흐샨까지 와서 호지잔[187] 형제를 빼앗아 가려 했다. 또한 다르보즈Darvoz[188]가 바다흐샨의 적국이었기에 호지잔이 장차 이들과 내통해서 바다흐샨을 공격하고 파견된 사신을 사로잡으려 하자, 이에 미르샤술탄은 호지잔을 별실로 옮기고 군사 2백 명을 시켜 포위해 죽이게 했다. 또한 두 역적과 같은 계파였던 파이감바르Paighambar[189]의 후예가 이들을 포박해 바치려 했으나, 여러 부족이 따르지 않을까 우려해서 난처해했다. 부덕이 반복해서 투항했을 때와 반역했을 때의 이해관계를 타일러 말하자, 파이감바르의 후예는 역신들의 시체를 빨리 갖다 바치고 부

락 10만 호와 볼로르 부족 3만 호를 이끌고 투항했다. 「사예고」에 다음 기록

이 있다. 『한서』에 따르면 피산국皮山國[190]에서 서남쪽 오타국까지는 1340리에 이르고,

피산국은 우전국于闐國의 서쪽에 위치하는데, 오늘날 호탄Khotan[191]에서 서쪽 바다흐샨

까지 역시 1300여 리에 이른다. 그 나라는 파미르고원 남쪽에 위치하고 사면이 모두

산으로 이루어져 있는데, 이는 반고班固의『한서』에서 말하는 오타국이 산에 위치한다

는 견해와 부합하니, 지금의 바다흐샨은 한나라 때의 오타국이다. 또 『위서魏書』에는

아구강국阿鈞羌國[192]은 사차莎車[193]의 서남쪽에 위치하고, 아구강국 서쪽에 현도산이 있

다고 적혀 있는데,『한서』에도 오타국 서쪽에 현도산이 있다고 적혀 있다. 사차는 지

금의 야르칸드로 바다흐샨 동북쪽에 위치하는데, 이는 아구강국이 사차의 서남쪽에

위치한다는 견해와 부합한다. 또 권어마국權於摩國은 대국代國과는 1만 2970리 떨어져

있고 아구강국은 대국과 1만 3천 리 떨어져 있어, 두 나라의 거리가 30리에 불과하니

서로 인접국이었음이 틀림없다. 이 두 나라는 한나라 때 오타국의 지배하에 있다가 위

나라 때 와서 두 개의 나라로 분리되어 동쪽은 권어마국으로 들어갔기 때문에 대국

과의 거리가 비교적 가깝고, 서쪽은 아구강국으로 들어갔기 때문에 유독 현도와 인접

해 있는 것 같다.『당서唐書』에는 오타국·권어마국·아구강국 등의 나라는 없는 반면 갈

반陀[194]가 있는데, 소륵疏勒[195]에서 서남쪽으로 6백 리 가면 갈반디에 이른다. 지금

의 카슈가르[196]는 옛날의 소륵 땅으로, 이곳에서 서남쪽으로 6백 리 가면 바다흐샨에

도착하는데, 여정이 딱 맞아떨어진다. 성은 산 안쪽에 위치하고 강은 성 동쪽을 품고

있는데, 이른바 파미르고원을 따라 야르칸드강Yarkand River[197]을 등지고 있다는 말과 그

형세가 부합한다고 할 수 있다.『원사』에는 파달합상巴達哈傷이 있고『명사』에는 팔답

흑상八答黑商이 있는데, 그 음이 바다흐샨과 비슷한 것이 바로 이곳인 것 같다. 그러나

『원사』에는 그 여정이 실려 있지 않고, 명나라 때는 진성이 서역에 사신으로 갈 때 그

땅에 한 번 들렀기에 그나마 이름이라도 대충 전해졌지만, 천순 연간 이후로 소식이 끊

어지고 더 이상 오지 않았다. 중외의 음이 흡사 같은 것 같으면서 서로 달라 갑자기 살

피고 증거로 삼을 때 난처하다는 생각이 거듭 들어 잠시 덧붙여 남겨 놓음으로써 고증에 보탬이 되고자 할 따름이다."

또 다음 기록이 있다.

볼로르는 바다흐샨 동쪽에 위치하며, 성곽이 있고 인구는 3만 명 남짓된다. 사면이 모두 산으로 둘러싸여 있고, 서북쪽에는 강이 있다. 건륭 24년(1759)에 바다흐샨과 동시에 귀순해 왔다. 그 남쪽에 힌두스탄이라는 부락이 있으며, 이곳에서는 금실로 짠 비단이 난다. 호지잔이 바다흐샨으로 달아났을 때, 힌두스탄은 바야흐로 군대를 일으켜 호지잔을 사로잡으려 했지만 그렇게 하지 못했다. 후에 그 부락은 아프가니스탄에 병합되었다. 건륭 29년(1764) 정월에 볼로르에서 사신을 보내 입조했다. 이 당시 볼로르는 바다흐샨과 누차 전쟁을 벌여 성을 포위하고 약탈하며 야르칸드에 주둔하고 있는 도통都統 신주新柱에게 도움을 청해 바다흐샨에 유지를 보내 삼가 약속을 따르게 하자, 바다흐샨에서 포로를 돌려보내고 전쟁을 그만두었다. 이때에 와서 옥파쌍비수玉欛雙匕首를 바쳐 왔다.

『지구도설地球圖說』에 다음 기록이 있다.

대포가리아국大布加利亞國은 부하라로, 동쪽으로는 신강과, 남쪽으로는 아프가니스탄·페르시아[198]와, 서쪽으로는 카스피해와, 북쪽으로는 러시아와 경계한다. 인구는 약 5백만 정도 된다. 도성은 부하라[199]이고, 성안에는 8만 명의 백성이 살고 있으며, 대부분 이슬람교를 믿고 소와 말을 치며 마유로 술을 담그고 모포로 천막을 쳤다. 나라 안에 광야 사막이라고 도 한다. 가 있고, 각 성에는 모두 서원이 있다. 이 땅에서는 말·낙타·양·광목·과일·금·구슬과 옥·보석·금강석 등의 물산이 난다. 오직 중국의 자기·찻잎·다양한 색깔의 광목·비단만을 수입하고, 드물게 서양의 물건을 구입하기도 한다.

『지리비고地理備考』에 다음 기록이 있다.

투르키스탄Turkistan[200]은 바로 페르비스트의 『지구전도地球全圖』에서 말하는 타타르Tartars[201]이고, 스탄은 서역 국왕에 대한 호칭으로, 카자흐스탄이라고도 한다. 아시아대륙 서북쪽에 위치하며, 북위 34도에서 55도, 동경 47도에서 80도에 위치한다. 동쪽으로는 천산북로天山北路에 이르고, 서쪽으로는 카스피해[202]에 걸쳐 있으며, 남쪽으로는 페르시아와 아프가니스탄 두 나라와 인접해 있고, 북쪽으로는 러시아의 시베리아[203]와 경계하고 있다. 남북의 길이는 약 5천 리이고, 동서의 너비는 3500리이며, 면적은 사방 178만 리이고, 인구는 4백만 명 정도 된다. 나라의 지세는 동남쪽은 산봉우리가 우뚝 솟아 있고 얼음과 눈이 쌓여 있으며, 서북쪽은 평원이 드넓게 펼쳐져 있고 사이사이에 사막이 있다. 긴 강으로는 아무다리야강, 시르다리야강, 살랄소薩剌蘇, 주의主意, 고만古彎, 가이제加爾齊가 있다. 큰 호수로는 아랄해Aral Sea[204]가 있고, 또 호수 중에 큰 것은 바다로 불리는데, 덕륵사고이德勒斯古爾, 가배고랍加拜古拉, 가랍고이加拉古爾, 다란Dhahran,[205] 파달우적이巴達于的爾가 그것이다. 토지가 비옥하며 물가의 땅은 특히 기름지다. 곡식과 과일·풀과 꽃·새와 집승·어패류가 풍부하다. 금, 은, 구리, 철, 주석 등 갖가지 광물이 다 나지만, 오직 철만 채굴하고 나머지는 모두 채굴이 금지되어 있다. 이 땅에서는 명반·석탄·보석·무늬석·노사硵砂[206]·담뱃잎·무두질한 가죽·약재 등의 물산이 난다. 날씨가 온화하며 겨울에는 매우 춥고 여름에는 매우 덥다. 여러 칸이 부락을 나누어 다스린다. 이슬람교를 신봉한다. 기술은 오직 부하라 사람들만 직조에 뛰어나고, 그 외는 모두 농사를 짓거나 유목을 하며 먹고산다. 무역이 번성해 상인들이 무리 지어 다닌다. 도둑질이 극성해 왕래하기가 어렵다. 나라의 반은 정착 생활을 하고 나머지 반은 유목 생활을 하며, 모두 20개의 부락으로 나뉘어 있다. 부하라는 평원에 위치하며, 나라 전체에서 가장 부유하고 힘이 세다. 착이색파사著爾塞波斯, 이류이伊陸爾, 앙그렌Angren,[207] 마이마나Maimana,[208] 발흐,[209] 고이묵古爾墨, 쿤두즈Kunduz,[210] 달려간達黎干, 파랄달가고巴剌達哥古, 덕이와사德爾瓦斯, 고랍파古拉波, 아비자이마亞比者爾麼, 날미剌迷 등은 토착 생활을 하는 부락으로, 성곽과 가옥이 있다. 이 외에 가이찰加爾札은 여러 수장이 부락을 나누어 다스리는데, 유목 생활을 하며 일정한 거처가 없다. 카피리스탄Kafiristan[211] 역시 수장들이 부락을 나누어 다스리며, 유목 생활을 하고 일정한 거처가 없다. 코칸트,[212] 키르기스스탄Kyrgyzstan[213]은 토착민들이 평소에 카자흐Kazakh[214]라고 부르는데, 상중하 세 부락으로 나뉘어 있다. 반면에 히바Khiva,[215] 가랄가이파加剌加爾巴 역시 수장들이 부락을 나누어 다스리며, 유목 생활로 옮겨 다니기 때문에 정해진 거처가 없다. 투르크메니스탄Turkmenistan[216] 역시 수장들이 부락을 나누어 다스리는데, 유목 생활로 천막집에서 지내며 한곳이 아닌 여기저기로 옮겨 다녀 일정한 거처가 없다.

『외국사략外國史略』에 다음 기록이 있다.

서역의 카자흐스탄은 유목 국가이다. 파미르고원 동서로 위치해 있으며, 서양 사람들은 이 나라를 달달리達達里, 달이단達爾靼, 달이급達爾給이라고도 부른다. 북위 36도에서 51도, 동경 43도에서 78도에 위치한다. 국토의 면적은 사방 3만 2천 리이고, 남쪽으로는 카불Kabul[217]에, 북쪽으로는 러시아의 속국에, 동쪽으로는 신강에, 서쪽으로는 카스피해에 이른다. 동남쪽으로 신강을 사이에 두고 큰 산이 있으며 북쪽에도 산이 있다. 호수가 많고 그 물맛이 짜며 바닷물의 색을 띠고 있는데, 호수가 마르면 거기서 소금이 난다. 산기슭의 평지는 해발 2백 길이고, 카스피해에 가까워질수록 지세가 더욱 낮아진다. 아랄해의 남쪽에 두 개의 평야가 있는데, 각각 너비가 35리이다. 북쪽 산지는 유목에 보탬이 되지만 담수가 전혀 없으며, 모래 언덕이 있어 수시로 그 위치를 바꾸는데, 그 안에 대부분 물이 고여 있다. 카스피해와 연결된 땅은 모두 높고 평평하며, 땅은 척박하고 산물이 나지 않기 때문에 거주민이 드물다. 신강의 서북쪽 카자흐스탄 유목 지대는 땅은 비록 척박하지만 그래도 목초지는 풍부하다. 그러나 서남쪽은 아주 척박해 초목이 자라지 않고 오직 낙타만 통행할 수 있으며, 그 가운데에 있는 기름진 땅에서는 오곡이 자란다. 서역의 대부분은 모두 불모지이다. 아무다리야강의 수원은 37도 27분에 위치하고 해발 150길이며, 물은 서북쪽으로 흐르고 모래톱도 반석도 없으며 아랄해로 모여드는데, 수심이 깊어 배가 다닐 수 있다. 시르다리야강[218]은 천산에서 솟아 나와 아랄해로 유입된다. 가묵하墨河는 사마르칸트에서 흘러나오는데, 그 양쪽 해안이 비옥해 농산이 많이 난다. 아릴해는 사방 7천 리에 달하며, 안쪽에 담수가 있어 다른 짠 호수와는 다르다. 카자흐스탄에는 호수가 많고 물은 모두 소금물이며, 비가 드물게 내리고 먼지가 많다. 백성들은 모두 여러 종족으로 나뉘어 있다. 원주민들은 타지크인Tajik[219]이라 불리는데, 페르시아와 풍속이 대체로 비슷하다. 그 나머지는 터키 사람들이며, 간혹 우즈베크인O'zbeklar[220]도 섞여 있는데, 모두 32개 종족이 있다. 신장은 작지만 건장하며 얼굴이 붉다. 천으로 머리를 싸고 신발도 신어, 다른 맨발의 이민족과는 다르다. 여자들은 전신에 비단을 걸치고 아주 총명하며 모두 이슬람교를 신봉한다. 서방 유목민들은 대부분 이 종족들로, 정해진 곳 없이 이리저리 떠돌며 산다. 날마다 말을 타고 다니면서 내키는 대로 노략질해서 사방에서 모두 이들을 두려워한다. 서북쪽에 사는 카자흐족 사람들은 간혹 러시아를 받들거나 중국을 따르기도 하지만, 그 본성은 길들이기가 힘들어 오로지 약탈을 일삼는다. 우즈베크인들은 부지런히 농사를 지어 본분을 지키면서 살고, 면포와 비단을 직조하며, 간혹 모자나 종이 등의 물건을 만들기도 한다. 대부분 노예를 부리는데, 모두 외국에서 사들인 사람들이다. 또한 오인도에서 들어온 상인들은 대개 러시아 경계 지역에서 시장을 열며, 매년 낙타 1300마리에 물건을 싣고 시장으로 간다. 신강에서 온 중국인 상인도 적지 않았으며 무역이 흥성했다. 카슈가르·야르칸드·호탄의 상인들도 끊이지 않고 늘 왔다.

서역 사람들은 대부분 터키족·몽골족 출신으로, 이 당시 국토가 이미 분열되어 있었으며, 포가랍국布加拉國이 가장 강대했으니, 바로 부하라이다. 부하라의 중부 지방은 풍요로운 곳도 있고 척박한 곳도 있으며, 교외에는 모래가 많고 날씨는 대부분 가물었으며, 3~4개월 동안 계속 눈이 내려 눈이 녹지 않는다. 남쪽의 발흐[220]는 카불과 인접해 있고, 날씨가 몹시 더워 풍토병이 많다. 주도인 부하라[222]는 이름난 마을로, 북위 39도 43분, 동경 64도 55분에 위치한다. 해발 120길 되는 곳에 여러 마을이 붙어 있고 인구는 15만 명이며, 마을 안에는 서원·이슬람 사원·큰 건물이 있고 통상에 편리해 해외의 상인들이 구름처럼 몰려든다. 이슬람교를 신봉하며 군주는 나라 안에 거주하는 이슬람 사제의 명을 따른다. 동쪽 40리되는 곳에 사마르칸트의 고성이 있으며, 인구는 1만 명 정도이고 고적이 많다. 남쪽 발흐 지역에도 고성이 있고, 사람들이 살고 있다. 서쪽으로 20리 밖에 4백여 개의 마을이 있지만, 거주민들이 아주 적다.

쿤두즈[223]는 아모하亞母河의 남쪽에 위치하는데, 아모하는 바로『원사』에 나오는 아무다리야강으로, 골짜기가 몹시 건조하고 더워 거주민이 많지 않다. 이웃 나라 보답산補答山과 전쟁을 해 그 땅을 모두 차지했는데, 보답산은 바로 바다흐샨이다. 이 땅에서는 홍옥紅玉과 청금석靑金石이 난다. 북방의 남쪽에 있는 작은 땅은 여러 부족의 수장이 관할한다. 이 땅과 야르칸드의 중간 지대에 위치한 파흑탄지巴黑坦地는 해발 30길 되는 곳에 있다. 날씨가 몹시 추워 한여름에도 산에 눈이 있으며, 오곡이 자라지 않는다. 거주민들은 카자흐족의 유목민으로, 고기를 먹고 우유를 마신다.

부하라 동북쪽의 코칸트[224]는 오한敖罕이라고도 하는데, 고대의 작은 나라로 면화와 잠사가 나고 러시아 상인과 교역한다. 백성들은 농사에 힘써 강물을 끌어들여 밭에 물을 대는데 아주 정교하다. 가장 큰 성은 답금쑙金으로, 거주민이 8만 명이며 러시아와 무역한다.

부하라의 서쪽과 카스피해 사이에 있는 히바[225]는 일명 기창機窩이라고도 하는데, 그 군주가 터키계 남쪽 유목민을 다스린다. 농사를 짓기도 하지만, 사람을 잡아 팔기도 한다. 도광 20년(1840)에 군사 2만 명을 이끌고 러시아를 침범했다가 대부분이 농사했다. 통상 무역하는 우르겐치Urganch[226]라는 도시가 있는데, 그곳 수장은 사람을 약탈하는 일을 능사로 하지만 도리어 왕래하는 상인을 보호하면서 세금을 징수한다. 그곳 사람들은 러시아와 대대로 원수지간으로, 영국이 누차 중재했지만, 성과가 없었다. 이 땅의 중부에서 카스피해 사이에 터키계 이가만耳哥曼족이 살고 있는데, 이들은 일정한 거처가 없이 유목생활을 하며 오직 가축을 길러 고기를 먹고 우유를 마신다. 누구의 지배도 받지 않았으며, 번개처럼 빨리 달리는 좋은 말이 난다. 인구는 약 14만 명이다.

페르시아 접경지대에서 가장 번화한 묵미지墨味地는 하나를 심으면 1백

배의 이익이 나는 곳으로, 과거에는 페르시아에 속해 있다가 부하라 군
주의 공격을 받아 점령당했다.

북쪽의 카자흐족은 몽골족과 큰 차이가 없으며 대부분 이슬람교를 받
들고, 농사를 짓기도 하며 멀리 유목을 나가기도 한다. 오직 겨울에만 성
읍에서 천막을 치고 지낸다. 권세를 두려워하지 않아 느닷없이 배반하기
도 하고 순종하기도 한다.

서역 사람들은 대부분 안분지족하지는 않는다. 전쟁을 피하려고 수비
에만 힘쓰지만, 일단 전쟁의 빌미가 터지면 끊이지 않는다.

『일통지一統志』[227]에 다음 기록이 있다.

타슈켄트는 회부 카슈가르의 북쪽 1300리에 위치하며, 동쪽으로는 키
르기스스탄에 이르고, 동남쪽으로는 나망간Namangan[228] 경계 지역에 이
르며, 동북쪽으로는 우카자흐스탄 경계 지역에 이르는데, 회부를 경유해
도성으로 들어와 조공했다. 한나라 때는 강거국康居國[229]·대완국[230]의 접경
지대였고, 북위 때는 소무구성이 차지했으며, 수나라·당나라 때는 안국
安國·석국石國의 땅이었고, 명나라 때는 타슈켄트[231]의 땅이었다. 평원에 위
치하고 성곽이 있다. 옛날에 세 명의 호자Khwāja[232] 물라 샴스Mulla Shams,[233]
샤디Shadi,[234] 투르잔Turzhan[235]이 회부를 나누어 다스렸으며, 과거에는 우
카자흐스탄의 지배 아래 있었다. 물라 샴스는 카자흐스탄에서 둔 호자이
다. 투르잔이 그를 쫓아내자 카자흐스탄에서는 군대를 일으켜 죄를 물
었지만, 오랫동안 해결되지 않았다. 건륭 23년(1758)에 참찬대신參讚大臣[236]
부덕이 카자흐스탄 석랍錫拉을 추격해 토벌하러 그 땅에 가서 사신을 보
내 타슈켄트의 회부를 타이르고 평정하려 했다. 당시 투르잔은 우카자
흐스탄과 강가에서 한창 전쟁을 치르고 있었는데, 참찬대신이 선한 이웃

이 되어 땅을 지키는 도리로 깨우쳤다. 이에 크게 감동하여 깨닫고는 카자흐스탄과의 전쟁을 그만두고 잘 지내면서 즉시 사신을 보내 표를 올리고 신하국이 될 것을 청했다. 앞서 준가르부 역적 액십목찰포額什木札布[237]가 그곳에 와 있었기에 즉시 사로잡아 바쳤다. 그해 사신을 보내와 조공했다. 타슈켄트의 서남쪽으로 몇백 리를 가서 시르다리야강을 건너고 다시 나린강 이 두 강은 우카자흐스탄과 코칸트[238]에서 보인다. 을 건너면 사마르칸트에 다다른다. 또 서남쪽에는 카르시Karshi[239]가 있고, 또 서쪽으로는 우르겐치[240]가 있으며, 다시 서쪽으로는 아랄해[241]가 있는데, 아랄해는 바로 서해西海로, 서쪽 변경은 여기서 끝이다. 타슈켄트는 평원에 위치해서 원림이 많고 과일나무가 풍부하며, 토지는 오곡 농사에 적합하고, 인구는 조밀하며, 파미르고원 정북쪽 4백 리 밖에 있다.

『일통지』에 다음 기록이 있다.

코칸트 동쪽은 키르기스스탄과 경계가 얽혀 있고, 서쪽으로는 타슈켄트[242]에, 남쪽으로는 파미르고원에, 북쪽으로는 나린강에 이른다. 나린강은 파미르고원 서북쪽에 위치하며 수천 리에 걸쳐 흐르는데, 코칸트·안디잔[243] 등의 나라들이 그 강변에 위치해 있다. 크고 작은 샘의 발원지와 지류는 한두 개가 아니지만, 모두 이 강에서 모인다. 나린강은 키르기스스탄에서 발원해서 서쪽으로 흘러 안디잔성의 북쪽을 지나고, 다시 서북쪽으로 흘러 마르길란Margilan[244]을 지나서 다시 서쪽으로 흘러 사마르칸트성의 북쪽 사마르칸트가 바로 코칸트임을 증명하는 것이다. 을 거쳐 다시 동남쪽으로 꺾여 아랄해로 유입된다. 아랄해는 너비가 천여 리나 되는 서쪽의 큰 바다로 그 끝을 알 수 없으며, 대개 파미르고원 서쪽의 물은 모두 이곳으로 모여든다. 한나라 때의 감영甘英[245]이 서해 끝까지 갔다고 하는데, 바로 이 바다를 가리킨다. 살펴보건대, 여기서는 아랄해[246]를 지중해로 잘 못 알고 있다. 『사기史記』 「대완열전大宛列傳」에 따르면, "대완국은 흉노의 서 남쪽에 위치하는데, 이곳은 한나라의 정서쪽 방향으로 한나라에서 1만 리 정도 떨어져 있다. 성곽과 궁실이 있으며, 크고 작은 성읍 70개 남짓 을 다스렸다"라고 한다. 『한서』 「서역전」에 따르면, "대완국의 수도는 귀산성貴山城으로, 장안長安에서 1만 2550리 떨어져 있다. 동쪽 도호부의 관 청 소재지까지는 4031리이고, 북쪽 강거국의 비전성卑闐城까지는 1510리 이며, 남쪽 대월지까지는 690리이다. 북쪽으로는 강거국과, 남쪽으로는 대월지와 인접해 있으며, 별도로 70여 개의 성읍이 있다. 좋은 말이 많이 난다"라고 한다. 북위 때는 낙나국洛那國, 당나라 때는 발한나국拔汗那國으로 불렀다가, 천보天寶[247] 연간 초에 영원국寧遠國으로 이름을 바꾸었다.

『일통지』에 다음 기록이 있다.

부하라는 바다흐샨에서 서쪽 2천 리 남짓 떨어진 곳에 위치하며, 회부 를 경유해 도성으로 들어와 조공했다. 한나라 때는 난두국難兜國이라 불렀 으나, 그 뒤로는 들어보지 못했다. 건륭 25년(1760)에 회부가 평정되자 사 신을 파견해 칙서를 내렸다. 건륭 29년(1764)에 회부의 수장은 바다흐샨 의 미르샤술탄을 따라 무리와 함께 신하국이 되겠다고 청했다. 『한서』 「서역전」에 따르면 난두국의 수도는 장안에서 1만 1500리 떨어져 있고, 동북쪽으로 도호부의 관청 소재지까지는 890리에 이르며, 서남쪽으로 계빈국까지는 330리에 이른다. 『한서』에 따르면 오타국은 서쪽으로 난 두국과 인접해 있는데, 오타국은 지금의 바다흐샨이고, 난두국은 지금의 부하라이다. 그 위치나 원근의 거리가 서로 딱 맞다. 위원이 살펴보건대, 부 하라는 일명 포갈이布噶爾로, 바다흐샨의 서북쪽에 위치하며, 코칸트 서쪽 지역을 포함하고 있다. 코칸트가 대완국이니, 곧 부하라가 대하국에 해당함은 의심의 여지가 없다. 또한 난두국은 대국도 아니고, 대완국의 서쪽에도 위치하지 않으니, 결코 그 땅일 리 없다. 『사기』에는 "월지국은 흉노에 멸망당한 후, 곧장 멀리 서쪽으로 가서 대하국을 격파하고 그들을 신하국으로 삼았다. 대하국은 대완국에서 서남쪽으로 2천 리 남짓 떨어진 곳에 위치하고 규수嬀水의 남쪽에 있다"라고 되어 있는데, 규수는 지금의 나린강인 것 같다. 지금의 코칸트가 비록 옛날 대완국의 땅이었다 하더라도 8개 성에 불과하니, 코칸트 전체가 다 대완국이라 할 수 없다. 그러나 부하라는 코칸트의 삼면을 포함해 1백 개 남짓의 성을 다스리고 있으니, 대완국의 서쪽 지방까지 차지하고 있다고 할 수 있다.

『서역문견록西域聞見錄』에 다음 기록이 있다.

카자흐스탄은 서역의 대국 가운데 하나로, 코칸트 서쪽에 위치하니 절대 이슬람족이 아니다. 코칸트의 서쪽은 부하라이다. 부하라가 바로 이슬람족의 후예이니, 이것은 완전히 잘못된 것이다. 그 왕은 칸이라 불리고, 수백 개의 부락에는 각자 수장이 있으며, 이들은 모두 칸의 노복[248]으로, 권력이 한 곳으로 집중되어 있어 반항하거나 시해하는 일이 없었다. 성은 아주 크고 화려하며, 인구도 많고 집은 널찍하고 깨끗하다. 사람들은 정원 중앙에 각자 긴 나무 막대기를 세우고 이를 향해 예배를 올렸다. 겨울과 여름은 따뜻해서 살기가 좋다. 풍속은 순박하다. 연회를 좋아하고 가무를 즐긴다. 사람들은 힘이 세고 활쏘기에 뛰어나 화살을 쏘면 백발백중이다. 길이 4~5자 되는 표창 5개를 차고 다니며, 1백 보 밖에서도 물건을 명중시켰다. 코칸트와 함께 강적이라 불린다. 코칸트 서쪽 지역의 강적으로 부하라 말고 그 누가 있단 말인가? 춘원씨椿園氏[249]가 말한다. "카자흐스탄은 서역에서 가장 먼 나라로, 야르칸드에서 2만 리 남짓 떨어져 있으며, [카자흐스탄이] 코칸트 서쪽 경계와 인접해 있다고 하면 야르칸드와의 거리는 2천~3천 리에 불과하고, [카자흐스탄에서] 러시아 경계까지도 5천 리 남짓이니, 황당함이 어찌 이 지경까지 이를 수 있단 말인가? 송균松筠[250]의 상소문에 따르면, 코칸트의 서쪽에 부하라라는 대국이 있고 모두 1백여 개의 성을 관할하며, 러시아와 타슈켄트[251] 사이에 끼어 있다고 하니, 다른 나라는 당연히 없는 것이다. 서북쪽으로는 러시아·살목薩穆과 인접해 있다. 또한 카자흐스탄(阿喇克) 등의 나라가 일어나서 개의 이빨처럼 영토가 뒤섞여 있는데, 대체적으로 모두 세속에 전해지는 대서양의 상황이다. 그런데 카자흐스탄(塞克)은 풍속이 질박하고 백성들이 순박하며, 사람들이 속임수를 모르고 기개와 절조를 숭상하며 염치를 중시한 덕에 먼 변경 지역에 있으면서도 비루한 오랑캐가 되지 않을 수 있었다."

위원이 살펴보건대, 아라극阿喇克은 합살극哈薩克의 음역이고, 색극塞克은 살극薩克의 음역이다. 아마도 서카자흐스탄인 부하라가 와전되어 아라극이 되고, 다시 와전되어 색극이 된 듯한데, 결국 하나의 나라가 세 개의 나라가 된 셈이다. 카자흐스탄에는 4개의 큰 부락이 있으며, 좌카자흐스탄은 동부에, 우카자흐스탄과 타슈켄트는 중부에, 부하라는 서부에 있다. 이 세 개의 부락 이외에 북카자흐스탄이 있는데, 러시아와 인접해 있고 중국과는 왕래하지 않으니, 이것이 이른바 아라극 같다. 좌우의 2개 부락은 고대의 강거국이고, 서쪽과 북쪽 2개의 부락은 고대의 대하국이었으나 분할되어 대완국의 서쪽 변경이 되었다. 명나라 때는 사마르칸트가 되었고, 명나라 말기부터 사마르칸트가 분열되기 시작해 코칸트가 10분의 3을, 부하라가 10분의 7을 차지하게 되었다. 최근에 부하라가 다시 코칸트를 멸망시키고 그 땅을 차지하게 되었으니, 대완국과 대하국 지역까지 모두 합병하게 된 것이다.

『서역수도기西域水道記』[252]에 다음 기록이 있다.

사리콜Sarikol[253]은 야르칸드 서쪽 8백 리에 위치한 곳으로, 서역 오랑캐의 중심지이다. 이곳으로 가는 길은 모두 3가지로, 사리콜에서 출발해 남쪽으로 14일을 가면 발티스탄Baltistan[254]이 나오고, 다시 동남쪽으로 하루를 가면 카플루Khaplu[255]라는 관할 읍이 나온다. 카플루에서 남쪽으로 16일을 가면 티베트Tibet[256]가 나오는데, 바로 서장西藏 땅이다. 발티스탄에서 서남쪽으로 29일을 가면 카슈미르[257]가 나오며, 이 땅에서는 아랍지研 蠟紙[258]가 난다. 다시 여기서 서남쪽으로 43일을 가면 힌두스탄이 나오는데, 이곳은 옥 세공에 뛰어나다. 이상의 지역은 모두 자체 부락을 이루며 서로 간섭하지 않는다.

사리콜에서 서쪽으로 5일을 가면 마스튜지Mastuj[259]가 나온다. 여기서 다시 서남쪽으로 3일을 가면 칸주트Kanjut[260]가 나오며, 매년 금 1냥 5전을 바쳐 왔다. 또 서쪽으로 4일을 가면 볼로르가 나오며, 그 땅의 남쪽이 바로 발티스탄으로, 일찍이 칼·도끼·비수를 바쳐 왔다. 칸주트에서 서북쪽으로 9일을 가면 바다흐샨이 나오는데, 그곳의 칸 미르샤술탄이 호지잔의 수급을 바치고 칼과 도끼·팔준마를 바쳐 왔다. 다시 북쪽으로 5일을 가면 탈로칸Tāluqān[261]이 나오고, 다시 북쪽으로 3일을 가면 치아브Chiab[262]가 나온다. 다시 서남쪽으로 3일을 가면 쿤두즈가 나온다. 다시 서북쪽으로 3일을 가면 탈로칸[263]이 나오는데, 가즈니Ghazni[264]와 이웃하고 있다. 마스튜지에서부터 탈로칸까지 모두 갈차족Ghalcha[265]이다. 볼로르에서 서쪽으로 20일 가면 아프가니스탄이 나오는데, 카불이라고도 한다. 건륭 27년(1762)에 그 수장 아흐마드샤 두라니Ahmad Shāh Durrāni[266]가 힌두스탄을 공격해 그 칸을 죽이자, 칸의 아들이 달아났다. 아흐마드샤 두라니는 잘랄라바드Jalalabad[267]를 취하고, 베그Beg[268]를 두어 다스렸다. 라호르Lahore[269]에 거주하면서부터는 다시 구자라트Gujarat[270]를 통솔하고, 카슈미르를 공격해 수장 샤이크 자한Shaikh Jahan[271]을 사로잡았다. 건륭 28년

(1763)에 칼과 준마 네 마리를 공물로 바쳤으며, 속지인 라호르[272]는 야르
칸드로부터 62일 거리에 있다.

　사리콜에서 북쪽으로 3일을 가면 군드Ghund[273]가 나오고, 다시 서북쪽
으로 이틀을 가면 와한[274]이 나오며, 다시 서북쪽으로 이틀을 가면 치트
랄Chitral[275]이 나온다. 여기서 길이 두 개로 나뉘는데, 북쪽으로 하루를 가
면 루샨Rushan[276]이 나오고, 서쪽으로 하루를 가면 시그난Shighnan[277]이 나
온다. 건륭 연간에 야르칸드의 하킴베그Hakim beg[278]인 하디Hadi[279]와 원수
로 지내면서 폭력을 자행한 샤완치칸Shah Wanch Khan[280]이란 자가 있었으
니, 그가 바로 시그난의 수장이다. 또 서북쪽으로 이틀을 가면 다르와즈
Darwaz[281]가 나온다. 군드 이하 지역은 역시 갈차족이다. 다르와즈의 북쪽
에는 키르기스족이 거주하는 카라테긴Qara-Tegin[282]이 있고, 루샨의 북쪽에
는 코칸트가 있다. 코칸트성에서 동남쪽의 사리콜까지는 10일이 걸리고,
관할 성인 마르길란[283]은 동북쪽으로 하루 거리에 있다. 안디잔은 동북
쪽으로 3일 거리에 있고, 오슈Osh[284]는 동남쪽으로 8일 거리에 있다. 나망
간은 서남쪽으로 이틀 거리에 있고, 타슈켄트는 서북쪽으로 4일 거리에
있으며, 가라바Galaba[285]는 서북쪽으로 5일 거리에 있고, 후잔트Khujand[286]
는 서남쪽으로 5일 거리에 있다. 그 가운데 대베그를 자칭 칸(汗)이라 하
는데, 코칸트에 거주한다. 타슈켄트는 옛날에는 사디크호자Sadiq Khwaja[287]
와 물라 샴스[288] 두 사람이 나누어 다스렸는데, 사디크호자가 점점 강해
져서 물라 샴스를 침략하자 그는 이를 코칸트에 알려 군사를 일으켜 다
시 빼앗긴 땅을 돌려달라고 청했다. 사디크호자가 또한 서카자흐스탄과
힘을 합쳐 물라 샴스의 두 아들을 공격해서 살해하자, 이르다나칸Irdana
Khan[289]이 마침내 타슈켄트를 공격했다. 후잔트의 베그인 파즐Fazil[290]이 원
조하고, 카자흐스탄이 뒤에서 도와 타슈켄트를 얻었으나, 결국에는 코칸

트에 병합되었다. 코칸트와 회부의 경계 지역에는 갈포란噶布蘭과 소제포랍극蘇提布拉克 두 개의 고개가 있다. 그곳에는 키르기스족이 거주하는 아디진Adygine²⁹¹이 있다. 고개의 동쪽은 회부回部²⁹²이고, 고개의 서쪽은 코칸트이다. 코칸트에서 서쪽으로 15일을 가면 부하라가 나오는데, 역시 대국으로 동남쪽의 사리콜과는 32일 거리이다. 관할 성인 이스타라브샨Istaravshan²⁹³은 동쪽으로 7일 거리에 있고, 지자흐Jizzax²⁹⁴는 동쪽으로 3일 거리에 있다. 발흐²⁹⁵는 동북쪽으로 3일 거리에 있고, 가즈니는 서남쪽으로 10일 거리에 있으며, 칸다하르Kandahar²⁹⁶는 서남쪽으로 20일 거리에 있다.

『직방외기』에 다음 기록이 있다.

중국의 북서쪽 일대는 유럽 동쪽 경계 지역까지 직통으로 뻗어 있으며, 이 지역을 모두 타타르²⁹⁷라 부른다. 이 지역은 강이나 하천이 극소수이고 평지에는 모래가 많다. 나라의 대부분이 산으로, 의모意貌라는 큰 산이 중앙에서 아시아의 남과 북을 가르고 있으며, 그 서북쪽에는 모두 타다르속이 실고 있다. 살펴보건대, 의모산意貌山이 가장 그나, 의모산을 피미르고 원이라 친다면, 중앙에서 아시아대륙의 동쪽과 서쪽을 가르고 있다고 해야 마땅하니, 원본의 남과 북은 잘못된 것이다. 만약 알타이산의 북쪽 줄기라 친다면, 몽골의 유목 부락은 그 남쪽에 위치하지, 산의 북쪽에 위치하지 않는다. 간혹 천산을 지칭하기도 하는데, 그러면 또한 서쪽으로 유럽에 갈 수 없다. '중국 서쪽 일대'라는 문장을 볼 때, 남과 북 두 글자는 동과 서 자의 오자임이 명백하다. 타타르는 바로 몽고달자蒙古達子, 또는 달달리達達里로 모두 유목 부족을 가리키며, 다만 음역이 약간 다를 뿐이다. 기후는 매우 춥고 겨울에는 비가 내리지 않는다. 여름에 접어들면 비가 조금 내리는데, 단지 땅을 적셔 줄 정도이다. 사람들은 천성적으로 용맹한 것을 좋아해서 병으로 죽는 것을 치욕으로 생각했다. 그 땅을 두루 돌아다닌 사람은 드물고, 또한 문자로 소통하지 않았기 때문에 자세한 사정은 다 알지 못한다. 그러나 대체로 보면 성곽과 집이 드물고, 이동의 편리를 위해 마차 위에 집을 싣고 다닌다. 소·양·낙타가 나고 말고기를 즐겨 먹는데, 말머리를 가장 좋은 음식으로 여겨 귀한 사람만이 먹을 수 있었다. 길을 가다가 배가 고프거나 목이 마르면 바로 타고 가던 말을 찔러 그 피를 받아 마셨다. 또한 술을 즐겨 만취하는 것을 영광으로 여겼다. 이 외의 나라들은 더욱더 특이하고 상식에서 벗어나는 것이 있으니, 예를 들면 밤에 나다니고 낮에 엎드려 자며, 몸에 사슴 가죽을 걸치고 시신을 나무에 매달아 놓으며, 뱀이나 개미, 거미를 즐겨 먹는다. 사람 몸에 양의 발을 하고 있는 경우도 있으며, 날씨가 너무 추워 여름에도 두께가 2자나 되는 얼음이 있다. 또 도약을 잘하는 키가 큰 사람이 있어 한번 뛰면 3길 높이까지 뛰고, 뭍에서 걷는 것처럼 물 위를 걷는 사람도 있었다. 사람이 죽으면 관이나 수의를 사용하지 않고 시신을 수습하고 염해 땅에 묻는가 하면, 차마 시신을 무덤에 매장해서는 안 된다고 여기는 이들도 있다. 이것은 모두 풍속이 특이한 경우이다.

서쪽에는 옛날부터 아마존Amazon[298]이라는 여인국이 있었는데, 아주 날래고 용감하며 싸움을 잘해 일찍이 에페수스Ephesus[299]라는 유명한 도시를 쳐부수고는 그곳에 크고 화려하며 정교한 사당 하나[300]를 건립했으니, 거의 불가사의하다. 서양에는 세계 7대 불가사의가 있다고 하는데, 이것은 그 두 번째에 해당한다. 풍속에 따르면 오직 봄에만 남자들이 한번 그 땅에 들어오는 것이 허용되었으며, 사내아이를 낳으면 바로 죽였다. 지금은 역시 다른 나라에 합병되어 그 이름만 남아 있다. 바로 역사에서 말하는 서녀국西女國이다. 지금은 다른 나라에 합병되었다는 말은 바로 남터키에 합병되었음을 말한다. 또 득백득白得[301]이라는 곳에서는 금은을 화폐로 사용하지 않고 오직 산호만을 사용한다. 『장춘진인서유기』에 따르면, 파미르고원 서쪽에 위치한 대설산에서 태조를 알현하고 석협으로 돌아가는 길에 회군하는 정서군征西軍을 만났는데, 대부분 산호를 휴대하고 있었다. 한 종관從官이 백금 2일鎰로 산호 50그루를 사들였으니, 높이가 1자 남짓 되었다고 하는 문장이 있는데, 이것이 바로 그 증거이다. 또 대강국大剛國[302]의 경우 오직 나무껍질을 잘게 부수어 동전처럼 둥글게 만들고 그 위에 왕의 연호를 찍어서 화폐로 사용한다. 그 풍습에 국왕이 죽은 뒤에 관을 수레에 싣고 장례를 치르러 가다가 길에서 사람을 만나면 번번이 그 사람을 죽였는데, 죽은 이가 그 주인을 섬길 수 있다고 잘못 생각했기 때문이다. 일찍이 한 왕이 죽었을 때 무수한 사람들을 죽여 함께 묻었으니, 이것은 서북쪽 나라의 풍속이 그러하기 때문이다.

또 다음 기록이 있다.

중국의 서북쪽에서 가욕관嘉峪關을 나와, 하미[303]·투르판을 지나면[304] 카슈가르[305]이다. 높은 산이 많고 두 종류의 옥석이 나는데, 이 중 물에서 니는 옥석이 아주 아름답다. 산에서 나는 옥석은 징적불로 늘을 딜구어 갈라지면 돌을 깨서 꺼낼 수 있어 공력이 많이 든다. 소·양·말 같은 가축이 아주 많으며 돼지고기를 먹지 않기 때문에 나라에 돼지가 없다. 이로부터 서쪽으로 사마르칸트, 혁리합대악革利哈人藥, 키피리스탄,[306] 투르기스탄(杜爾格斯當),[307] 차리카Ciarica,[308] 카불,[309] 쿠차,[310] 부하라[311]가 있는데 모두 이슬람 국가이다. 이 사람들은 대부분 무예를 익히는데, 상인들이 도둑을 막으려면 수백 명씩 무리 지어 다니지 않으면 안 된다. 또한 배우기를 좋아하고 예의 차리기를 좋아하는 사람들도 있다. 처음에는 무함마드교를 받들었고 이는 다른 나라들도 대부분 마찬가지였으나, 후에 각자 문파를 세워서 서로 배격하고 지키는 계율도 여러 가지가 생겨났다. 대체로 교리에 관한 사안은 시비를 따지지 않았는데, 이것은 그 교리가 이와 같이 세워진즉, 마땅히 깊이 생각하고 순순히 받아들여야 하며, 설령 이치상 편치 않은 것이 있더라도 마음에 두지 않아야 함을 의미한다. 살펴보건대, 두이격杜爾格은 바로 투르크(度爾格)이다. 대개 사당斯當이라고 하는 것은 스탄(斯單)의 음역으로, 혹은 사탄斯坦, 사단士丹, 속단速檀, 산단算端이라고도 하는데, 모두 서역의 수장을 이르는 호칭이다.

『만국지리전도집萬國地理全圖集』에 다음 기록이 있다.

파미르고원 서쪽은 중국과 인접해 있고, 남쪽으로는 카불, 페르시아 등의 나라에 이르며, 북쪽으로는 러시아 속국에 이르고, 동쪽으로는 신강과 인접해 있으며, 서쪽으로는 카스피해[312]에 이른다. 북위 35도에서 55도, 동경 55도에서 75도에 위치한다.

기윤紀昀[313]의 『열미초당필기閱微草堂筆記』[314]에 다음 기록이 있다.

바다에 있는 삼도三島[315]와 십주十洲,[316] 곤륜의 오성십이루五城十二樓[317]는 문장가들이 인용한 지 오래되었다. 조선·류큐·일본 등의 국가는 모두 중국 서적을 읽을 수 있다. 일본은 내가 그들의 『오경지지五京地志』와 『산천전도山川全圖』를 보니 영토가 사방 수천 리에 달하며 이른바 신선이 산다는 선경은 없다. 조선과 류큐의 사신은 내가 일찍이 여러 차례 그들과 이야기하면서 이를 물어보았더니 모두 이렇게 말했다.

"동양은 일본의 밖으로 크고 작은 나라가 수십 개나 되고, 크고 작은 섬들이 몇천몇백 개인지 알 수 없는데, 중국인들도 반드시 가지 못했을 것입니다. 매번 배를 타고 몇만 리를 상선을 타고 왔다 갔다 하면서도 모두 이런 이야기는 들어보지 못했습니다."

다만 류큐의 낙제落漈[318]는 [전설에 나오는] 3천 약수三千弱水[319]와 비슷하지만, 낙제로 들어간 배가 어쩌다가 만조를 만나면 때로는 간혹 돌아온 적은 있어도, 백은白銀 궁궐이 있다는 소리는 들어본 적도 없어서 가 보고는 싶지만 가 볼 수는 없다. 그렇다면 삼도 십주는 어찌 완전한 허구가 아니겠는가? 『이아爾雅』와 『사기』에서는 모두 황하가 곤륜에서 시작되었다고 한다. 살펴보건대, 황하의 원류는 호탄과 파미르고원 두 곳에서 시작되었다. 누군가는 파미르고원이 황하의 본류이며 호탄의 물이 유입되었다고 하고, 또 누군가는 호탄이 황하의 본류이고 파미르고원의 물이 유입되었다고 한다. 두 물줄기가 합쳐져 역시 어느 것이 본류이고 어느 것이 지류인지 판별할 수 없다. 그런데 파미르고원과 호탄은 모두 지금 중국의 판도 안에 있고, 황무지를 개간하고 변방을 지킨 지 40여 년이 되었다. 설령 심산유곡이라 하더라도 역시 농사도 짓고 방목[320]도 한다. 두 산의 물 가운데 어느 것이 본류인가를 막론하더라도, 두 산의 중심에 반드시 곤륜이 있다는 것은 명확하다. 그러나 이른바 요지瑤池[321]나 현포懸圃,[322] 주수珠樹[323]니 지선지전芝田[324]은 대개 본 적도 없고 모두 들어본 적도 없다. 그런즉 이와 같다면 오성십이루 또한 황당하지 아니한가? 비단 이뿐만 아니라 영취산靈鷲山[325]은 지금의 바다흐샨에 있고, 여러 부처와 보살의 골탑이 모두 남아 있으며, 제기題記의 범서梵書는 하나하나 모두 경전과 부합한다. 또한 6백여 칸의 석실이 남아 있는데, 이른바 대뢰음사大雷音寺[326]가 바로 그곳으로, 회부의 유목민이 이곳에 살았다. 중국 군사들이 부라니둔과 호지잔을 추포할 때 일찍이 그곳에 간 적이 있는데, 눈에 보이는 것이 다였다.[327] 온갖 웅장한 모습은 역시 미사여구였던 것 같다. 전해 오는 말에 따르면 이슬람 종주국에서는 구리로 성을 만든다고 하는데, 서쪽 근처에 사는 이슬람교도는 구리 성(銅城)이 그 동쪽으로 1만 리 떨어진 곳에 있다고 하고, 동쪽 근방에 사는 이슬람교도들은 구리 성이 그 서쪽으로 1만 리 떨어진 곳에 있다고 한다. 피차간에 멀리서 예만을 올릴 뿐, 일찍이 그 땅에 가 본 사람은 없다. 이로 미루어 볼 때 페르비스트의 『곤여도설』에서 기록하고 있는 오대주五大洲의 진기함도 대체로 모두 이와 같을 따름이다.

위원이 살펴보건대, 봉래산蓬萊山이나 방장산方丈山은 진한秦漢 시대의 방사로부터 시작된 것으로, 역사서에서도 그 망령됨을 보고 일찍이 그것을 사실로 믿지 않았으니, 수고로이 조사해서 옳고 그름을 따져 바로잡을 필요가 뭐가 있겠는가? 다만 『양서梁書』에 따르면 비건국 왕毗騫國王은 남해南海에 살고 있으며, 그곳은 프놈국Nokor Phnom[328]에서 8천 리 남짓 떨어져 있다. 비건국 왕은 예로부터 지금까지 장생불사했고 천축의 글 3천 마디 정도를 지을 수 있었다. 또 프놈국 왕과 서신을 주고받았는데, 자기 숙명의 출발이 불경의 내용과 비슷하다고 말했다고 한다. 이것은 명확히 정사에도 실려 있으니, 확실히 증거 삼을 만하다. 명나라 이래로 서양의 상선들이 가지 않는 섬이 없어 저 멀리 남극까지도 가니, 옛날부터 이런 섬들이 있었단 말인가? 단지 비건국은 반드시 따져 봐야 하지만, 십주 삼도는 그럴 필요가 없다. 곤륜이 파미르고원임은 의심의 여지가 없으며, 그 땅에서는 옥이 나고 또 꼭대기에 아나바타프타가 있기 때문에 옥산玉山의 요지가 있다는 견해는 도리어 근거가 없는 것이 아니다. 영취산의 경우 중인도에 위치하는데, 지금의 힌두스탄이다. 그 북쪽에 있는 카슈미르는 모름지기 북인도이고, 또 북쪽은 모름지기 바다흐샨이니, 결코 북인도가 아니며, 중인도에서 몇천 리나 떨어져 있으니, 부처와 보살의 골탑이 모두 남아 있다는 말은 거의 어린아이의 장난과도 같다. 대뢰음사의 경우도 『서유연의西遊演義』에 나오는데 [『서유연의』는] 결코 불교의 경전이 아니니, 어찌 회강에 정말 그 절이 있을 수 있단 말인가? 이슬람 종주국인 메카·아덴Aden[329]·메디나Medina[330] 등은 서인도와 서홍해 사이에 위치하고 『명사』의 「직공도職貢圖」에도 실려 있으며, 본조에서도 그 상선이 왕래하고 있으니, 광동에서 말하는 항각港腳[331]·백두회자白頭回子가 바로 그 사람들이다. 그 땅에는 이슬람교의 창시자인 무함마드의 묘가 있고, 묘 앞에는 원석元石이 있는데, 대개 매년 각 나라의 이슬람교도가 모두 그곳에 가서 예배를 올린다. 티베트에서 서쪽으로 8천 리 남짓 떨어진 곳에 위치하니, 『명사』「회회역론回回曆論」에 보인다. 결코 막연한 지역이 아니다. 설마하니 그 땅의 이슬람교도가 조상의 묘를 버리고 동쪽을 향해 예배를 올릴 이유가 있겠는가? 필기가 비록 소설가의 말이긴 하지만, 박학다식한 장화張華 같다는 기윤의 명성 때문에 보고 듣는 것이 미혹될까 두려워 이를 기록하여 밝히는 바이다.

北印度西北鄰部附錄

─

『漢書』罽賓以西北各國皆北印度之鄰境也, 隋·唐爲九姓昭武等國,
見『大唐西域記』者, 孰北印度, 孰非北印度, 至爲昭析, 今不復錄.
惟元代盡易國名, 而『明史』誤以北方之賽馬爾罕爲罽賓,
官書『西域圖志』又以南方之溫都斯坦爲罽賓, 罽賓以南之西藏,
方爲天竺, 遂冀郢易位, 棼如亂絲.
今特畫出北印度以外各國, 以區戎索, 特自元·明始.

『邱長春西遊記』: 門人李志常述, 前半烏程程同文注, 後半大興徐松注, 魏源附
注. 眞人長春子, 姓邱, 名處機, 登州棲霞人. 己卯年 己卯, 元太祖稱帝十四年,
宋寧宗嘉定十二年, 金宣宗興定三年. 住萊州昊天觀, 江南·河南各大帥, 屢邀請
不往. 會是冬十二月, 成吉思皇帝遣侍臣劉仲祿以虎頭金牌率二十騎來請. 時
山東尙爲金有, 適兩朝講好, 故使命得通. 庚辰年正月啓行, 庚辰, 元太祖十五
年, 宋寧宗嘉定十三年, 金宣宗興定四年. 由燕京出居庸關, 駐宣德州. 十月, 斡
辰大王遣使臣阿里鮮來請. 程同文曰: 斡辰大王卽太祖第四弟斡赤斤也, 太祖西
征, 命斡赤斤居守斡難河. 以辛巳年 辛巳, 元太祖十六年, 宋寧宗嘉定十四年, 金
宣宗興定五年. 二月八日啓行, 度野狐嶺, 在張家口外. 北過撫州. 十五日東北過
蓋里泊, 『金史』: 撫州之豐利縣有蓋里泊, 在今張家口北百里. 有鹽池, 迤東北去,
自此無河, 鑿沙井以汲, 南北數千里亦無大山. 馬行五日, 出明昌界. 又六七日,
忽入大沙陀, 卽大漠. 東北行千里外, 三月朔出沙陀, 至漁兒濼, 始有人煙聚落.
張德輝『紀行』云: 昌州以北入沙陀凡六驛, 而出沙陀與此正同, 今爲達兒海子, 在

克什克騰部落北. 又二十餘日方見一沙河, 西北流入陸局河. 陸局河, 即臚朐河之音轉, 今克魯倫河也. 渡河北行三日入小沙陀, 四月朔至斡辰大王帳下. 即斡難河舊帳, 非和林也. 十七日馬首西北, 二十二日抵陸局河. 積水成海, 周數百里. 竝河南岸西行, 五月朔亭午, 日有食之. 水流東北, 行十有六日, 河勢繞西北山去, 不得窮其源. 克魯倫河發源肯特嶺, 南流, 及平地始轉東南. 長春由河南岸折河西行, 故不見來源. 西南濼驛路又行十日, 夏至量日影三尺六七寸, 漸見大山峭拔, 從此以西漸有山阜. 此所見大山當即肯特嶺. 又四程, 西北渡河, 乃平野, 此所渡土臘河也. 山川秀, 水草饒. 有契丹故城, 蓋遼亡士馬不降者西行所建城邑也. 又言西南至尋思干城, 萬里外, 回紇最佳處, 契丹都焉, 歷七帝. 注詳下文. 蓋契丹初奔乃蠻後, 乃西徙回紇蔥嶺也, 故乃蠻之亡來投西契丹歟.

六月十三日至長松嶺後宿. 十四日過山度淺河, 天極寒. 十七日宿嶺西, 盛夏冰雪, 山路盤曲, 西北且百餘里, 旣而復西北, 始見平地. 有石河長五十餘里. 此鄂爾昆河東流將會喀拉河處, 河經山峽, 故曰石河. 雍正中拒準噶爾, 其時黑龍江兵至鄂羅坤河軍營者. 過汗山, 即西北渡土拉河, 又西行, 逾喀里雅爾山, 乃濟鄂爾坤河, 與長春行程正同. 長松嶺當即喀里雅爾山, 其地已在北極出地四十九度, 是以寒甚歟? 山行五六日, 峰回路轉, 尋登高嶺, 勢若長虹, 壁立千仞, 俯視海子, 淵深惡人. 此厄魯赫特山也. 二十八日泊窩里朵之東. 窩里朵, 漢語行宮也. 奉皇后旨, 請師渡河. 其水東北流, 彌漫沒軸. 入營, 駐車南岸, 其車輿亭帳望之儼然, 古之大單于未有若此之盛也. 此和林行宮也, 在鄂爾坤河之北, 色楞格河之南, 又在塔米爾河·哈綏河二小水之間. 哈綏河, 即元時和林河也, 以水得名, 其地爲自昔回紇建牙之所. 其所渡之河或即入和林河之支流, 今曰瑚伊努河. 七月九日, 同宣使西南行, 五六日屢見山上有雪, 山下往往有墳墓. 又二三日, 過曷剌肖故城. 又五六日踰嶺而南, 迤邐南山, 望之有雪. 此地東距陸局河約五千里. 七月二十五日至阿不罕山北, 鎮海相公來謁. 阿不罕山在金山東北, 今阿集爾罕山也.

『鎮海傳』: 太祖屯田於阿魯歡, 立鎮海城. 阿魯歡卽阿不罕之音轉. 八月, 傍大山西行, 約三日, 復東南行, 過大山, 經大峽, 中秋日, 抵金山東北. 其山高大, 深谷長阪, 車不可行, 三太子出軍始闢其路. 縣輨以上, 縛輪以下, 約四程, 連度五嶺, 南出山, 前臨止泊. 傍大山者, 卽傍阿爾泰山之東大幹也. 乃向西南行, 當取道於今科布多. 再西南, 乃科布多河及額爾齊斯河發源處, 爲阿爾泰山之脈脊, 故曰經大峽抵金山東北也. 南出山臨河, 當是烏隆古河, 劉郁『西使記』謂之龍骨河. 渡河而南, 經小童山七十里, 又鹵地三十里. 宣使與鎮海議曰: "此地最難行. 前至白骨甸, 行二百里達沙陀北, 頗有水草. 更涉沙陀百餘里, 方及回紇城. 所謂白骨甸者, 古之戰場, 疲兵至此, 百無一還, 頃者乃滿部大敗於此. 須暮起, 夜渡其半, 明日向午方得水草. 但黑夜魑魅爲崇, 當塗血馬首以厭之." 師笑不答.

徐松曰: 金山東北與烏魯木齊所屬之古城南北相直. 今自科布多赴新疆驛路, 南抵古城之鄂倫布, 之拉克台, 之蘇吉台, 之噶法台, 皆沙蹟, 卽白骨甸也. 翌日過沙陀, 南望天際若銀霞, 疑爲陰山. 八月二十七日抵陰山後, 回紇交迎至小城北, 告曰: "此陰山前三百里, 和州也." 翌日沿州西行, 禾麥初熟. 西卽鱉思馬大城. 回紇王部族勸葡萄酒, 供花果, 告曰: "此大唐時北端州府. 景龍三年, 楊公何爲大都護, 有龍興西寺, 二石刻紀其功德. 其東數百里有西涼府, 其西二百餘里有輪臺縣, 唐之邊坊往往尙存." 此陰山非河套之陰山, 乃天山也. 博克達三峰去古城北數日程, 卽見之, 故長春詩有"三峰竝起插雲寒"之句. 其陰山前三百里和州者, 謂天山以南吐魯番, 爲古火州地, 訛火爲和耳. 唐北庭大都護府在今濟木薩之北, 端州者, 端卽都護字之合音. 輪臺縣治在今阜康縣西五六十里, 縣治在博達克山背, 故南望陰山. 程同文曰: "鱉思卽別失." 歐陽圭齋曰: "北庭, 今別失八里也." 則元時別失八里正在於此.

九月七日西行, 問更幾程得至行在, 皆曰西南更行萬餘里卽是. 四日, 宿輪臺之東. 又歷一城, 重九日至回紇昌八剌城. 其王畏午兒, 與鎮海有舊, 率部族遠迎. 源案: 畏午兒卽畏吾兒, 乃回鶻轉音也. 元初, 畏吾兒地西接伊犂, 東抵哈密, 故此有其酋長. 程同文曰: 昌八剌城, 卽『元史』「西北地理附錄」之彰八里也. 『耶律希亮傳』: 踰天山, 至北庭都護府, 二年至昌八里城, 夏, 踰馬納思河, 則昌八里在今瑪納斯河之東矣. 翌日, 竝陰山而西約十程, 又度沙場, 一晝夜方出. 蓋白骨甸大沙分流也, 南際陰山之麓. 踰沙又五日, 宿陰山北. 詰朝, 南行, 長阪七八十里. 翌日, 又西南行二十里, 忽有大池, 方圓幾二百里. 雪峰環之, 倒影池中, 師名之曰天池. 徐松曰: 沙場者, 晶河城東至托克多, 積沙成山, 東距阜康千一百里, 故云十餘程. 其間當過數小河, 此不言者, 夏雪融則漲, 冬則涸, 此九月過之, 故不知有水也. 自托克多至晶河, 山行五百餘里至賽喇木泊東岸, 泊正圓, 周百餘里, 卽天池海.

沿池正南下, 左右峰巒, 衆流入峽, 曲折六七十里. 二太子扈從西征, 始鑿石理道, 刊木爲四十八橋, 橋可行車. 竝泊南行五千里, 入塔勒奇山峽. 諺曰: "果子溝, 溝水南流." 勢甚湍急, 架木橋以度車馬. 峽長六十里, 今爲四十二橋, 卽其遺址. 翌日方出, 入東西大川, 次及一程, 至阿里馬城. 鋪速滿國王曁蒙古塔剌忽且來迎. 宿於西果園. 土人呼果爲阿里馬, 因以名城. 東西大川卽今阿里瑪圖河也. 阿里馬, 『元史』作阿力麻里, 卽伊犂城也.『元史』又作柴密里, 又作葉密立, 岦卽此城, 本朝名之曰伊犂. 以『唐書』伊列河得名, 恐亦卽葉密立之音轉. 又西行四日, 至答剌速河. 土人呼河爲沒輦, 云水勢深闊. 從東來抵西北, 截斷陰山, 河南復是雪山. 十月二日, 乘舟以濟, 南下至一大山, 北有小城. 此卽今伊犂河也, 其水西流. 以西行四日計之, 其渡河當在今之察林渡也. 南下一大山, 疑今鉛廠諸山. 又西行五日, 宣使劉仲祿以去行在漸近, 先往馳奏, 獨鎭海公從. 又西行七日, 度西南一山, 遇東夏使回, 言: "七月十二日辭行在, 上將兵追筭端汗至印度." 西南一山, 當是善塔斯嶺. 筭端者, 西域長君之稱, 『元史』作算端, 『明史』作速檀, 一作瑣檀, 本朝官書作蘇勒坦, 今哈薩克・布魯特每稱之. 七月十二日辭行在, 十月十四日至此, 在道三月矣.

明日, 至回紇小城. 十有六日, 西南遇板橋, 渡河, 至南山下, 即大石林牙. 其
國王遼後也. 自金師破遼, 大石林牙領衆數千去西北, 移徙十餘年, 方至此地.
風土氣候, 與漠北不同, 平地多農桑, 果實如中國. 惟夏秋無雨, 皆資灌漑. 東
北西南, 左山右川, 延袤萬里, 傳國幾百年. 乃滿失國, 依大石, 士馬復振, 盜據
其土, 繼而算端西削其地, 天兵至, 乃滿尋滅, 算端亦亡. 源案: 前記言西南至尋
思干城, 萬里外, 回紇最佳處, 契丹都焉, 歷七帝者, 此也. 劉仲錄言在乃蠻奉詔徵
師者, 亦此也. 大石林牙, 遼宗姓, 於遼亡後率衆西行, 間關萬里, 建國西土, 是爲西
遼. 耶律大石號德宗, 改爲延慶二年. 康國十年, 子夷列立, 號仁宗. 其幼時太后蕭
氏權國, 改元咸淸, 凡七年. 及親政, 改元紹興, 凡十三年. 卒, 子幼, 妹耶律氏權國.
崇福十四年, 子直魯古立, 改元天禧, 凡三十四年. 元太祖滅乃蠻, 禽太陽汗, 其子
屈出律奔契丹, 襲執天禧, 尊爲太上皇, 簒其國閱十餘年. 元太祖征西域, 滅之. 其
事附見『遼史』「天祐紀」末, 兼見於『契丹國志』, 實止建國七十年, 歷三帝二后. 以
遠隔蔥嶺, 故諸史皆無之. 此地尙在伊犁西境, 未逾蔥嶺也. 時乃蠻部據其蔥嶺東
地, 而印度算端據其蔥嶺西地, 分爲兩國. 其尋思干城則印度算端所據也. 舊皆西契
丹地.

十有八日, 沿山而西, 七八日, 山忽南去, 一石城當途, 石色盡赤. 有駐軍古
迹, 西有大塚, 若斗星相聯. 今時穆爾圖泊南岸也, 多古翁仲卽此地也. 自渡伊犁
河以南所經之程, 卽今伊犁兵赴喀什噶爾換防之兵. 傍特穆圖泊東南, 經布魯特遊
牧乃上蔥嶺也. 竝西南山行五程至塞藍城, 有小塔, 回紇王來迎入館.

十一月四日, 土人以爲年傍午相賀. 西南復三日至一城, 其王亦回紇. 明日,
又歷一城, 復行二日, 有河, 是爲霍闡河. 由浮橋渡, 泊於西岸. 其河源出東南
二大雪山間, 色渾而流急, 深數丈, 西北注, 不知幾千里. 此正蹤蔥嶺之路也, 程
同文曰: 賽藍, 據劉郁『西使記』, 在塔剌寺西四日程, 今塔剌河之西也.『明史』「外

國傳」賽蘭在塔失干之東, 今塔失干城在錫林河之北. 元時西域往返之道, 必從塔剌
斯河過賽蘭, 乃西南行, 渡霍闡河, 卽納林河也. 劉郁『西使記』在忽牽河, 其音相近.
河之西南絶無水草者二百餘里, 復南望大雪山而西, 山形與邪米思干之南山相
首尾. 又至一城, 得水草. 復經三城, 山行半日, 入南北平川. 仲冬十有八日, 過
大河, 至邪米思干大城之北, 西契丹之河中府也. 大師移剌國公及蒙古·回紇郊
迎, 大設帷幄. 乃知宣使劉公以路梗, 尙留此處, 蓋千里外舟梁爲土寇所毁也.
遂留過冬. 其城臨河岸, 秋夏常無雨, 國人疏二渠入城, 分繞巷陌. 方算端未敗
時, 城中十萬餘戶, 今存四之一, 大半回紇人, 契丹及漢人次之. 有岡高十餘丈,
算端之新宮據焉. 又孔雀·大象皆東南數十里印度國物. 邪米思干, 『元史』及『西
使記』皆作尋思干, 卽賽馬爾罕城, 在今敖罕境內, 在納林河之南. 長春自北來, 先
渡霍闡河, 此又渡大河至邪米思干城者, 應指城東之河北流入那林河者也. 自北庭
至此, 大率西行, 過此則大率南行, 最爲西征扼要之地, 故於此宿兵, 而以耶律楚材
駐守焉. 其後以封駙馬帖木兒, 至明尙爲西域大國. 源案:『元史』太祖先取尋思干
城, 後取薛迷思干城, 則誤作二地. 薛迷卽邪迷也.

　　師因問五月朔日食事, 其人云:"此中辰時食至六分止." 師曰:"前在陸局河
時, 刻見其食旣. 又西南至金山, 人言巳時食至七分. 此三處所見各不同, 以
理揆之, 正當其下則見其食旣, 在旁者則千里漸殊耳." 是年閏十二月將終, 宣
使所遣偵騎回言:"二太子發軍滅土寇, 整橋梁, 帝躍大雪山之東南. 今則雪積
山門百餘里, 深不可行, 今開此路請師." 師作詩有"陰山西上五千里, 大石東過
二十程"之句.

　　壬午年春三月, 壬午, 元太祖十七年, 宋寧宗嘉定十五年, 金宣宗元光元年. 阿
里鮮至自行宮來迎. 師問阿里鮮程途幾何, 對曰:"春正月十三日自此初發, 馳
三日東南過鐵門, 又五日, 過大河, 二月初去東南, 過大雪山, 積雪甚高, 馬上
擧鞭測之猶未及其半, 下所踏者復五尺許. 南行三日, 至行宮矣." 三月十五

日, 同劉宣使啓行. 四日, 過碣石城, 傳旨以甲士千人衛送. 過鐵門, 東南度山, 山勢高大, 亂石縱横, 衆軍挽車兩日方至前山. 沿流南行, 軍卽北入大山破賊. 五日, 舟渡小河. 七日, 舟濟大河, 卽阿母河也. 碣石, 『元史』「地理志」作柯傷, 『明史』「外國傳」作渴石, 云南傍大山屹立, 出峽口, 有石門, 色似鐵. 唐『西域記』: 出鐵門, 至睹賀羅國, 其地東拒蔥嶺, 西接波刺斯, 南踰大雪山, 北據鐵門. 過雪山 爲濫波國卽北印度境是也. 太祖追北印度算端, 南踰雪山, 已親至北印度. 太祖旋師 後, 復遣將追至忻都, 窮及申河, 算端死乃返, 則兵亦至中印度界矣. 前阿里鮮赴行 在時, 正太祖追算端至印度之日, 故踰雪山南又三日乃達. 乃長春至行在則帝已回 至雪山避暑, 故長春過鐵門後行十二日, 至雪山而止也. 所渡之阿母河, 『元史』亦 作暗布河, 亦作阿木河, 『元秘史』作阿梅河, 卽佛書之縛芻河, 發源蔥嶺大龍池, 西 北流入裏海者. 其後於阿母河立元帥府, 統蔥嶺以西各國. 大雪山今爲和羅三托山, 自東而西, 緜亘千里.

東南行又四日達行在, 時四月五日也. 上恐印度迤南炎熱, 故於雪山避暑. 上卜四月十五日開道, 將至期, 有報回紇山賊指斥者. 上欲親征, 因改卜十月 吉. 師乞還舊館, 臨時再來, 乃以千餘騎由他路回. 遂歷大山, 山有石門, 望如 削堵, 有巨石橫其上若橋, 其下流甚急. 此地蓋門口, 新爲兵所破. 師出峽詩有 "水北鐵門猶自可, 水南石峽更堪驚"之句. 源案: 阿母河之南, 雪山之北, 其中尙 有一印度河, 此石峽卽印度河上遊也. 印度河亦名新頭河. 『法顯傳』曰: "度蔥嶺, 西南行十五日, 其道艱阻, 崖岸險絶, 其山惟石, 壁立千仞, 臨之目眩, 下有水, 名新 頭河. 昔人有鑿石通路, 躡懸絙過河, 兩岸相去八十步. 過河便到烏萇國, 卽北天竺 也."『水經注』曰: "烏秅之西有懸度之國." 案: 漢烏秅, 今巴達克山國也, 懸度更在 其西, 則河之下遊, 此石峽則河之上遊矣. 征西人回, 多獲珊瑚, 有從官以白金二 鎰買五十株, 高者尺餘. 源案: 『職方外紀』蔥嶺迤西, 有國曰得白德者, 不以金銀 爲幣, 止用珊瑚. 又西紅海在天方之西, 水皆紅色, 相傳珊瑚所映而成. 五月五日復回耶米思干城. 八月八日復啓行, 詣行在. 十有二日, 過碣石城. 翌日, 步騎千餘入大山中行, 卽鐵門外別路也. 涉紅水澗, 有峻峰高數里. 向東南行, 山根有鹽泉流出, 見日卽成白鹽. 又東南上分水嶺, 西望高澗若冰, 皆鹽耳. 十有四日至鐵門西南之麓, 將出山, 其山門險峻, 左崖崩下, 澗水伏流一里許. 中秋抵河上, 其勢若黃河流, 乘舟以濟. 東南行三十里, 乃無水, 源案: 此又過阿母河也. 卽夜行過班里城, 甚大. 東行數十里, 有水, 馬僅能渡. 源案: 此又過印度河上遊也. 二十二日至行在入見, 道人見帝無跪拜禮, 入帳折身叉手而已. 二十七日從車馬北回, 九月朔渡河橋而北. 鹽泉在鐵門山之西, 其西北卽大鹽池. 『元史』「郭寶玉傳」: 太祖封大鹽池爲惠濟王. 劉郁『西使記』: 過納商城, 滿山皆鹽, 如水晶狀, 納商卽渴石也. 越三日, 出山抵河上, 其水勢若黃河西北流者, 卽流入大鹽池. 蓋蔥嶺西之水皆會於此, 卽阿母河. 南懷仁圖言: “裏海之水浩蕩, 甚鹹.” 或以受此河之故歟? 東行數十里復渡一河, 則印渡河之上源也. 九月朔復渡河橋北還者, 卽阿母河之浮橋, 前爲賊毀, 官軍修復之. 蓋長春已見帝, 卽匽從而北矣. 讀此記, 乃知『元史』「本紀」及「耶律楚材傳」帝至東印度, 駐鐵門關角端見班師者, 蓋本於宋子貞所作「楚材神道碑」. 不知太祖軍蹄雪山, 止至北印度, 何由遽及瀕海之東印度. 若鐵門, 則距雪山·北印度尙遠, 考『湛然集』楚材在西域十年, 止駐尋思干城, 縱或偶至鐵門, 無由至印度.「神道碑」欲歸功楚材, 故移印度之事於鐵門以傅會之, 不知種種不合.

『明史』: 撒馬兒罕卽漢罽賓地, 此語誤沿王圻『續文獻通考』之謬. 賽馬爾堪城沿納林河, 今在敖罕西北塔什干, 西南則是古大宛·大夏地. 敖罕·布哈爾皆元撒馬爾罕所轄地, 與罽賓無涉. 隋·唐皆通中國. 元太祖蕩平西域, 盡以諸王·駙馬爲之君長, 易前代國名以蒙古語, 始有撒馬兒罕之名. 去嘉峪關九千六百里. 元末爲之王者駙馬帖木兒. 洪武中, 太祖欲通西域, 屢遣使招諭, 而遐方君長未有至

者. 二十年四月, 帖木兒首遣回回滿剌哈非思等來朝, 貢馬十五·駝二, 詔宴其
使, 賜白金十有八錠. 自是頻歲貢馬·駝及鑌鐵·刀劍·甲冑諸物. 而其國中回回
又自驅馬抵涼州互市, 帝不許, 令赴京鬻之. 元時回回徧天下, 及是居甘肅者尙
多, 詔守臣悉遣之, 於是歸撒馬兒罕者千二百餘人. 二十七年八月, 帖木兒貢馬
二百, 其表言欽仰聖心, 如照世之杯, 使臣心中豁然光明. 照世杯者, 其國舊傳
有杯光明洞澈, 照之可知世事, 故云. 成祖踐阼, 遣使敕諭其國.

　　永樂三年, 傅安等尙未還, 而朝廷聞帖木兒假道別失八里率兵東, 敕甘肅總
兵官宋晟儆備. 五年六月, 安得還. 初, 安至其國被留, 朝貢亦絕, 尋令人導安
徧歷諸國數萬里, 以誇其國廣大. 至是帖木兒死, 其孫哈里嗣, 乃遣使臣送安
還, 貢方物. 帝厚賚其使, 遣官往祭故王, 而賜新王及部落銀幣. 其部落頭目沙
里奴兒丁等, 遂亦貢駝馬. 景泰七年貢玉石. 天順元年, 命都指揮馬雲等使西
域, 敕獎其鎖魯檀, 賜彩幣, 令護朝使往還. 鎖魯檀者, 君長之稱, 猶蒙古可汗
也. 成化中, 其鎖魯檀偕亦思罕各酋長貢二獅, 至肅州, 其使者還, 不由故道,
赴廣東, 又多買良家女爲妻妾, 又請泛海至滿剌加市㺚㺄以獻. 市舶中官韋眷
主之, 布政使陳選力陳不可, 乃已. 弘治二年, 其使由滿剌加至廣東, 貢獅子·鸚
鵡諸物. 守臣以聞, 禮官耿裕等言南海非西域貢道, 卻之, 薄犒其使, 量以綺帛
賜其王. 明年又偕土魯番貢獅子及哈剌虎諸獸, 由甘肅入. 嘉靖十二年, 偕天
方·土魯番入貢, 稱王者至百餘人. 禮官夏言等論其非, 請敕閣臣議所答. 張孚
敬等言:“西域諸王疑出本國封授, 或部落自相尊稱, 先年亦有至三四十人者.
若驟議裁革, 恐人情觖望, 乞敕禮·兵二部詳議.” 於是言及樞臣王憲等謂:“西
域稱王者止土魯番·天方·撒馬兒罕, 如日落諸國, 稱名雖多, 朝貢絕少. 弘·正
間土魯番十三入貢. 正德間天方四入貢, 稱王者率一人, 多不過三人, 餘但稱
頭目而已. 至嘉靖二年·八年, 天方多至六七人, 土魯番至十一二人, 撒馬兒罕
至二十七人. 孚敬等言三四十人者竝數三國爾. 今土魯番十五王, 天方二十七

王, 撒馬兒罕五十三王, 實前此所未有. 弘治時回賜敕書止稱一王, 若循撒馬兒罕往歲故事, 類答王號, 人與一敕, 非所以尊中國, 制外番也." 帝納其言, 國止給一敕, 且加詰讓, 示以國無二王之義. 然諸番迄不從, 十五年入貢復如故. 甘肅巡撫趙載奏諸國稱王者至一百五十餘人, 皆非本朝封爵, 宜令改正, 且定貢使名數. 通事宜用漢人, 毋專用色目人, 致交通生釁. 後入貢迄萬曆中不絕. 蓋番人善賈, 貪中華互市, 既入境, 則一切飲食道途之資皆取之有司. 雖定五年一貢, 迄不肯遵, 天朝亦莫能難也.

其國東西三千餘里, 地寬平, 土壤膏腴. 王所居城廣十餘里, 民居稠密, 西南諸番之貨多聚於此, 號爲富饒. 城東北有土屋, 爲拜天之所, 規制精巧, 柱皆青石, 雕爲花紋, 中設講經之堂. 用泥金書經, 裹以羊皮. 俗禁酒. 人物秀美工巧, 過於哈烈, 而風俗土產多與之同. 其旁近東有沙鹿海牙·達失干·賽藍·養夷, 西有渴石·迭里迷諸部落, 皆役屬焉. 達失干卽今之塔什干, 在敖罕之北, 哈薩克之西.

又曰: 迭里迷在撒馬兒罕西南, 去哈烈二千餘里. 有新舊二城, 相去十餘里. 其酋長居新城, 城內外居民僅數百家, 畜牧蕃息. 城在阿木河東, 多魚. 河東地隸撒馬兒罕. 西多蘆林, 産獅子. 永樂時陳誠·李達嘗使其地. 卜花爾在撒馬兒罕西北七百餘里. 案: 卜花爾在敖罕西, 卽今布哈爾也. 撒馬兒罕都城, 在今布哈爾·敖罕地, 斷非漢之罽賓矣. 罽賓爲今克什彌爾, 且中隔巴達克山等國, 相去甚遠. 又布哈爾彼時疆域甚小, 今則盡有撒馬爾罕之地, 爲大國, 故以撒馬爾罕爲今之布哈爾·古之大夏, 庶乎近實. 城居平川, 周十餘里, 戶萬計. 市里繁華, 號爲富庶. 地卑下, 節序常溫, 宜五穀·桑·麻, 多絲綿布帛, 六畜亦饒. 永樂十三年, 陳誠自西域還, 所經哈烈·撒馬兒哈·別失八里·俺都淮·八答黑商·迭里迷·沙鹿海牙·賽藍·渴石·養夷·火州·柳城·土魯番·鹽澤·哈密·達失干·卜花爾凡十七國, 悉詳其山川·人物·風俗, 爲『使西域記』以獻, 以故中國得考焉. 宣德七年, 命李達撫諭

西域, 卜花爾亦與焉. 達失幹卽今塔失干, 別失八里卽今新疆南路回部, 八荅黑商
卽今巴達克山.

『明史』: 哈烈, 一名黑魯, 在撒馬兒罕西南三千里, 當爲今愛烏罕部之地. 去
嘉峪關萬二千餘里, 西域大國也. 元駙馬帖木兒旣君撒馬兒罕, 又遣其子沙魯
哈據哈烈. 洪武時撒馬兒罕及別失八里咸朝貢, 哈烈道遠不至. 二十五年遣官
詔諭其王, 賜文綺綵幣, 猶不至. 二十八年遣給事中傳安‧郭驥等攜士卒千五百
人往, 爲撒馬兒罕所留, 不得達. 三十年又遣北平按察使陳德文等往, 亦久不
還. 成祖踐阼, 遣官齎璽書綵幣賜其王, 猶不報命. 永樂五年安等還. 德文徧歷
諸國, 說其酋長入貢, 皆以道遠無至者, 亦是年始還. 德文采諸方風俗, 作爲歌
詩以獻, 帝嘉之. 明年復遣安齎書幣往哈烈, 其酋沙哈魯巴都兒始遣使隨安朝
貢. 七年, 達京師, 復命齎賜物偕其使往報. 明年其酋遣朝貢. 撒馬兒罕酋哈里
者, 哈烈酋兄子也, 二人不相能, 數搆兵. 帝因其使臣還, 命都指揮白阿兒忻台
齎敕諭之. 白阿兒忻台旣奉使, 徧詣撒馬兒罕‧失剌思‧俺的干‧俺都淮‧土魯番‧
火州‧柳城‧哈實哈兒諸國, 賜之幣帛, 諭令入朝. 諸酋長各遣使貢獅子‧西馬‧文
豹諸物. 自是諸國使並至, 皆序哈烈於首. 及仁宗不勤遠略, 宣宗承之, 久不遣
使絶域, 故其貢使亦稀至. 七年, 復命中官李貴通西域, 敕諭哈烈. 貴等未至,
其貢使已抵京師, 貢駝‧馬‧玉石. 英宗幼沖, 大臣務休息, 不欲敝中國以事外番,
故遠方通貢者甚少, 天順後朝貢遂絶.

其國在西域最强, 大王所居城方十餘里, 壘石爲屋, 平方若高臺, 不用梁‧柱‧
瓦‧甓, 中敞虛空數十間. 窗牖門扉, 悉雕刻花文, 繪以金碧, 地鋪氍毹. 無君臣
上下, 男女相聚皆席地趺坐. 國人稱其王曰鎖魯檀, 猶言君長也. 男髡首纏以白
布, 婦女亦白布蒙首, 僅露雙目. 上下相呼皆以名. 相見止少屈身, 初見則屈一
足, 三跪, 男女皆然. 食無匕箸, 有瓷器. 以葡萄釀酒. 交易用銀錢, 大小三等.

不禁私鑄, 惟輸稅於酋長, 用印記, 無印者禁不用. 市易皆征稅十二. 不知斗斛,
止設權衡. 無官府但有管事者, 名曰刀完. 亦無刑法, 止罰錢. 以姊妹爲妻妾.
居喪止百日, 不用棺, 以布裹屍而葬, 常於墓間設祭. 不祭祖宗, 亦不祭鬼神,
惟重拜天之禮. 無干支朔望, 每七日周而復始. 歲以二月·十月爲把齋月, 晝不
飲食, 至夜乃食, 周月始茹葷. 城中築大土室, 中置一銅器, 周圍數丈, 上刻文
字如古鼎狀, 遊學者皆聚此, 若中國太學然. 有善走者日可三百里, 有急使傳箭
走報. 俗尙侈靡, 用度無節. 土沃饒, 節候多暖, 少雨. 土產白鹽·銅·鐵·金·銀·琉
璃·珊瑚·琥珀·珠翠之屬. 多育蠶, 善爲紈綺. 刑止棰撲. 交易兼用銀錢. 獅生於
阿木河蘆林中, 初生目閉, 七日始開. 土人於目閉時取之, 調習其性, 稍長則不
可馴矣. 其旁近俺都淮·八答黑商竝隸其國.

俺都淮在哈烈東北千三百里, 東北去撒馬兒罕亦如之. 東北舊誤西北, 又東
北舊誤東南, 今改正. 俺都淮與八答黑商相連, 卽今愛烏罕也, 安得更在哈烈之西,
撒馬兒罕之北乎? 城居大村, 周十餘里. 地平衍無險, 田土膏腴, 民物繁庶, 稱樂
土. 自永樂八年至十四年, 偕哈烈通貢, 後不復至.

八答黑商在俺都淮東北, 觀此語可證前段方向之誤, 蓋巴達克山在愛烏罕東北
也. 城周十餘里, 地廣孤險阻. 山川明秀, 人物樓茂. 浮居數區, 壯麗如王居. 西
洋·西域諸賈多販鬻其地, 故民俗富饒. 初爲哈烈酋沙哈魯之子所據. 永樂六年
命內官賜其酋書敕綵幣, 竝及哈實哈兒·葛忒郞諸部, 自是往來通商, 東西萬
里, 行旅無滯. 十二年陳誠使其國 十八年遣使來貢

『皇淸』「四裔考」: 巴達克山居於蔥嶺中, 其境北至伊西洱河, 東北去葉爾
羌千餘里. 有城郭, 其汗曰素爾坦沙, 部落繁盛, 戶十萬有奇. 頭目戴紅氈小
帽, 束以錦帕, 衣錦氈衣, 腰繫白絲縧, 足穿黑革鞾. 女則被髮雙垂, 餘與男子
同. 其民人帽頂製似葫蘆, 邊飾以皮, 衣黃褐, 束白絲條, 足穿黑革鞾, 亦有用

黃牛皮者. 其國負山險, 扼蔥嶺之右, 頗擅形勢. 有河北流, 經博羅爾·巴達克山兩部落之間, 至伊什得特兒分流. 一流經北入圖斯泊, 一流道西, 又北入於伊西洱泊. 其北鄙之城曰瓦漢, 在漢烏秅國地. 乾隆二十四年八月, 回部逆酋博羅尼都·霍集占爲王師所敗, 奔巴達克山. 副將軍富德率師追之, 二賊方竄入巴達克山之錫克南村, 詭稱假道往墨克, 乃逸去, 肆掠村落. 素爾坦沙禽博羅尼都, 而以兵圍霍集占於阿爾渾楚哈嶺. 賊退保齊那爾渾河. 素爾坦沙進戰, 擒之, 囚於柴札布. 柴札布者, 布達克山係因處也. 素爾坦沙乃遣人詣軍門投款, 且報二賊就擒. 副將軍富德鑒其忠順, 遣使者往諭, 責令獻俘, 進軍瓦漢以待之. 是時溫都斯坦方以兵臨巴達克山, 謀劫霍集占兄弟. 而塔爾巴斯者, 巴達克山仇國也, 賊將通之, 攻巴達克山, 所遣使被獲, 乃遷霍集占於別室, 以二百人圍殺之. 尚以二逆酋與己同派, 噶木巴爾裔欲縛獻, 恐諸部不從, 難之. 富德反覆曉以順逆利害, 乃以逆屍馳獻, 率其部十萬戶與博羅爾部三萬戶俱降. 「四裔考」曰:『漢書』皮山國西南至烏秅國千三百四十里, 皮山在于闐國西, 今自和闐西行至巴達克山亦千三百餘里. 其國居蔥嶺南境, 四面皆山, 與班史烏秅國山居之說相合, 則今之巴達克山在漢爲烏秅國也. 又『魏書』載阿鈎羌國在莎車西南, 西有縣度山, 『漢』亦云烏秅國西有縣度. 莎車, 今之葉爾羌, 在巴達克山東北, 亦與阿鈎羌國在莎車西南之說合. 又權於摩國去代一萬二千九百七十里, 阿鈎羌國去代一萬三千里, 二國相距止三十里, 當屬毗聯之境. 疑漢時統屬烏秅, 至魏乃分兩國, 東屬權於摩, 故去代較近, 西屬阿鈎羌, 故獨與縣度相接也. 『唐書』不載烏秅·權於摩·阿鈎羌諸國, 而有喝盤陀者, 由疏勒西南六百里至其國. 今之喀什哈爾, 古疏勒地, 西南六百里至巴達克山, 道里適符. 城居山內, 河抱城東, 所謂沿蔥嶺, 負徙多河者, 形勢可驗. 至『元史』載有巴達哈傷, 『明史』載有八答黑商, 其音與巴達克山相近, 疑卽此地. 然『元史』不載遠近道里, 而明自陳誠使西域一至其地, 名號粗傳, 天順後絶不復至. 重以中外譯音彷彿同異, 猝難審證, 聊附存以備考云.

又曰: 博羅爾在巴達克山東, 有城郭, 戶三萬有奇. 四面皆山, 西北面有河. 乾隆二十四年與巴達克山同時內附. 其南有部落曰溫都斯坦, 產金絲緞. 霍集占走巴達克山時, 溫都斯坦方以兵相攻, 謀劫霍集占, 不果. 後其部爲愛烏罕所竝. 二十九年正月, 博羅爾遣使入朝. 是時, 博羅爾與巴達克山屢行搆釁, 圍城劫掠, 乞援於駐紮葉爾羌都統新柱, 遣諭巴達克山恪遵約束, 還俘罷兵. 至是進玉櫑雙匕首.

『地球圖說』: 大布加利亞國卽布哈爾也, 東界新疆, 南界亞加業坦國竝耳西亞國, 西界裏海, 北界峨羅斯國. 其百姓約有五百萬之數. 都城名布加利, 城內民八萬, 大都回回敎, 牧牛馬, 以馬乳爲酒, 氈毯爲廬. 國內有曠野, 亦名沙漠. 各城皆有書院. 土產馬·駱駝·羊·縣布·果品·金·珠玉·寶石·金剛石等物. 所進入貨物, 惟中國之磁器·茶葉·雜色縣布·綢緞, 少購西洋之物.

『地理備考』曰: 達爾給斯丹國, 卽南懷仁圖所謂轄而鞮也, 斯丹乃西域國王之稱, 亦名哈薩克國. 在亞細亞州西北, 北極出地三十四度起至五十五度止, 經線自東四十七度起至八十度止. 東至天山北路, 西枕加斯比約海, 南接白爾西亞·阿付干二國, 北界厄羅斯國之西卑里亞. 長約五千里, 寬約三千五百里, 地面積方約一百七十八萬里, 煙戶四兆餘口. 本國地勢, 東南峰巒峻嶜, 冰雪凝積, 西北平原坦闊, 沙漠相間. 河之長者一名亞木達里, 一名西爾達里, 一名薩剌蘇, 一名主意, 一名古彎, 一名加爾齊. 湖之大者一名亞拉爾, 又以其過大而稱海, 一名德勒斯古爾, 一名加拜古拉, 一名加拉古爾, 一名達蘭, 一名巴達于的爾. 田土膴原, 濱地尤腴. 穀果·草卉·禽獸·鱗介靡弗蕃衍. 五金各礦皆備, 惟鐵開採, 餘皆禁取. 土產礬·煤·寶石·紋石·磁砂·煙葉·熟皮·藥材等物. 地氣溫和, 寒暑俱極. 諸汗統轄, 各分部落. 所奉之敎乃回敎也. 工作技藝, 惟布加拉人善於織造, 餘皆耕牧爲業. 貿易興隆, 商侶結隊而行. 盜風太劇, 往來維艱. 通國半土著, 半遊牧, 共分二十部落. 一名布加拉, 建於平原之中, 乃通國之最富強者也. 一名着爾塞波斯, 一名伊陸爾, 一名安該, 一名美馬墨, 一名巴爾克, 一名古爾墨, 一名昆都斯, 一名達黎干, 一名巴剌達哥古, 一名德爾瓦斯, 一名古拉波, 一名亞比者爾麿, 一名剌迷, 以上皆土著之部, 有城郭居室. 此外則一名加爾札, 係諸酋分部, 遊牧無常處. 一名加非里斯丹, 亦諸酋分部, 遊牧無常處. 一名哥干, 一名其爾意斯, 土人素稱哥薩克, 內分上中下三部. 一名其襪, 一名加剌加爾巴, 亦諸酋分部, 遊牧遷移, 靡有定居. 一名都爾各馬尼亞, 亦諸酋分部, 遊牧廬帳, 徙處不一, 竝無定止.

『外國史略』曰: 西域哈薩克, 遊牧國也. 蔥嶺東西皆有其地, 西人稱之曰達達里, 亦曰達爾粗, 亦曰達爾紿. 北極出自三十六度及五十一度, 偏東自四十三度及七十八度. 廣袤方圓三萬二千里, 南及甲布地, 北及峨羅斯藩屬國, 東及新疆, 西及裏海. 東南有大山隔新疆, 在北亦有山. 多湖, 其味鹹, 色如海潮, 旱則鹽出. 其山麓平地, 高於海面二百丈, 漸近裏海, 勢愈低. 亞拉湖之南有兩野, 各廣三十五里. 在北之山地足資遊牧, 絕無淡水, 有沙丘焉, 隨時變易其處, 中多瀦水. 與裏海所連之地悉高坦, 其土磽, 無產物, 故居民鮮焉. 其新疆西北哈薩克遊牧之地, 土雖磽, 尙有牧場, 亦豐盛. 然西南甚瘦, 不生草木, 惟駝克通行焉, 中有腴地, 生五穀. 西域大半皆不毛之地. 其亞母河之泉在三十七度二十七分, 高於海者百五十丈, 其水西北流, 無沙線, 無磐石, 彙入亞拉湖, 水深能駛船. 西熏河由天山湧出, 入亞拉湖. 哥墨河在撒馬耳干地流出, 兩岸豐盛, 多物產. 亞拉湖方圓七千里, 內有淡水, 非若他湖之盡鹹也. 哈薩之地多湖, 悉鹹水, 罕雨, 多塵. 所有居民, 各分種類. 其土民稱曰他益, 與白西人風俗略同. 其餘屬土耳其者, 或烏士百之族類, 共三十二宗派. 身矮而壯, 面紅. 以布包首, 亦穿靴, 非若他夷之赤足也. 女則遍身絲緞, 頗聰明, 咸奉回回敎. 其遊牧西方者多此族, 反覆無常. 日騎馬, 恣虜掠, 四方畏之. 在西北哈薩克之種類, 或事峨羅斯, 或服中國, 野性難馴, 專以搶掠爲事. 其烏士百之種類, 則勤耕安分, 造綿布·綢緞, 或帽或紙等貨. 多使奴, 皆外國販來者. 亦有五印度國所到之商賈, 其要市在峨羅斯界, 每年駝千三百隻, 載貨赴市. 其新疆所來之漢商亦不少, 貿易興旺. 喀什噶爾·葉爾羌·和闐各商往來者, 恒不絶焉.

西域民多是土耳其·蒙古各族類所自出, 此時國地已分, 最大者曰布加拉國, 卽布哈爾. 中央有豐有磽, 郊外多沙, 天多旱, 雪連三四月不消. 南方曰巴勒, 與甲布交界, 甚熱, 多瘴癘. 其都曰破加拉, 名邑也, 北極三十九度四十三分, 偏東六十四度五十五分. 連邑之處, 高於海面百二十丈, 居民十五萬, 內有書院·回回廟·大房宇, 便通商, 海外之商雲集. 奉回回敎, 其君聽命於國內之敎師. 東四十里有撒馬爾罕古城, 居民萬口, 多古蹟. 在南方巴勒之間, 亦有古城居民. 在西方二十里外, 有鄉邑四百餘處, 居民甚罕.

尹士斯在亞母河之南, 卽『元史』之阿母河也, 谷間甚燥熱, 居民不多. 與其鄰國補答山戰, 盡有其地, 卽巴達克山也. 地産紅玉·靑金. 北方之南有小地, 是各夷目所管者. 此地竝葉爾羌中間, 有巴黑坦地, 高於海三十丈. 氣候甚冷, 山阿盛夏猶有雪, 五穀不登. 其居民係哈薩克之遊牧, 以肉乳爲食.

布加拉東北曰哥干地, 亦曰敖罕, 古小國也, 出緜花·蠶絲, 與峨羅斯商交易. 民務農, 引河灌田, 甚巧. 最大之城口答金, 居民八萬, 與峨羅斯國互市.

布加拉西及裏海, 曰其瓦部, 亦曰機窩, 其君管土耳其南方遊牧. 雖事耕田, 亦虜賣人口. 道光二十年, 統兵二萬往侵峨羅斯國, 凍斃大半. 通市之邑曰阿耳云治, 其夷目以掠人爲事, 卻護往來商賈, 以征其餉. 其居民與峨羅斯世仇, 英人屢勸和不果. 此地中間及裏海, 土耳其或曰耳哥曼族類, 遊奕無定處, 惟養牲畜, 食肉飮乳, 無統屬, 産良馬, 奔速如電. 居民約十四萬.

白西亞交界最豐盛之墨味地, 一種百倍, 昔屬白西國, 爲破加拉君攻有其地.

北方哈薩克, 與蒙古無大分別, 多奉回敎, 或耕田, 或遠遊. 惟冬時則附城邑搭氈帳. 不畏權勢, 忽馴忽叛.

西域之民, 多不安分. 惟嚴務防範, 以免其肇釁, 一生戰端, 則爭鬪不息矣.

『一統志』: 塔什罕在回部喀什噶爾之北一千三百里, 東至布魯特界, 東南至那木干界, 東北至右哈薩克部界, 其貢道由回部以達於京師. 漢爲康居·大宛交界之地, 北魏爲九姓昭武所居, 隋·唐爲安國·石國地, 明達失干國地. 居平原, 有城郭. 向有三和卓分轄回衆, 曰昭莫爾多薩木, 曰沙達, 曰吐爾占, 舊爲右哈薩克羈屬. 莫爾多薩木什者, 哈薩克所置和卓也. 吐爾占逐之, 哈薩克以兵問罪, 久而不解. 乾隆二十三年, 參贊大臣富德追討哈薩克錫拉至其地, 遣使撫定塔什罕回衆. 時吐爾占方與右哈薩克戰於河上, 因諭以睦隣守土之道. 乃大感悟, 與哈薩克釋爭相睦, 卽遣使奉表求內屬. 先是, 有準噶爾部逸賊額什木札布在其境內, 卽擒以獻. 其年遣使來朝貢. 塔什罕之西南行數百里, 踰錫爾河, 又踰那林河, 二河見右哈薩克部及霍罕部. 爲賽瑪爾堪城. 又西南爲噶拉克則城, 又西爲烏爾根齊城, 又西爲臨達里岡阿泊, 是爲西海, 西境於是盡焉. 塔什罕城居平原, 多園林, 饒果木, 土宜五穀, 居民稠密, 當蔥嶺直北四百里外.

『一統志』: 霍罕東與布魯特錯處, 西至哈什干, 南至蔥嶺, 北至那林河. 那林河在蔥嶺西北, 經流數千里, 霍罕·安集延諸國瀕之以居. 大小泉源·支流不一, 竝會此河. 其發源從布魯特境, 西行過安集延城之北, 又西行過瑪爾哈朗城, 又西行過賽瑪爾堪城之北, 可證賽瑪爾罕, 卽放罕地. 又折東南入於達里岡阿泊. 泊廣千餘里, 爲西境巨海, 無有涯際, 凡蔥嶺以西之水咸歸之. 漢甘英窮臨西海, 卽此水也. 案: 此誤以鹹海爲地中海也.『史記』「大宛傳」: "大宛在匈奴西南, 在漢正西, 去漢可萬里. 有城郭屋室, 其屬邑大小七十餘城." 『漢書』 「西域傳」: "大宛國王治貴山城, 去長安萬二千五百五十里, 東至都護治所四千三十一里, 北至康居卑闐城千五百一十里, 南至大月氏六百九十里. 北與康居·南與大月氏接, 別邑七十餘城. 多善馬." 北魏曰洛那國, 唐曰拔汗那國, 天寶初改名寧遠國.

『一統志』: 布哈爾, 在拔達克山西二千餘里, 其貢道由回部以達於京師. 漢爲難兜國, 自後無聞. 乾隆二十五年, 回部底平, 遣使頒敕諭. 二十九年, 其部長因拔達克山素爾坦沙籲請以其屬內附. 『漢書』 「西域傳」: 難兜國王治去長安萬一千五百里, 東北至都護治所八百九十里, 西南至罽賓三百三十里. 按 『漢書』載烏秅國, 西與難兜接, 烏秅爲今之拔達克山, 難兜爲今之布哈爾. 其地位遠近, 正相值也. 源案: 布哈爾一作布噶爾, 當巴達克山西北, 正包敖罕西境. 敖罕爲大宛, 則布哈爾爲大夏無疑也. 且難兜非大國, 又不在大宛之西, 決非其地. 『史記』: "月氏爲匈奴所破, 乃遠去西擊大夏而臣之. 大夏在大宛西南有二千餘里, 嬀水南.", 嬀水疑卽今之納林河. 今敖罕雖古大宛地, 然止八城, 不足全當大宛. 而布哈爾包敖罕三面, 屬城百餘, 則衆有大宛西境矣.

『西域聞見錄』曰: 塞克, 西域一大國也, 在敖罕西, 絶非回子種類. 敖罕西, 則布哈爾也. 布哈爾, 正回敎後裔, 此全誤 稱其王曰汗, 部落數百處, 各有統轄之人, 皆其汗之阿拉巴圖, 事權歸一, 無跋扈叛弑之事. 城池巨麗, 人民殷庶, 居室寬敞整潔. 人家院落中各立木竿, 向之禮拜. 冬夏和平. 風俗坦白. 尚宴會, 喜歌舞. 人多力善射, 發必命中. 佩標鎗五枝, 長四五尺, 取物於百步之外. 與敖罕稱勁敵也. 敖罕西境勁敵, 舍布哈爾其誰? 椿園氏曰: "塞克, 西域最遠之國, 去葉爾羌二萬餘里, 旣云接敖罕西境, 則去葉爾羌亦不過二三千里, 卽至鄂羅斯界, 亦不過五千餘里, 安得荒遠至此? 松筠奏疏言, 敖罕西有布哈爾大國, 統屬百餘城, 介鄂羅斯·哈罕之間, 不應更有他國也. 西北與俄羅斯薩穆接壤. 或曰興阿喇克等國, 犬牙相錯, 大抵皆世俗所傳之大西洋也. 然而塞克之邦風樸民淳, 人無欺詐, 尚氣節, 敦廉恥, 不得以荒遠而鄙夷之矣.” 源案: 阿喇克卽哈薩克之音轉, 塞克卽薩克之音轉. 蓋布哈爾卽西哈薩克國, 乃訛而爲阿喇克, 又訛而爲塞克, 遂分一國爲三國矣. 哈薩克有四大部, 左哈薩克其東部, 右哈薩克·塔什干其中部, 布哈爾其西部也. 此三部外尙有北哈薩克, 近鄂羅斯, 不通中國, 疑卽此所謂阿喇克者歟. 左右二部爲古康居, 西北二部爲古大夏, 而分有大宛西境. 明時爲賽馬爾罕地, 自明末賽馬爾罕分裂, 敖罕得其十之三, 布哈爾得其十之七. 近日布哈爾又滅敖罕而有之, 則兼竝大宛·大夏之域矣.

『西域水道記』: 塞勒庫勒在葉爾羌城西八百里, 爲外蕃總會之區. 達外蕃凡三道, 自塞勒庫勒南十四日程曰巴勒提, 又東南一日程, 至其屬邑, 曰哈普倫. 哈普倫南十六日程, 曰土伯特, 卽藏地也. 巴勒提西南二十九日程, 曰克什米爾, 地出矸蠟紙. 又西南四十三日程, 曰痕都斯坦, 善鏤玉. 以上皆各自爲部, 不相屬.

自塞勒庫勒西五日程, 曰黑斯圖濟. 又西南三日程, 曰乾竺特, 歲貢金一兩五錢. 又西四日程, 曰博洛爾, 其地南卽巴勒提, 曾貢劍·斧·匕首. 乾竺特西北九日程, 曰拔達克山, 其汗素爾坦沙獻霍集占首, 貢刀斧·八駿. 又北五日程, 曰塔木干, 又北三日程, 曰差雅普. 又西南三日程, 曰渾渚斯. 又西北三日程, 曰塔爾罕, 與噶斯呢爲隣. 自黑斯圖濟至塔爾罕, 皆噶勒察種也. 博洛爾西二十日程, 曰愛烏罕, 亦曰喀布爾. 乾隆二十七年, 其酋愛哈默特沙攻痕都斯坦, 殺其汗, 其子逃竄. 愛哈默特沙取扎納巴特城, 以伯克守之. 自居拉固爾城, 又統至固珠喇特, 攻克什米爾, 執其頭目塞克專. 二十八年, 貢刀及四駿, 其屬邑曰拉虎爾, 距葉爾羌六十二日程.

自塞勒庫勒北三日程, 曰滾, 又西北二日程, 曰幹罕, 又西北二日程, 曰差特拉勒. 分二道, 北一日程, 曰羅善, 西一日程, 曰什克南. 乾隆中有與葉爾羌·阿奇木伯克鄂對爲仇, 肆凶暴, 名曰沙關機者, 卽什克南頭目也. 又西北二日程, 曰達爾瓦斯. 自滾以下, 亦噶勒察種. 達爾瓦斯, 北爲喀爾提錦部布魯特·羅善北爲霍罕. 霍罕城距東南塞勒庫勒十日程, 其屬城曰瑪爾噶浪, 在東北一日程. 曰安吉延, 在東北三日程, 曰窩什, 在東南八日程. 曰納木干, 在西南二日程, 曰塔什罕, 在西北四日程, 曰科拉普, 在西北五日程, 曰霍占, 在西南五日程. 其大伯克自稱曰汗, 居霍罕城. 其塔什罕城舊爲舍氏和卓與摩羅沙木什二人分治, 舍氏和卓漸强, 摩羅沙木什被其侵奪, 訴與霍罕, 乞師復還侵地. 舍氏和卓又會西哈薩克攻殺摩羅沙木什二子, 額爾德呢, 遂攻塔什罕. 丕色勒來援, 哈薩克後得之, 終入霍罕. 霍罕與回部分界處有二嶺, 曰噶布蘭, 曰蘇提布拉克. 額德格納部布魯特居之. 嶺東爲回布, 嶺西爲霍罕. 霍罕西十五日程, 曰布哈爾, 亦大國, 東南距塞勒庫勒三十二日程. 其屬城曰鄂勒推帕, 在東七日程, 曰濟雜克, 在東三日程. 曰拜爾哈, 在東北三日程, 曰噶斯呢, 在西南十日程, 曰坎達哈爾, 在西南二十日程.

『職方外紀』: 中國之北迤西一帶, 直抵歐羅巴東界, 俱名韃而靼. 其地江河絕少, 平土多沙, 大半皆山, 大者曰意貌, 中分亞細亞之南北, 其西北皆韃而靼種也. 案: 意貌山, 旣最大. 自當指蔥嶺言之, 當云中分亞細亞洲之東西, 原本作南北誤也. 若指阿爾泰山北幹言之, 則蒙古遊牧部落在其南, 不皆在山北. 或指天山言之, 則又不能西抵歐羅巴洲. 觀上文'中國迤西一帶', 則南北字當爲東西之誤明矣. 韃靼卽蒙古達子, 又卽達達里, 皆謂遊牧部落, 特譯音小殊耳. 氣候極寒, 冬月無雨. 入夏微雨, 僅濕土而已. 人性好勇, 以病歿爲辱. 人罕得遍歷其地, 亦無文字相通, 故未悉其詳. 然大率少城郭居室, 駕屋於車, 以便遷徙. 產牛·羊·駱駝, 嗜馬肉, 以馬頭爲絕品, 貴者方得啖之. 道行飢渴, 卽刺所乘馬, 瀝血而飲. 復嗜酒, 以一醉爲榮. 此外諸國更有殊異不倫, 如夜行晝伏, 身蒙鹿皮, 懸尸於樹, 喜食蛇蟻蜘蛛者. 有人身羊足, 氣候寒極, 夏月層冰二尺者. 有長人善躍, 一躍三丈, 履水如行陸者. 人死不事棺槨衣衾, 殯殮瘞埋, 且有謂不忍委之丘隴者. 此皆其國俗之殊異者也.

迤西舊有女國曰亞瑪作搦, 最驍勇善戰, 嘗破一名都曰厄弗俗, 卽其地建一神祠, 宏麗奇巧, 殆非思議所及. 西國稱天下有七奇, 此居其二. 國俗惟春月容男子一至其地, 生子男輒殺之. 今亦爲他國所竝, 僅存其名. 卽諸史所謂西女國也. 今爲他國所竝者, 謂竝於南都魯機也. 又有地曰得白得, 不以金銀爲幣, 止用珊瑚. 『邱長春西遊記』在蔥嶺西之大雪山, 見太祖, 回至石峽, 遇征西軍回, 多攜珊瑚. 有從官以白金二鎰買五十株, 高者尺餘, 是其證也. 又以至大剛國, 惟屑樹皮爲餅如錢, 印王號其上以當幣. 其俗國主死後, 輿棺往葬, 道逢人輒殺之, 謬謂死者可事其主. 嘗有一王會葬, 殺人無數, 此其西北之國俗然也.

又曰: 中國之西北, 出嘉峪關, 過哈密·土魯番, 曰加斯加爾. 多高山, 產玉石二種, 出水中者極美. 出山石中者, 以薪火燒石迸裂, 乃鑿取之, 甚費工力. 牛·羊·馬畜極多, 因不啖豕, 諸國無豕. 自此以西, 曰撒馬兒罕, 曰革利哈大藥, 曰加非爾斯當, 曰杜爾格斯當, 曰查理, 曰加本爾, 曰古查, 曰蒲加剌得, 皆回回諸國也. 其人多習武, 若商旅防寇, 非聚數百不可行. 亦有好學好禮者. 初宗馬哈默之敎, 諸國多同, 後各立門戶, 互相排擊, 持戒亦有數端. 其大者在不得辯論敎中事, 謂敎如此立, 則當冥心順受, 雖理有未安, 弗顧也. 案: 杜爾格卽度爾格. 凡言斯當者, 卽斯單之音轉, 或作斯坦, 或作土丹, 或作速檀, 或作算端, 皆西域酋長之稱也.

『萬國地理全圖集』曰: 蔥嶺以西, 與中國交界, 南及加布·白西等國, 北至峨羅斯藩屬國, 東接新疆, 西至甲片湖. 北極出自三十五度至五十五度, 偏東自五十五度至七十五度.

紀昀『閱微草堂筆記』曰: 海中三島十洲, 崑崙五城十二樓, 詞賦家沿用久矣. 朝鮮·琉球·日本諸國, 皆能讀華書. 日本, 余見其『五京地志』及『山川全圖』, 疆界袤延數千里, 無所謂仙山靈境也. 朝鮮·琉球之貢使, 則余嘗數數與談, 以是詢之, 皆曰: "東洋自日本以外, 大小國土凡數十, 大小島嶼不知幾千百, 中朝人所必不能至者. 每帆檣萬里, 商船往來, 均不聞有是說." 惟琉球之落漈似乎三千弱水, 然落漈之舟偶值潮平之歲, 時或得還, 亦不聞有白銀宮闕, 可望而不可卽也. 然則三島十洲豈非純構虛詞乎? 『爾雅』·『史記』皆稱河出崑崙. 考河源有二, 一出和闐, 一出蔥嶺. 或曰蔥嶺其正源, 和闐之水入之, 或曰和闐其正源, 蔥嶺之水入之. 雙流旣合, 亦莫辨其誰主誰賓. 然蔥嶺·和闐皆在今版圖內, 開屯列戍四十餘年. 卽深崖窮谷, 亦通耕牧. 不論兩山之水孰爲正源, 兩山之中, 必有一崑崙, 確矣. 而所謂瑤池懸圃, 珠樹芝田, 槪乎未見, 槪乎未聞. 然則五城十二樓, 不又荒唐矣乎? 不但此也, 靈鷲山在今拔達克山, 諸佛菩薩骨塔具存, 題記梵書, 一一與經典相合. 尚有石室六百餘間, 卽所謂大雷音寺, 回部遊牧者居之. 我兵追捕波羅泥都·霍集占, 嘗至其地, 所見不過如斯. 種種莊嚴, 似亦藻繪之詞矣. 相傳回部祖國, 以銅爲城, 近西之回部云銅城在其東萬里, 近東之回部云銅城在其西萬里. 彼此遙拜, 迄無人曾到其地. 因是以推, 恐南懷仁『坤輿圖說』所記五大洲珍奇靈怪, 均此類焉耳.

源案: 蓬萊方丈, 始自秦漢方士, 史書之以見其妄未有信之爲實者, 何勞考辯? 惟『梁書』言毗騫國王在南海中, 去扶南八千餘里. 其國王自古至今長生不死, 能作天竺書三千餘言. 與扶南王相報, 說其宿命所由, 與佛經相似. 此則明載正史, 確鑿可徵. 乃自明以來, 西洋商舶無島不通, 遠窮南極, 曾有此島嶼乎? 止當辨毗騫, 不當辨十洲三島也. 崑崙之爲蔥嶺無疑, 其地產玉, 又上有龍池, 故玉山瑤池之說尚非無因. 至靈鷲山, 在中印度, 爲今之痕都斯坦. 其北之克什彌爾始爲北印度, 又北始爲拔達克山, 則竝非北印度境, 距中印度境則數千里, 乃謂諸佛菩薩骨塔具存, 殆同兒戲. 至大雷音寺出『西游演義』, 竝非釋典, 何得回疆眞有其寺耶? 回部祖國爲天方·阿丹·默德那等地, 在西印度西紅海之間, 『明史』載其「職貢」, 本朝通其商舶, 粵中所謂港腳·白頭回子, 卽其部類也. 其地有教祖穆罕默德之墓, 墓前有元石, 凡各國回人皆歲往禮拜焉. 在西藏之西八千餘里, 見『明史』「回回曆論」. 竝非渺茫之域. 豈有彼地回人, 舍其聖祖陵墓而向東禮拜之理耶? 筆記雖小說家言, 然紀文達負張華博物之名, 恐惑觀聽, 故錄而辯之.

주석

1 소무昭武구성姓: 중앙아시아 아무다리야강과 시르다리야강 사이에 위치한 구성 정권의 총칭으로, 강康(사마르칸트)·안安(부하라)·석石(타슈켄트)·조曹(카부단)·미米(마이무르그)·하何(쿠샤니아)·사史(케시)·화심火尋(호라즘)·무지戊地(베틱)을 가리킨다.

2 사마르칸트Samarkand: 원문은 '새마이한賽馬爾罕'이다.

3 힌두스탄Hindustan: 원문은 '온도사단溫都斯坦'이다.

4 『장춘진인서유기長春眞人西遊記』: 원문은 '『구장춘서유기邱長春西遊記』'이다. 구장춘(1148~1227)은 금나라 때의 도사로, 자는 통밀通密, 도호는 장춘자長春子이다.

5 이지상李志常: 이지상(1193~1256)은 개주開州 관성觀城 사람으로, 자는 호연浩然이고 호는 진상자眞常子이다. 원대 전진교의 도사로, 구장춘의 제자이다.

6 내주萊州: 산동성 동북부에 위치한다.

7 칭기즈칸Chingiz Khan: 원문은 '성길사황제成吉思皇帝'이다.

8 호두금패虎頭金牌: 호두패라고도 하며, 금으로 만든 호랑이 머리 형태의 패이다. 송나라 때부터 고관들이 사용하던 패로, 황제가 근신이나 공신에게 하사하여 최고의 권력을 행사할 수 있게 했다.

9 선덕주宣德州: 지금의 하북성 선화현宣化縣에 해당한다. 금나라 대정大定 8년(1168)에 선화주宣化州, 원나라 때 선녕부宣寧府로 승격했다.

10 아리선阿里鮮: 탕구트 출신의 몽골 대신이다. 칭기즈칸의 명을 받아 구처기를 동쪽으로 데려온 인물이다.

11 테무게Temüge: 원문은 '알적근斡赤斤'이다. 테무게(1168~1246)는 칭기즈칸의 막냇동생이다.

12 오논강Onon Gol: 원문은 '알난하斡難河'이다. 아무르강의 지류 중 하나로,

몽골 동부와 러시아 시베리아 동부를 흐르는 강이다. 칭기즈칸이 여기서 나고 자랐기에 이곳에 나라의 기반을 잡았다.

13 야호령野狐嶺: 액호령扼胡嶺이라고도 한다. 지금의 하북성 장가구시張家口市 만전萬全 서북쪽에 위치한다.

14 무주撫州: 하북성 서북부에 위치하며, 지금의 내몽골 자치구 힝간맹Khingan에 해당한다.

15 명창계明昌界: 명창은 금나라 장종章宗의 연호(1190~1196)이다. 명창 연간에 타타르와 몽골을 막기 위해 대힝간산맥Greater Khingan Range에 세운 참호를 말한다.

16 혼선달극渾善達克사막: 원문은 '대사타大沙陀'이다. 중국의 10대 사막 중 하나이다.

17 부이르호Buir Lake: 원문은 '어아락漁兒濼'이다. 지금의 내몽골과 외몽골의 경계에 위치한다.

18 장덕휘張德輝: 장덕휘(1195~1275)는 원대 기녕로冀寧路 교성현交城縣 사람으로, 자는 요경耀卿이고 호는 이재頤齋이다. 금나라 조정에 출사했다가 금나라 멸망 이후 몽골 정종定宗 귀위크칸 2년(1247)에 쿠빌라이의 초청을 받았다. 저서로는 『새북기행』 등이 있다.

19 달라이호Dalai Nuur: 원문은 '달아해자達兒海子'로, 답아해자答兒海子라고도 한다.

20 헤시그텐Khishigten: 원문은 '극십극등克什克騰'이다.

21 하이라르강Hailar River: 원문은 '사하沙河'이다. 지금의 내몽골 자치구 동북부를 흐른다.

22 케룰렌강Kherlen Gol: 원문은 '극로륜하克魯倫河'이다. 몽골 헨티산맥 남쪽 기슭에서 발원하며, 칭기즈칸이 이 일대와 오논강 유역에서 활동했다.

23 카라코룸Karakorum: 원문은 '화림和林'이다.

24 헨티산Hentiyn Nuruu: 원문은 '긍특령肯特嶺'이다.

25 낙역로樂驛路: 부이르호에서 막북으로 가는 역로이다.

26 투라강Tura River: 원문은 '토랍하土臘河'로, 지금의 러시아 스베르들롭스크

주와 튜멘주를 흐르는 강이다.

27 사마르칸트성: 원문은 '심사간성尋思干城'이다.

28 나이만Naiman: 원문은 '내만乃蠻'으로, 터키계 부족이다. 10~13세기에 알타이산맥 동서에 걸쳐 건국했으나 1218년 몽골군에 멸망당했다.

29 파미르고원: 원문은 '총령葱嶺'이다.

30 서요西遼: 원문은 '서거란西契丹'이다.

31 장송령長松嶺: 지금의 몽골 항가이산맥Khangai Nuruu 동쪽에 위치한 산으로, 운두나르수Undur narsu라고 하는데, 큰 소나무가 자라는 높은 산이라는 뜻이다.

32 오르혼강Orhon Gol: 원문은 '악이곤하鄂爾昆河'로, 셀렝게강의 지류이다.

33 카라카시강Karakash River: 원문은 '객랍하喀拉河'로, 신강 위구르 자치구를 흐르는 강이다.

34 옹정雍正: 청나라 제5대 황제 애신각라윤진愛新覺羅胤禛의 연호(1723~1735)이다.

35 오르혼강: 원문은 '악라곤하鄂羅坤河'이다.

36 오르도ordo: 원문은 '와리타窩里朶'이다.

37 셀렝게강Selenge Moron: 원문은 '색릉격강色楞格河'이다.

38 타미르강Tamir Gol: 원문은 '탑미이하塔米爾河'이다.

39 조정을 두었던: 원문은 '건하建牙'로, 옛날 소수민족이 조정을 세웠던 곳이나 깃발을 세워 진을 쳤던 곳을 가리킨다.

40 선무사宣撫使: 원문은 '선사宣使'로, 선선안위사宣先安慰使라고도 한다. 송나라 때는 임시직이었고, 원나라 때는 이들을 소수민족 지역에 보내 군사와 백성을 관리했으며, 명청 시대에도 그대로 실시했다.

41 자브항Zawhan: 원문은 '갈랄초曷剌肖'로, 지금의 몽골 서부에 위치한다.

42 바타르카이르칸Baatar Khairkhan: 원문은 '아부한산阿不罕山'이다. 지금의 몽골 호브드와 고비알타이주Gobi-Altai 경계 지역에 위치한다.

43 진해상공鎭海相公: 전진해田鎭海(1169~1251)이다. 당시 사람들은 전상공田相公이라 불렀는데, 몽골이 건립되기 전에 몽골 수장인 테무친에게 투항

했다.

44 알타이산Altai Mountain: 원문은 '금산金山'이다.

45 진해성鎭海城: 지금의 몽골 서부에 위치한 샤르가Sharga를 가리킨다.

46 오고타이Ogotai: 원문은 '삼태자三太子'이다. 오고타이(1186~1241)는 칭기즈 칸의 셋째 아들이자 제2대 칸으로, 몽골 제국의 영토를 크게 확장시켰다. 1229년에 아버지의 뒤를 이어 제위에 오른 그는 자신을 칸으로 부른 최초의 몽골 통치자이다.

47 호브드Hovd: 원문은 '과포다科布多'이다.

48 호브드강Hovd Gol: 원문은 '과포다하科布多河'이다.

49 이르티시강Irtysh River: 원문은 '액이제사하額爾齊斯河'로, 알타이산맥 남서부 기슭의 빙하에서 발원한다.

50 오르혼강: 원문은 '오릉고하烏隆古河'이다.

51 민둥산: 원문은 '동산童山'이다.

52 노지鹵地: 소금이 나는 땅을 가리킨다.

53 백골전白骨甸: 장군고비將軍戈壁라고도 하며, 지금의 고비사막이다.

54 고성古城: 지금의 신강 위구르 자치구 지미사르현Jimisar을 가리킨다.

55 화주和州: 옛 땅은 지금의 투르판 동남쪽에 있는 카라호자보 서남쪽에 위치한다.

56 베쉬발릭Beshbalik: 원문은 '별사마대성鼈思馬大城'이다. 별석파別石把라고도 하는데, 옛 땅은 지금의 신강 위구르 자치구 지미사르현 북쪽에 위치한다.

57 북정도호부北庭都護府: 원문은 '북단주부北端州府'이다. 당나라 때 직할 영토의 최북서인 정주庭州에 설치한 변경 방비 기관이다.

58 경룡景龍: 당나라 제4대 황제 중종 이현李顯의 연호(707~710)이다.

59 양하楊何: 706년에서 709년까지 대도호를 역임했다.

60 오르도스Ordos: 원문은 '하투河套'이다. 지금의 내몽골 자치구 중남부에 위치한 고원 지역이다.

61 보그드산Bogd Uul: 원문은 '박극달博克達'이다. 천산산맥의 지맥으로, 지금

의 우룸치시 동쪽에 위치한다.

62 구양규재歐陽圭齋: 구양현歐陽玄(1283~1357)이다. 구양현은 원나라 문신으로, 규재圭齋는 호이다. 한림학사翰林學士를 지내고, 『경세대전經世大典』과 『사조실록四朝實錄』을 편찬했으며, 『요사遼史』·『금사金史』·『송사宋史』의 찬수총재관撰修總裁官을 맡았다.

63 외오아畏午兒: 외오아畏吾兒·위올偉兀·위오이偉吾而·위오衛吾·위올委兀·외오外五·괴고瑰古·오골烏鶻이라고도 한다. 지금의 위구르족 선조이다.

64 하미Hami: 원문은 '합밀哈密'로, 지금의 신강 위구르 자치구 쿠물Kumul 지역이다.

65 창팔리彰八里: 지금의 신강 위구르 자치구 산지현Sanji에 위치한다.

66 마나스강Manas River: 원문은 '마납사하馬納思河'로, 마납사하瑪納斯河라고도 한다. 지금의 신강 위구르 자치구를 흐르는 강이다.

67 설봉雪峰: 광서 2년본에는 '뇌봉雷峰'으로 되어 있으나, 『장춘진인서유기』에 의거해 고쳐 번역한다.

68 정하성晶河城: 지금의 신강 위구르 자치구에 속한 징현Jing이다.

69 탁극다托克多: 지금의 신강 위구르 자치구 징현 동북쪽에 위치한 진이다.

70 사이람호Sayram Lake: 원문은 '새라목박賽喇木泊'으로, 새리목호賽里木湖, 삼태해자三台海子라고도 한다. 지금의 신강 위구르 자치구 서북쪽에 위치한다.

71 차가타이Chaghatai: 원문은 '이태자二太子'이다. 칭기즈칸의 둘째 아들인 차가타이(1183~1242)로, 몽골 제국의 칸이다. 위구르 지방에서 서쪽으로 부하라와 사마르칸트에 이르는 옛 카라키타이 제국의 초원을 답례로 불려받았다.

72 탑륵기산塔勒奇山: 신강 위구르 자치구 코르가스현Qorghas에 위치한다.

73 과자구果子溝: 탑륵기구塔勒奇溝라고도 한다. 중앙아시아와 유럽을 잇는 실크로드의 중요 길목으로, 과일이 많이 난다고 해서 과자구라 불리게 되었다.

74 아리마성阿里馬城: 아리마성은 몽골에서 터키, 이란, 러시아로 가는 요충

지로, 차가타이 칸국의 수도 알말리크Almalik이다.

75 무슬림Muslim: 원문은 '포속만鋪速滿'으로, 모속로만謀速魯蠻·몰속로만沒速
魯蠻·목속만木速蠻·목속아만木速兒蠻이라고도 한다. 원대에 이슬람교도를
가리키던 명칭이다.

76 다루가치Darughachi: 원문은 '탑랄홀차塔剌忽且'로, 달로화적達魯花赤·달로갈
제達嚕噶齊·답로합신荅嚕合臣·탑랄홀지塔剌忽只라고도 한다. 몽골족은 정
복지에 다루가치를 설치하여 통치했으며, 후에 다루가치는 총독·지사
의 뜻으로 바뀌어 원나라에서 널리 사용되었다.

77 이리강Ili River: 원문은 '아리마도하阿里瑪圖河'이다. 지금의 신강 위구르 자
치구의 이리 카자흐 자치주에서 카자흐스탄 알마티 지역을 흐르는 가
장 큰 강이다.

78 탈라스강Talas River: 원문은 '답랄속하荅剌速河'이다. 지금의 키르기스스탄
과 카자흐스탄의 국경 지역을 흐르는 강으로, 탈라스알라타우산맥Talas
Alatau에서 발원한다. 여기에서 탈라스강은 이리강의 오류이다.

79 동하東夏: 금나라가 멸망한 후, 금나라의 후예가 요동에서 세운 나라이다.

80 선탑사령善塔斯嶺: 키르기스스탄 이식쿨호의 동쪽 해안에 위치한 삼탑십
산三塔什山 입구를 가리킨다.

81 카라키타이Kara Khitai: 원문은 '대석림아大石林牙'이다. 서요로, 요의 왕족
인 야율대석이 요가 멸망한 후 중앙아시아에 세운 나라이다.

82 야율대석耶律大石: 원문은 '대석림아大石林牙'이다. 야율대석(1087~1143)은
서요의 초대 황제로, 묘호는 덕종德宗이고, 자는 중덕重德이다. 1115년에
진사에 급제하여 한림원翰林院의 승지承旨가 되었다. 요나라 사람들이
한림을 '임아林牙'라 불렀기 때문에 '대석림아'라고도 불리게 되었다.

83 연경延慶: 서요의 초대 황제 야율대석의 연호(1124 혹은 1125~1133)이다.

84 강국康國: 서요 야율대석의 연호(1134~1143)이다. 연경 10년(1134)에 야율대
석은 수도 이름을 키질로르다Kyzylorda로 바꾸고 같은 해 연호를 연경에
서 강국으로 바꾸었다.

85 야율이렬耶律夷列: 서요의 제2대 황제(재위 1150~1163)이다.

86 소씨蕭氏: 야율대석의 아내인 감천황후感天皇后 소탑불연蕭塔不煙으로, 야율이렬이 친정하게 되는 1150년까지 7년간 섭정했다.

87 야율보속완耶律普速完: 원문은 '야율씨耶律氏'이다. 야율대석의 딸이자 야율이렬의 여동생으로 승천태후承天太后에 올랐다.

88 숭복崇福: 서요 승천태후의 연호(1164~1177)이다.

89 야율직로고耶律直魯古: 서요의 제3대 황제(재위 1177~1211)이다.

90 천희天禧: 서요 말제 야율직로고의 연호(1178~1211)이다.

91 타이양칸Tayang Khan: 원문은 '태양한太陽汗'으로, 태양한太陽罕, 탑양한塔陽汗, 태양가한太陽可汗 등이라고도 한다. 본명은 타이 부카Tai Buqa(?~1204)이다. 나이만족의 마지막 칸으로, 12세기 후반에 아버지 나이만 족장 이난차 비르게칸이 사망하자 뒤를 이어 4대 칸으로 즉위했다.

92 쿠츨루크Küčülüg: 원문은 '굴출률屈出律'로, 곡출률曲出律, 고출로극古出魯克이라고도 한다. 서요의 제4대 황제(재위 1211~1218)로, 몽골군에게 대패하고 전사했다.

93 이식쿨호Lake Issyk-Kul: 원문은 '목이도박穆爾圖泊'으로, 특목이도박特穆爾圖泊이라고도 한다.

94 석상: 원문은 '옹중翁仲'으로, 진秦나라 사람 완옹중阮翁仲을 가리킨다. 신체가 보통 사람보다 월등히 커서, 진시황이 그를 시켜 변경을 지키게 하지 흉노족이 매우 두려워했다고 한다. 그가 죽자 진시황은 그의 모습을 본떠 동상을 만든 다음 함양궁咸陽宮의 사마문司馬門 밖에 세우게 했기에 후대에 와서는 동상銅像, 석상의 의미로 사용되었다.

95 이리강: 원문은 '이리하伊犁河'이다.

96 이식쿨호: 원문은 '특목노박特穆圖泊'이나.

97 사이람Sayram: 원문은 '새람성塞藍城'이다. 새람賽藍, 새란賽蘭이라고도 하는데, 옛 땅은 지금의 우즈베키스탄 타슈켄트 동북쪽에 위치한다.

98 시르다리야강Syr Darya: 원문은 '곽천하霍闡河'로, 서이달리하西爾達里河라고도 한다.

99 탈라스Talas: 원문은 '탑랄사塔剌寺'로, 달라사怛邏斯, 달라사呾羅私, 탑랄사

塔剌思, 탑랍십塔拉什이라고도 한다. 당나라 때의 서역으로 가는 요충지로, 지금의 우즈베키스탄에 위치한다.

100 탈라스강: 원문은 '탑랄하塔剌河'이다.

101 타슈켄트Tashkent: 원문은 '탑실간塔失干'으로, 지금의 우즈베키스탄 수도이다.

102 시린강Xilin River: 원문은 '석림하錫林河'로, 지금의 내몽골 지역을 흐른다.

103 나린강Naryn River: 원문은 '납림하納林河'로, 나림하那林河라고도 한다. 지금의 키르기스스탄과 우즈베키스탄을 흐른다.

104 홀건하忽牽河: 홀장하忽章河, 홀전하忽氈河, 홀상하忽祥河, 대참하大站河라고도 한다.

105 이랄국공移剌國公: 원나라의 개국공신인 야율아해耶律阿海를 가리킨다.

106 코칸트Kokand: 원문은 '오한敖罕'이다.

107 티무르Timur: 원문은 '첩목아帖木兒'이다. 티무르(1336~1405)는 중앙아시아의 터키계 몽골인 군사 지도자이며, 티무르 제국의 창시자이다. 티무르 시대의 터키계 몽골의 전통은 칭기즈칸의 후예가 아닌 사람이 칸이 되는 것을 허락하지 않았기 때문에 그는 칸을 자칭할 수 없었다. 그는 대신 '아미르(지휘관)'라는 호칭을 사용했고, 때때로 그 앞에 부주르그buzurg, 또는 칼란kalān, 즉 '위대한'을 붙여 '위대한 아미르'라 했다. 그는 칭기즈칸의 후손들을 허수아비 칸으로 세워 그의 이름으로 통치한 뒤에는 칭기즈칸 가문의 공주와 결혼했기 때문에 '부마'라는 호칭을 사용했다. 티무르의 후손들인 무굴 제국의 군주들은 이를 근거로 스스로의 왕조를 '구르칸Gurkān(부마) 왕조'라고 불렀다.

108 철문鐵門: 옛 땅은 지금의 우즈베키스탄 수르한다리야주의 데르벤트Derbent에 위치한다.

109 갈석성碣石城: 갈석渴石, 사국史國, 석국石國, 갈상나羯霜那, 거사怯沙라고도 한다. 케시로, 옛 땅은 지금의 우즈베키스탄 타슈켄트 일대에 위치한다.

110 아무다리야강Amu Darya: 원문은 '아모하阿母河'로, 암포하暗布河, 아목하阿木河, 아모하亞母河, 아모하阿姆河, 전추하縛錫河라고도 한다.

111 토하라Tokhara: 원문은 '도하라국睹貨羅國'이다. 중앙아시아의 힌두쿠시산
맥Hindu Kush Mountains과 아무다리야강 중류 지역을 지배한 이란계 유목
민이다. 기원전 2세기에 박트리아 왕국을 무너뜨리고 왕국을 건설했으
나, 그 후 남하해 온 대월지에게 복속했다. 중국 문헌에 보이는 대하는
토하라국으로 추정된다.

112 파르사Parsa: 원문은 '파랄사波剌斯'로, 지금의 이란Iran을 말한다.

113 람파카Lampaka: 원문은 '람파국濫波國'으로, 지금의 아프가니스탄 카불강
북쪽에 있는 라그만Laghman을 가리킨다.

114 인도: 원문은 '흔도忻都'이다.

115 인더스강Indus River: 원문은 '신하申河'로, 흔하忻河라고도 한다.

116 옥수스강Oxus River: 원문은 '전추하縛芻河'이다.

117 아나바타프타Anavatapta: 원문은 '대용지大龍池'이다.

118 카스피해Caspian Sea: 원문은 '리해裏海'이다.

119 우디야나Uddiyana: 원문은 '오장국烏萇國'으로, 오장烏仗, 오장烏長이라고도
한다. 지금의 파키스탄 서북 변경에 위치한 스와트Swat 양쪽 해안을 가
리킨다.

120 메카Mecca: 원문은 '천방天方'이다.

121 사마르칸트: 원문은 '야미사간성耶米思干城'이다.

122 마사르이샤리프Mazâr-i-Sharif: 원문은 '반리성班里城'으로, 지금의 아프가니
스탄에 위치한다.

123 아랄해Aral Sea: 원문은 '대염지大鹽池'이다.

124 황제가 … 돌렸다: 『원사』, 「태조기」와 「야율초재전」에 따르면, 태조
19년 갑신년에 태조가 동인도로 가다가 철문관에 머물렀다고 한다. 이
때 뿔 하나가 달린 짐승이 나타났는데, 녹색에다 사슴 모양에 말 꼬리
를 하고 있었으며 사람의 말로 시중에게 말했다. "그대의 주인은 속히
환국해야 하오." 태조가 이 일을 야율초재에게 물었더니 야율초재가 말
했다. "이 동물은 상서로운 동물로, 각단角端이라고 하며 사방의 말을 모
두 할 줄 알고 생명을 소중히 여겨 살생을 싫어합니다. 하늘에서 명을

내려 각단을 보내 폐하께 고하는 것입니다. 폐하는 하늘의 원자이고, 백성들은 폐하의 자식입니다. 원컨대 받들어 백성의 목숨을 온전히 살피시길 바랍니다." 이에 태조는 곧바로 군사를 돌렸다.

125 송자정宋子貞: 송자정(1186~1266)은 노주潞州 장자長子 사람으로, 자가 주신周臣이다. 원나라 태종 때 행대우사낭중行臺右司郎中을 지냈다.

126 『담연집湛然集』: 야율초재의 문집이다.

127 부하라Bukhara: 원문은 '포합이布哈爾'로, 지금의 우즈베키스탄에 위치한다.

128 가욕관嘉峪關: 예로부터 동서 교통의 요지로, 만리장성의 서쪽 맨 끝에 있는 관문이다.

129 홍무洪武: 명나라 태조 주원장의 연호(1368~1398)이다. 명나라 때부터 일제일호一帝一號를 채택했다.

130 마울라나 하피즈Maulana Hafiz: 원문은 '만랄합비사滿剌哈非思'이다.

131 빈철鑌鐵: 순도가 높은 좋은 철을 말한다.

132 성조成祖: 명나라 제3대 황제 영락제永樂帝 주체朱棣(재위 1402~1424)의 묘호이다.

133 부안傅安: 부안(?~1429)은 명대의 외교가로, 개봉부開封府 태강현太康縣 사람이며 자가 지도志道이다. 현리縣吏 벼슬로 시작해 후에는 소수민족과 이웃 국가의 언어와 문자를 통역하는 사이관四夷館에서 통사通事를 맡았다.

134 할릴Halil: 원문은 '합리哈里'이다.

135 사리누딘Sarinurdin: 원문은 '사리노아정沙里奴兒丁'이다.

136 경태景泰: 명나라 제7대 황제 대종代宗 주기옥朱祁鈺의 연호(1450~1457)이다.

137 천순天順: 명나라 제6대 황제 영종 주기진朱祁鎮(재위 1435~1449, 1457~1464)의 두 번째 연호이다. 원래 영종의 연호는 정통正統(1436~1449)이었지만, 다시 복위해서 연호를 천순(1457~1464)이라고 했기 때문에 천순제라고도 불린다.

138 술탄: 원문은 '쇠로단鎖魯檀'이다.

139 성화成化: 명나라 제8대 황제 헌종憲宗 주견심朱見深의 연호(1465~1487)이다.

140 이스칸Iskan: 원문은 '역사한亦思罕'이다.

141 숙주肅州: 옛 땅은 지금의 감숙성 서북부 주천시酒泉市에 위치한다.

142 믈라카Melaka: 원문은 '만랄가滿剌加'이다.

143 시박사市舶司: 해상무역 관계의 사무를 담당한 관청이다.

144 태감太監: 원문은 '중관中官'으로, 시박사태감市舶司太監을 가리킨다.

145 홍치弘治: 명나라 제9대 황제 효종孝宗 주우탱朱祐樘의 연호(1488~1505)이다.

146 경유耿裕: 경유(1430~1496)는 산서山西 평정平定 출신으로, 홍치 원년(1488)에
    예부상서禮部尙書를 제수받았다.

147 카라칼caracal: 원문은 '합랄호哈剌虎'이다. 검은 귀를 가진 고양이과 동물
    로, 스라소니와 비슷하게 생겼지만 몸집이 좀 더 작고 호리호리하며 꼬
    리도 더 길다.

148 하언夏言: 하언(1482~1548)은 강서江西 광신부廣信府 귀계현貴溪縣 사람으로,
    자가 공근公謹이다. 정덕 12년(1517)의 진사로 행인行人에 제수되었고, 예
    부상서와 수보首輔를 역임했다.

149 각신閣臣: 명청 시대 대학사大學士를 가리킨다.

150 장부경張孚敬: 장부경(1475~1539)은 영가永嘉 영강永强 사람으로, 자가 병용
    秉用, 호가 나봉羅峰이다. 가정 6년(1527)에는 예부상서 겸 문연각대학사文
    淵閣大學士에 임명되었다. 가정 7년(1528)에 소보少保 겸 태자태보太子太保가
    더해지고, 가정 8년(1529)에는 내각 수보의 자리에 올랐다.

151 정덕正德: 명나라 제10대 황제 무종武宗 주후조朱厚照의 연호(1506~1521)이다.

152 만력萬曆: 명나라 제13대 황제 신종神宗 주익균朱翊鈞의 연호(1573~1620)이다.

153 헤라트Herat: 원문은 '합렬哈烈'로, 흑로黑魯·야리也里·합랄哈剌·합리哈利·해
    리海里·의리義利라고도 한다. 지금의 아프가니스탄 서부에 위치한다.

154 샤흐루히야Shahrukhiya: 원문은 '사록해아沙鹿海牙'이다. 옛 땅은 지금의 타
    슈켄트 서남쪽에 위치한다.

155 양히Yanghi: 원문은 '양이養夷'이다. 옛 땅은 지금의 카자흐스탄 잠빌주
    Jambyl이다.

156 테르메스Termez: 원문은 '질리미迭里迷'로, 저밀咀密·항만恒滿·달몰怛沒·특
    이미忒耳迷라고도 한다. 옛 땅은 지금의 아무다리야강 북쪽 해안, 사마

르칸트 동남쪽에 위치한다.

157 진성陳誠: 진성(1365~1458)은 자가 자로子魯, 호가 죽산竹山이다. 명나라 홍무
연간과 영락 연간에 일찍이 안남安南에 사신으로 갔으며, 5차례나 서역
의 티무르 제국과 타타르에 사신으로 나갔고 정화와 함께 이름을 떨쳤
다. 저서로는 『서역번국지西域番國志』, 『서역행정기西域行程記』 등이 있다.

158 안드호이Andkhoy: 원문은 '엄도회俺都淮'이다. 옛 땅은 지금의 아프가니스
탄 파랴브주Faryab에 위치한다.

159 카라호자Karakhoja: 원문은 '화주火州'로, 합랄화자哈剌火者·합랄적주哈剌翟
州·합랄화주哈剌火州·합랄화주哈剌禾州라고도 한다. 고대 고창국高昌國의
도성으로, 옛 땅은 지금의 신강 위구르 자치구 투르판 동남쪽 일대에
위치한다.

160 럭춘Lukchun: 원문은 '류성柳城'으로, 로진魯陳·로극진魯克塵이라고도 한다.
옛 땅은 지금의 투르판에 위치한다.

161 야무시yamshi: 원문은 '염택鹽澤'으로, 호박湖泊이라고도 한다. 지금의 신
강 위구르 자치구 로프노르호Lop Nor로, 현지에서는 카라코순Kara Koshun
이라고 부른다.

162 하미Hami: 원문은 '합밀哈密'로, 지금의 신강 위구르 자치구 쿠물Kumul 지
역이다.

163 샤루흐Shah Rukh: 원문은 '사로합沙魯哈'이다. 티무르의 넷째 아들로서
1405년 티무르의 뒤를 이어 제4대 술탄이 되었다.

164 진덕문陳德文: 진덕문(?~1414)은 광동 보창保昌 사람으로, 자가 문석文石이
다. 홍무 연간 태주부 통판을 제수받았다. 서역을 다녀온 후 지은 대표
적 시가로 「사마르칸트에서 기러기를 보니 벗이 생각나네(撒馬兒罕見雁懷
友)」가 있다.

165 샤루흐 바하두르ShahRukh Bahadur: 원문은 '사합로파도아沙哈魯巴都兒'이다.

166 바이 아르킨 테이Bai arkin tay: 원문은 '백아아흔태白阿兒忻台'이다.

167 시라즈Shiraz: 원문은 '실랄사失剌思'로, 실라자失羅子·석라자石羅子·설랍부
泄拉夫라고도 한다. 지금의 이란 파르스Fars에 위치한다.

168 안디잔Andizhan: 원문은 '엄적간俺的干'으로, 지금의 우즈베키스탄에 위치한다.

169 카슈가르Kashgar: 원문은 '합실합아哈實哈兒'로, 객십갈이喀什噶爾·가사가이加斯加爾라고도 한다. 지금의 신강 위구르 자치구에 위치한다.

170 인종仁宗: 명나라 제4대 황제 홍희제洪熙帝 주고치朱高熾(재위 1424~1425)이다.

171 선종宣宗: 명나라 제5대 황제 선덕제宣德帝 주첨기朱瞻基(재위 1425~1435)이다.

172 영종英宗: 명나라 제6대 황제 정통제正統帝 주기진이다.

173 크기는 세 종류: 원문은 '대소삼등大小三等'이다. 『서역번국지』에 따르면, 가장 큰 은전은 등가等哥, 그다음 은전은 저납抵納, 가장 작은 은전은 가즉미假卽眉라 불렀다. 가즉미보다 낮은 거래에는 포립蒲立이라는 동전을 사용했다.

174 하틀론Khatlon: 원문은 '갈특랑葛忒郞'으로, 가돌訶咄·가돌라珂咄羅·골돌骨咄·골돌시骨咄施라고도 한다. 지금의 타지키스탄 남서부에 위치한다.

175 야실쿨호Yashilkul Lake: 원문은 '이서이박伊西洱泊'으로, 엽십륵고록葉什勒庫勒이라고도 한다. 지금의 타지키스탄 고르노바다흐산Gorno-Badakhshan 자치주에 위치한다.

176 야르칸드Yarkand: 원문은 '섭이강葉爾羌'으로, 지금의 신강 위구르 자치구에 위치한다.

177 미르샤술탄Mir Shah Sultan: 원문은 '소이란사素爾坦沙'이다.

178 볼로르Bolor: 원문은 '박라이博羅爾'로, 지금의 파키스탄 북단 및 카슈미르 서북부에 위치한다.

179 투즈쿨호Tuzkül Lake: 원문은 '도사박圖斯泊'으로, 도사고이圖斯庫爾라고도 한다. 지금의 타지키스탄 고르노바다흐산 자치주에 위치한다.

180 와한Wakhan: 원문은 '와한瓦漢'으로, 지금의 아프가니스탄 바다흐샨에 위치한다.

181 오타국烏秅國: 옛 땅은 지금의 신강 위구르 자치구 타슈쿠르간Tashkurgan 일대로 추정된다.

182 부라니둔Buranidun: 원문은 '박라니도博羅尼都'로, 파라니도波羅尼都라고도

한다. 부라니둔(?~1759)은 청대 위구르족의 수장으로, 대하지(大和卓木)라고 불렸다. 준가르부에 의해 이리伊犁에 구금되어 있다가 건륭 25년(1755)에 청나라 군대가 이리를 정복하자 풀려나 야르칸드로 돌아가 옛 부족을 다스렸다. 얼마 지나지 않아 동생 호지잔이 이리에서 돌아오자 함께 거병하여 반란을 일으켰다. 후에 청나라 군대에게 패해 바다흐샨으로 달아났다가 그 수장에게 잡혀 살해당했다.

183 호지잔Hojijan: 원문은 '곽집점霍集占'으로, 천산산맥 남쪽에 거주하던 위구르족 수장이다. 대하지 부라니둔의 동생으로 소하지(小和卓木)라 불렸다. 건륭 22년(1757), 형과 함께 청조에 반기를 들었으나 건륭 24년(1759)에 진압되었다.

184 건륭 24년(1759) … 달아났다: 바로 대소화탁의 난으로, 건륭 22년에 신강 이슬람교도인 백산파 수령 부라니둔, 호지잔 형제가 일으킨 반란이다.

185 부덕富德: 부덕(?~1776)은 청나라 장군으로, 만주 정황기正黃旗 사람이다. 건륭 초에 삼등시위三等侍衛에 발탁되었고, 호지잔의 난을 평정한 공으로 일등정원성용후一等靖遠成勇侯에 봉해졌으며, 어전대신御前大臣, 이번원 상서理藩院尙書를 역임했다.

186 메카: 원문은 '묵극墨克'이다.

187 호지잔: 원문은 '곽집점霍集占'이다. 광서 2년본에는 '집' 자가 없으나 역사적 사실에 따라 고쳐 번역한다.

188 다르보즈Darvoz: 원문은 '탑이파사塔爾巴斯'로, 지금의 타지키스탄에 위치한다.

189 파이감바르Paighambar: 원문은 '갈목파이噶木巴爾'로, 별암발이別諳拔爾·파안배이派安拜爾·별암백이別庵伯爾·벽엄팔이擗奄八而라고도 한다.

190 피산국皮山國: 고대 서역의 국명이다.

191 호탄Khotan: 원문은 '화전和闐'이다. 지금의 신강 위구르 자치구에 위치한다.

192 아구강국阿鉤羌國: 지금의 파미르 산간에 위치한 발티스탄이다.

193 사차莎車: 고대 서역의 국명으로, 지금의 야르칸드를 가리킨다. 옛 실크로드의 남로南路가 지나가는 교통의 요충지였다.

194 갈반타喝盤陀: 갈반타국渴盤陀國, 한반타국漢盤陀國이라고도 한다. 카반다국Kabhanda으로, 옛 땅은 지금의 신강 위구르 자치구 타슈쿠르간Tashkurgan에 위치한다.

195 소륵疏勒: 구사국佉沙國, 가사지리국伽師祇離國이라고도 한다. 슐러국Shule으로, 옛 땅은 지금의 신강 위구르 자치구 카슈가르에 위치한다.

196 카슈가르: 원문은 '객십합이喀什哈爾'이다.

197 야르칸드강Yarkand River: 원문은 '사다하徙多河'이다.

198 페르시아: 원문은 '이서아국耳西亞國'이다.

199 부하라: 원문은 '포가리布加利'이다.

200 투르키스탄Turkistan: 원문은 '달이급사단국達爾給斯丹國'으로, 아프가니스탄 카불 이북 지역을 가리킨다.

201 타타르Tartars: 원문은 '달이단韃而靼'으로, 달단韃靼이라고도 한다.

202 카스피해: 원문은 '가사비약해加斯比約海'이다.

203 시베리아: 원문은 '서비리아西卑里亞'이다.

204 아랄해Aral Sea: 원문은 '아랍이亞拉爾'이다.

205 다란Dhahran: 원문은 '달란達蘭'이다.

206 노사磠砂: 할로겐화물류의 광물을 가리킨다.

207 앙그렌Angren: 원문은 '안해安該'이다.

208 마이마나Maimana: 원문은 '미마묵美馬墨'으로, 지금의 아프가니스탄에 위치한다.

209 발흐: 원문은 '파이극巴爾克'으로, 지금의 아프가니스탄 북부에 위치한다.

210 쿤두즈Kunduz: 원문은 '곤도사昆都斯'로, 지금의 아프가니스탄 북부에 위치한다.

211 카피리스탄Kafiristan: 원문은 '가비리사단加非里斯丹'이다. 지금의 누리스탄Nuristan을 가리킨다.

212 코칸트: 원문은 '가간哥干'이다.

213 키르기스스탄Kyrgyzstan: 원문은 '기이의사其爾意斯'이다.

214 카자흐Kazakh: 원문은 '가살극哥薩克'으로, 합살극哈薩克이라고도 한다.

215 히바Khiva: 원문은 '기말其襪'이다.

216 투르크메니스탄Turkmenistan: 원문은 '도이각마니아都爾各馬尼亞'이다.

217 카불Kabul: 원문은 '갑포지甲布地'이다.

218 시르다리야강: 원문은 '서훈하西熏河'이다.

219 타지크인Tajik: 원문은 '타익他益'이다.

220 우즈베크인O'zbeklar: 원문은 '오사백烏士百'이다.

221 발흐: 원문은 '파륵巴勒'이다.

222 부하라: 원문은 '파가랍破加拉'이다.

223 쿤두즈: 원문은 '윤토사尹土斯'로, 곤도사昆都士, 혼도사渾都斯라고도 한다. 지금의 아프가니스탄 북부에 위치한다.

224 코칸트: 원문은 '가간지哥干地'로, 옛 땅은 지금의 우즈베키스탄 페르가나주에 위치한다.

225 히바: 원문은 '기와부其瓦部'이다.

226 우르겐치Urganch: 원문은 '아이운치阿耳云治'로, 오이근기烏爾根奇라고도 한다. 지금의 우즈베키스탄 호레즘주의 주도이다.

227 『일통지一統志』: 원명은 『대청일통지大淸一統志』이다. 청나라 시기 강희제康熙帝의 명에 따라 서건학徐乾學 등이 참여하여 완성한 역대 중국 최대의 종합 지리서이다. 건륭 8년(1743)에 완성되었으며, 이후 건륭 48년(1783), 도광 22년(1842) 두 차례에 걸쳐 증보되었다.

228 나망간Namangan: 원문은 '나목간那木干'으로, 지금의 우즈베키스탄에 위치한다.

229 강거국康居國: 고대 서역의 나라로, 옛 땅은 대략 지금의 발하슈호Balqash Koli와 아랄해 사이에 위치한다.

230 대완국: 고대 서역에 있던 국명으로, 옛 땅은 지금의 중앙아시아 페르가나분지Fergana Valley에 위치한다.

231 타슈켄트: 원문은 '달실간국達失干國'이다. 광서 2년본에는 '간干' 자가 '어於' 자로 되어 있으나, 악록서사본에 따라 고쳐 번역한다.

232 호자Khwāja: 원문은 '화탁和卓'으로, 곽가霍加, 화자火者, 화자華者, 화철華哲,

호자虎者, 화가和加, 호가呼加, 곽사霍査라고도 한다. 사회적으로 존경받는 사람을 가리키는 페르시아어이다.

233 물라 샴스Mulla Shams: 원문은 '막이다살목십莫爾多薩木什'이다. 광서 2년본에는 '소막이다살목昭莫爾多薩木'으로 되어 있으나, 『대청일통지』에 따라 고쳐 번역한다.

234 샤디Shadi: 원문은 '사달沙達'이다.

235 투르잔Turzhan: 원문은 '토이점吐爾占'이다.

236 참찬대신參贊大臣: 청나라 때 외몽골의 호브드와 울리아스타이Uliastai, 신강의 이리와 우츠투르판 등에 둔 벼슬로, 장군 아래 직위이다. 군정 사무를 맡아보고, 담당 지역에서 전쟁이 일어나면 장군과 함께 파견되어 군대를 통솔했다.

237 액십목찰포額什木札布: 아무르사나의 형제라고 한다.

238 코칸트: 원문은 '곽한霍罕'이다.

239 카르시Karshi: 원문은 '갈랍극즉성噶拉克則城'이다.

240 우르겐치: 원문은 '오이근제성烏爾根齊城'이다.

241 아랄해: 원문은 '달리강아박達里岡阿泊'이다. 광서 2년본에는 '임달리강아박臨達里岡阿泊'으로 되어 있으나, 『대청일통지』에 따라서 고쳐 번역한다.

242 타슈켄트: 원문은 '합십간哈什干'이다.

243 안니산: 원문은 '안집연安集延'으로, 안길연安吉延이라고도 한다.

244 마르길란Margilan: 원문은 '마이합랑성瑪爾哈朗城'이다.

245 감영甘英: 후한後漢의 무장이다. 97년에 반초班超의 명을 받아 대진大秦(로마 제국)으로 사절로 나가, 서역·파르티아Parthia를 거쳐 시리아에 도착했지만, 거기서 되돌아갔다. 페르시아만을 본 최초의 중국 사절로 여겨진다.

246 아랄해: 원문은 '함해鹹海'이다.

247 천보天寶: 당나라 제6대 황제 현종 이융기의 세 번째 연호(742~756)이다.

248 노복: 원문은 '아랍파도阿拉巴圖'로, 만주어로 노복이란 뜻이다.

249 춘원씨椿園氏: 『서역문견록』의 작가인 만주족 정람기인正藍旗人 니마사尼瑪査 칠십일七十一의 호이다. 『서역문견록』은 그가 고차현庫車縣(신강 위구

르 자치구 우룸치에 속하는 현) 판사辦事로 재임하던 시기에 지은 책이다.

250 송균松筠: 송균(1752~1835)의 성은 마랍특씨瑪拉特氏이고 자는 상포湘圃이며, 만주 정람기인이다. 번역생원飜譯生員에서 이번원理藩院 필첩식筆帖式(청대 번역 담당관리)에 제수되고 후에 군기장경軍機章京(군기처 서기관)에 임명되었다.

251 타슈켄트: 원문은 '합한哈罕'이다.

252 『서역수도기西域水道記』: 1823년에 청나라 서송徐松이 천산남북로, 즉 지금의 신강 위구르 자치구의 수맥水脈을 중심으로 인근의 지리 및 역사를 기술한 책으로, 총 5권으로 구성되어 있다.

253 사리콜Sarikol: 원문은 '색륵고륵塞勒庫勒'으로, 지금의 중국 신강 위구르 자치구 서남부 타슈쿠르간 타지크 자치현에 위치한다.

254 발티스탄Baltistan: 원문은 '파륵제巴勒提'이다. 옛 땅은 지금의 카슈미르 서북부에 위치한다.

255 카플루Khaplu: 원문은 '합보륜哈普倫'이다. 지금의 파키스탄 북부 길기트 발티스탄Gilgit-Baltistan에 위치한다.

256 티베트Tibet: 원문은 '토백특土伯特'이다. 광서 2년본에는 '사백특士伯特'이라 되어 있으나, 악록서사본에 따라서 고쳐 번역한다. 도백특圖伯特·퇴백특退伯特·도백특圖白忒이라고도 한다.

257 카슈미르: 원문은 '극십미이克什米爾'이다. 광서 2년본에는 '십극미이什克米爾'로 되어 있으나, 악록서사본에 따라서 고쳐 번역한다.

258 아랍지砑蠟紙: 표면에 왁스를 칠해서 가공한 것으로, 방습성이 뛰어난 종이이다.

259 마스튜지Mastuj: 원문은 '흑사도제黑斯圖濟'로, 마사도길馬斯圖吉이라고도 한다. 지금의 파키스탄 치트랄 지역에 위치한다.

260 칸주트Kanjut: 원문은 '건축특乾竺特'으로, 겸주특謙珠特, 객초특喀楚特, 감거제坎巨提라고도 한다. 지금의 카슈미르 서북부 길기트발티스탄 동쪽 지역에 위치한다. 페르시아어로는 훈자Hunza라고 한다.

261 탈로칸Tāluqān: 원문은 '탑목간塔木干'으로, 탑리간塔里干이라고도 한다. 지금의 아프가니스탄 북동부에 위치한다.

262 치아브Chiab: 원문은 '차아보差雅普'로, 차아보差呀普라고도 한다. 지금의 바다흐샨 파이자바드Faizabad에 위치한다.

263 탈로칸: 원문은 '탑이한塔爾罕'으로, 탑아한塔兒罕이라고도 한다.

264 가즈니Ghazni: 원문은 '갈사니噶斯呢'로, 지금의 아프가니스탄 동부에 위치한다.

265 갈차족Ghalcha: 원문은 '갈륵찰종噶勒察種'으로, 갈차竭叉라고도 한다. 지금의 타슈쿠르간과 파미르고원 서쪽에 거주했던 종족이다.

266 아흐마드샤 두라니Ahmad Shāh Durrānī: 원문은 '애합묵특사愛哈默特沙'이다. 아흐마드샤 두라니(재위 1747~1772)는 근대 아프가니스탄의 시작인 두라니 제국의 수립자이자 왕이다.

267 잘랄라바드Jalalabad: 원문은 '찰납파특성扎納巴特城'으로, 찰납포합특紮納布哈特, 사납아납파특查納阿拉巴特, 찰나파특紮那巴特이라고도 한다. 지금의 아프가니스탄 동부에 위치한다.

268 베그Beg: 원문은 '백극伯克'으로, 수령, 관리자를 의미한다. 명청 시대 신강 위구르 지역에 따로 설치했던 특별 관직 혹은 중앙아시아 일부 도시의 통치자들을 말한다. 베그직은 세습되었으며, 청대까지 이어졌다.

269 라호르Lahore: 원문은 '랍고이성拉固爾城'으로, 지금의 파키스탄 북동부에 위치한다.

270 구자라트Gujarat: 원문은 '고주라특固珠喇特'으로, 지금의 파키스탄 북동부에 위치한다.

271 샤이크 자한Shaikh Jahan: 원문은 '색극전塞克專'이다.

272 라호르: 원문은 '랍호이拉虎爾'이다.

273 군드Ghund: 원문은 '곤滾'으로, 지금의 바다흐샨에 위치한다.

274 와한: 원문은 '알한斡罕'이다.

275 치트랄Chitral: 원문은 '차특랍륵差特拉勒'으로, 지금의 파키스탄 북부에 위치한다.

276 루샨Rushan: 원문은 '라선羅善'으로, 지금의 타지키스탄 남동부에 위치한다.

277 시그난Shighnan: 원문은 '십극남什克南'으로, 타지키스탄 서쪽 파미르고원

에 위치한다.

278 하킴베그Hakim beg: 원문은 '아기목백극阿奇木伯克'이다. 하킴은 위구르어로 통치자, 귀족, 지주를 의미하며, 하킴베그는 청대 신강 위구르 지역의 최고 지방관직을 의미한다.

279 하디Hadi: 원문은 '악대鄂對'이다. 청대 신강의 쿠차 사람으로, 위구르족이다. 대소화탁의 난을 진압할 때 큰 공을 세워 야르칸드의 하킴베크로 임명되었다.

280 샤완치칸Shah Wanch Khan: 원문은 '사관기沙關機'로, 사만자沙萬子라고도 한다.

281 다르와즈Darwaz: 원문은 '달이와사達爾瓦斯'로, 달이와자達爾瓦茲라고도 한다. 지금의 아프가니스탄과 타지키스탄의 중간에 위치한 역사적 지명이다.

282 키르기스족이 거주하는 카라테긴Qara-Tegin : 원문은 '객이제금부포로특喀爾提錦部布魯特'이다. 객이제금부는 카라테킨을 가리키며, 포로특은 키르기스족을 가리킨다.

283 마르길란: 원문은 '마이갈랑瑪爾噶浪'이다.

284 오슈Osh: 원문은 '와십窩什'으로, 지금의 키르기스스탄에 위치한다.

285 가라바Galaba: 원문은 '과랍보科拉普'로, 가랍보可拉普라고도 한다. 지금의 타지키스탄 서남부에 위치한다.

286 후잔트Khujand: 원문은 '곽점霍占'이다.

287 사디크호자Sadiq Khwaja: 원문은 '사지화탁釒氏和卓'이다.

288 물라 샴스: 원문은 '마라사목십摩羅沙木什'이다.

289 이르다나칸Irdana Khan: 원문은 '액이덕니額爾德呢'로, 에르더나비이Erdonabiy라고도 한다. 1750년부터 1764년까지 코칸트를 다스렸다.

290 파즐Fazil: 원문은 '비색륵丕色勒'이다.

291 키르기스족이 거주하는 아디진Adygine: 원문은 '액덕격납부포로특額德格納部布魯特'이다.

292 회부回部: 광서 2년본에는 '회포回布'로 되어 있으나, 『서역수도기』에 따라서 고쳐 번역한다.

293 이스타라브샨Istaravshan: 원문은 '악륵추파鄂勒推帕'로, 악라퇴파鄂羅退帕, 오륵특파烏勒特派, 왜라퇴패倭羅堆牌, 오랍퇴파烏拉退帕라고도 한다. 지금의 타지키스탄 수그드주에 위치한다.

294 지자흐Jizzax: 원문은 '제잡극濟雜克'이다. 지금의 우즈베키스탄에 위치한다.

295 발흐: 원문은 '배이합拜爾哈'이다.

296 칸다하르Kandahar: 원문은 '감달합이坎達哈爾'이다. 지금의 아프가니스탄에 위치한다.

297 타타르: 원문은 '달이단韃而粗'이다.

298 아마존Amazon: 원문은 '아마작닉亞瑪作搦'이다. 여인들만 산다고 하는 전설상의 나라이다.

299 에페수스Ephesus: 원문은 '액불속厄弗俗'으로, 액불쇄厄弗鎖라고도 한다. 지금의 터키 이즈미르Izmir에 위치한다.

300 사당 하나: 원문은 '일신사一神祠'로, 아르테미스 신전을 가리킨다.

301 득백득得白得: 지금의 카스피해 서쪽 해안, 코카서스 남쪽의 데르벤트Derbent로 추정된다.

302 대강국大剛國: 지금의 인도 남부 데칸고원에 위치했던 술탄국으로 추정된다.

303 하미: 원문은 '합밀哈密'로, 지금의 신강 위구르 자치구 쿠물 지역이다.

304 시나번: 원문은 '파遇'이나. 광서 2년본에는 '우遇'로 되어 있으나, 익록시 사본에 따라서 고쳐 번역한다.

305 카슈가르: 원문은 '가사가이加斯加爾'이다.

306 카피리스탄: 원문은 '가비이사당加非爾斯當'으로, 객비리사탄喀菲利斯坦이라고도 한다.

307 투르키스탄: 원문은 '두이격사당杜爾格斯當'으로, 토아객사당土兒客私堂이라고도 한다.

308 차리카Ciarica: 원문은 '사리查理'로, 지금의 아프가니스탄 카불 북부에 위치한다.

309 카불: 원문은 '가본이加本爾'이다.

310 쿠차: 원문은 '고사古査'이다.

311 부하라: 원문은 '포가랄득蒲加剌得'이다.

312 카스피해: 원문은 '갑편호甲片湖'이다.

313 기윤紀昀: 기윤(1724~1805)은 직례성直隷省 하간부河間府 사람으로, 호가 효람曉嵐이고 자는 춘범春帆이며 시호는 문달文達이다. 건륭 36년, 『사고전서』 편찬에 참여했다.

314 『열미초당필기閱微草堂筆記』: 청대의 기윤이 만년에 보고 들었던 것을 회상하여 쓴 필기체 소설로, 「난양소하록灤陽消夏錄」, 「여시아문如是我聞」, 「괴서잡지槐西雜志」, 「고망청지姑妄聽之」, 「난양속록灤陽續錄」 총 24권으로 구성되어 있다.

315 삼도三島: 신선이 산다는 전설의 산으로, 봉래산蓬萊山, 방장산方丈山, 영주산瀛洲山을 가리킨다.

316 십주十洲: 도가에서 말하는 바다 가운데에 신선이 산다고 하는 10개의 섬을 가리킨다.

317 오성십이루五城十二樓: 『한서』「교사지郊祀志」에 따르면 신선이 거주하는 곳이다.

318 낙제落漈: 해수의 세력이 떨어져 돌아나가지 못하는 곳으로, 귀허歸墟, 미려尾閭, 옥초沃焦라고도 한다. 『원사』「유구瑠求」에 의하면 류큐 근처를 낙제라고 불렀는데, 항해하는 선박이 펑호 아래쪽으로 왔다가 몰아치는 폭풍을 만나 낙제로 표류하게 되면 살아나온 자가 거의 없었다고 한다.

319 3천 약수三千弱水: 『산해경山海經』에 보면, "서해의 남쪽과 유사流沙의 가에 곤륜이라는 큰 산이 있고, 그 아래에는 약수가 흐르고 있다"라는 문장이 있는데, 주석에 따르면 약수의 물은 길이가 3천 리나 되며, 부력이 약해 기러기의 털처럼 가벼운 것도 가라앉는다고 한다. 또한 그곳만 지나면 신선들이 사는 곳에 갈 수 있다고 한다.

320 방목: 원문은 '목牧'이다. 광서 2년본에는 '수收'로 되어 있으나, 『열미초당필기』에 따라서 고쳐 번역한다.

321 요지瑤池: 주周나라 목왕穆王이 서왕모西王母와 만났다는 선경仙境으로, 곤 륜산에 있다고 한다.

322 현포懸圃: 곤륜산 꼭대기의 신선들이 산다고 하는 꽃밭을 가리킨다.

323 주수珠樹: 신화나 전설 속에 나오는 신선의 나무를 가리킨다.

324 지전芝田: 신화나 전설 속에 나오는 신선이 심어 놓았다고 하는 영지靈芝 밭을 가리킨다.

325 영취산靈鷲山: 인도 불교의 성지로, 그리트라쿠타산Gṛdhrakūṭa이다.

326 대뢰음사大雷音寺:『서유기』에는 부처가 수행하던 곳으로 묘사되어 있다.

327 눈에 보이는 것이 다였다: 원문은 '소견불과여사所見不過如斯'이다. 광서 2년본에는 '불과여사不過如斯'로 되어 있으나, 『열미초당필기』에 따라서 고쳐 번역한다.

328 프놈국Nokor Phnom: 원문은 '부남扶南'이다.

329 아덴Aden: 원문은 '아단阿丹'이다.

330 메디나Medina: 원문은 '묵덕나默德那'이다.

331 항각港腳: 동인도 회사의 허가를 얻어 아시아 권내의 구간 무역에 종사 하는 상인들로, 주로 인도에 거주하는 영국 상인 혹은 인도인, 페르시 아 상인 등을 가리킨다.

海國圖志
卷三十二

해국도지
권32

—

소양邵陽 위원魏源 편집

본권에서는 북인도 밖의 강역·원대 서역 정벌의 전말·파미르고원 동쪽 신강 회부에 대해 전반적으로 고찰하고 있다. 『황청통전皇淸通典』, 『원사元史』, 『원비사元秘史』, 『불국기佛國記』, 『낙양가람기洛陽伽藍記』, 『위서魏書』, 『진서晉書』, 『당서唐書』, 『구당서舊唐書』, 『명사明史』, 『송사宋史』, 『서역기西域記』, 『서역수도기西域水道記』, 『서역문견록西域聞見錄』, 『흠정서역도지欽定西域圖志』 등에 나타난 관련 내용을 인용하고 소개하면서 위원 자신의 견해를 제시하여 당시 중국 지식인의 지리적·역사적·문화적·종교적 인식을 명확히 드러내고 있다.

북인도 밖 강역 고찰 1

위원

　오인도의 강역을 살펴보면, 남인도는 대해를 경계로 하고 서인도는 홍해·지중해를 경계로 하여 고금에 그 경계가 뚜렷했다. 오직 동인도·북인도는 강역이 여러 나라로 뒤섞여 있다. 그런데 동인도는 항해를 해서 [여러 나라와] 서로 왕래하여 외국 상인들과도 익숙했다. 북인도는 그 중간에 파미르고원이 가로막혀 있어서, 다행히도 낭·송의 가습미라국迦濕彌羅國이었던 카슈미르Kashmir[1]는 천여 년 동안 그대로 이어졌다. [카슈미르는] 그 북쪽으로 대설산大雪山을 경계로 하여 그 지역을 차지해서 북인도의 계빈국罽賓國이 되었는데, 원나라 때부터 철문鐵門[2]을 동인도로 여기고 명나라 때부터는 사마르칸트Samarkand[3]를 옛 계빈국으로 여기면서 인도 북쪽 경계는 끝내 명확히 고찰할 수가 없다.

　『황청통전皇淸通典』[4]「변방문邊防門」에 다음 기록이 있다. "타슈켄트 Tashkent[5]에서 서남쪽으로 7백 리 밖으로 가다가 시르다리야강Syr Darya[6]을 지나고 또 나린강Naryn River[7]을 지나면 사마르칸트성이다. 또한 서남쪽은 헤라트Herat[8]이다. 또 서쪽으로는 달리강아박達里岡阿泊에 이르는데, 이곳이 서해이다." 서해는 바로 아랄해Aral Sea[9]이다. 『일통지一統志』에 다음 기록이있다. "나린강[10]은 파미르고원 서북쪽에 위치하며 수천 리를 흘러가는데, 코칸트Kokand[11]·안디잔Andizhan[12]·타슈켄트[13] 등 여러 나라가 그 강변에 자리 잡고 있다. 나린강은 키르기스스탄Kyrgyzstan[14]에서 발원하여 서쪽으로흘러 안디잔을 지나 북쪽으로 흐르다가 다시 서쪽으로 흘러 마르길란성Margilan[15]을 지나 다시 서쪽으로 흘러 사마르칸트 북쪽을 거쳐 다시 동남쪽으로 꺾여 아랄해로 유입된다. 아랄해는 서쪽 지역의 큰 호수로, 그 폭이 천여 리에 달하며, 대개 파미르고원 서쪽의 물은 모두 이곳으로 모여든다." 사마르칸트는 실제로 코칸트[16] 경내에 있으며 옛 대완국大宛國의 땅이다. 남쪽으로 카슈미르와는 더욱이 2천여 리나 떨어져 있는데, 옛 계빈국으로 여긴 것이 그 첫 번째 오류이다. 『명사』에서는 또한 사마르칸트 강역 동쪽으로 양히Yanghi[17]·샤흐루히야Shahrukhiya[18]·사이람Sayram[19]·달실간達失干 바로 지금의 타슈켄트이다. 이 있고, 서쪽으로는 케시Kesh[20]·테르메스Termez[21] 등 여러 성이 있다고 한다. 또한 케시 서쪽으로 3백 리 되는 곳에 큰 산이 우뚝 솟아 있으며 그 안에 석협이 있는데, 양쪽 기슭이 쇠와같고 그 길이 동서로 통하며, 오랑캐 병사가 그곳을 지키고 있다. 이곳은바로 원 태조가 동인도 철문관에 이르러 일각수一角獸[22]를 만난 곳을 말한다. 혹자는 케시가 곧 카슈미르라고 추정하기도 한다. 『명사』를 살펴보면, 케시는 사마르칸트에서 서남쪽으로 360리 되는 곳에 위치하는데, 궁궐이 웅장하고 화려하며 이전 사마르칸트 수장이 거주하던 곳이라고 언급하고 있다. 이처럼 카슈미르가 코칸트에서 어찌 단지 3백여 리만 떨어졌을 것이며, 게다가 카슈미르는 원나라 초 두와 테무르Duwa Temür[23]가 봉해진 곳이고 사마르칸트는 부마 사인 테무르Sayin Temür[24]가 봉해진 곳으로 각각 다른 나라인데, 『원사』 「지리지地理志」에 나오는 걸석미서乞石迷西는 곧 카슈미르이다. 어찌 이 테무르를 저 테무르로 간주하여 장 씨의 갓을 이 씨가 쓰고 수레 채는 남쪽으로 바퀏자국은 북쪽으로 향하는 상황[25]을 초래했단 말인가! 대개 카슈미르 땅 북쪽으로는 뒤로 설산이 있고, 삼면으로 흑산黑山이 에워싸고 있어서, 강역이 험준하고 견고하여 예로부터 별도로 하나의 나라를 이루었기에 사마르칸트는 그 험준한 곳을 넘어서 카슈미르를 병합할 수 없었으니, 이것이 그 두 번째 오류이다. 철문에 대해서는 당나라 현장玄奘의 『대당서역기大唐西域記』에 "아무다리야강Amu Darya[26] 북쪽에서 철문을 나서서 토하라국Tokhara[27]을 지나 남북쪽으로 1천여 리 정도 가다가 다시 대설산국大雪山國을 넘어 카피사국Kapisa[28]에 이르렀고, 무릇 수천 리 정도를 간 이후에 북인도 카슈미르[29]에 도착했다"라는 기록이 보인다. 『장춘진인서유기長春眞人西遊記』에는 "철문을 넘은 후 7일이 지나 작은 강을 건넜다. 또 7일이 지나 아무다리야강[30]을 건넜다. 다시 4일 후에 비로소 원 태조의 행재소에 도착했다. 당시 태조는 인도의 불볕더위를 우려하여 설산으로 돌아와 더위를 피했다"라는 기록이 있다. 이 설산에서 철문까지는 남북으로 2진 리 정도 멀어져 있다. 『몽고원류蒙古源流』[31]에는 "칭기즈칸이 바야흐로 무굴 제국[32]을 정벌하러 가다가 곧 제탑납릉령齊塔納凌嶺의 산등성마루에 이르러 새로賽魯라고 불리는 일각수를 만났는데, 칭기즈칸 앞으로 달려와 무릎을 꿇고 머리를 조아렸다. 칭기즈칸은 '저 무굴 제국은 오랜 옛날 대성인이 탄생한 땅으로, 지금 기이한 짐승이 앞에 이르렀으니, 아마도 하늘이 계시를 내리는 것이다'라고 말했다. 그리고 마침내 군사를 거두어 돌아갔다"라고 언급하고 있다. 이는 기이한 짐승을 만난 곳이 설산이지, 철문도 동인도도 아니며, 또한 야율초재耶律楚材[33]의 간언 때문도 아님을 분명히 밝히고 있는 것이다. 대개 야율초재는 서역에서 10여 년 정도 있으면서 심사간성尋思干城에서만 주둔했는데, 이는 곧 사마르칸트로, 그는 평생토록 인도 북쪽의 대설산에는 가 보지 못했다. 후인이 저술한 「야율신도비耶律神道碑」는 반드시 야율초재에게 공을 돌리고자 하여 설산의 일을 철문의 일로 옮겨서 바꾸어 놓은 것이다. 엄청난 착오가 있음을 모르고 『원사』에서 이를 따르고 『명사』에서도 그대로 따랐으니, 이것이 바로 세 번째 오류이다. 원 태조의 군대는 설산을 넘어서 술탄[34]을 추격하다가 사실 북인도까지만 이르렀고, 직접 중인도까지는 이르지는 못했는데, 『장춘진인서유기』를 그 증거로 삼을 수 있다. 만약 철문에만 이르렀다면 곧 북인도에는 더욱이 이르지 못한 것인데, 하물며 중인도를 넘어 바다에 접한 동인도에 이를 수 있었겠는가! 이는 바로 엄청난 착오로, 역시 「야율신도비」에서 시작되어 『원사』가 이를 따르고 『명사』도 이를 따랐으니, 이것이 바로 네 번째 오류이다.

한나라 때, 대월지·대하의 땅은 곧 사마르칸트 경내에 있었고, 지금의 코칸트·부하라Bukhara[35]·아프가니스탄Afghanistan[36] 등 여러 지역을 아울렀다. 가정嘉靖[37] 연간 이후로 조공을 바쳤는데, 한 나라에 왕을 칭하는 자가 50여 명이었고, 이미 사분오열되었기에 지금의 파미르고원 서쪽에 사마르칸트라는 이름이 다시 등장하지 않은 것이다. 그러나 서역 지도를 그리는 자들은 아직도 옛 나라를 배열하여 파미르고원의 여러 지역을 합쳐 놓고 있다. 『곤여도설坤輿圖說』·『직방외기職方外紀』 등 여러 지도와 『해국문견록海國聞見錄』·장정부莊廷敷[38]의 『지구도地球圖』[39]는 모두 마찬가지로, 사실 확인을 하여 지금의 상황을 전혀 반영하지 않았기에, 상세하게 분석해 정사의 오류를 없애고 아울러 이후 여러 지도의 의혹을 해소한다.

北印度以外疆域考一

一

魏源

　　五印度之疆域, 南印度以大海界之, 西印度有紅海·地中海界之, 古今截然不
紊. 惟東·北二印度陸地界淆各國. 然東印度航海相通, 商夷共習. 至北印度中
隔蔥嶺, 所幸克什彌爾爲唐·宋之迦濕彌羅國, 千餘載不易. 有大雪山界其北,
得據爲北印度之罽賓, 自元始以鐵門爲東印度, 明始以賽馬爾罕爲古罽賓, 於
是印度北境終不可明考.

　　『皇淸通典』「邊防門」曰: "自塔失罕西南行七百里外, 踰錫爾河, 又踰那林
河, 爲賽馬爾罕城. 又西南爲哈那科爾城. 又西臨達里岡阿泊, 是爲西海." 此西
海卽鹹海也. 『一統志』曰 "納林河在蔥嶺西北, 經流數千里, 霍罕·安集延·塔什
干諸國瀕以居. 其水發源布魯特境, 西行過安集延城, 北又西過瑪爾哈朗城, 又
西過賽馬爾罕城北, 又折東南入於達里岡阿泊. 泊廣千餘里, 爲西境巨浸, 凡蔥
嶺西之水皆歸之." 是賽馬爾罕城實在敖罕境內, 爲古大宛之區. 南距克什彌爾
尙二千餘里, 而以爲古之罽賓, 其僞一. 『明史』又稱賽馬爾罕疆域東有養夷·沙
鹿海牙·賽蘭·達失干, 卽今塔什干. 西有渴石·迭里密諸城. 又渴石西三百里大山

屹立, 中有石峽, 兩岸似鐵, 路通東西, 番兵守之. 謂卽元太祖至東印度鐵門關遇
一角獸之地. 或疑渴石卽克什彌爾. 考『明史』言渴石在賽馬爾罕西南三百六十
里, 宮室壯麗, 爲其先賽馬爾罕酋長所居云云. 若克什彌爾, 距敖罕豈止三百餘
里, 且克什彌爾乃元初篤來帖木兒所封, 賽馬爾罕乃駙馬賽因帖木兒所封, 各人
各國, 『元史』「地理志」: 乞石迷西, 卽克什彌爾. 何得以此帖木兒當彼帖木兒, 張
冠李戴, 南轅北轍! 蓋克什彌爾之地北負雪嶺, 三垂黑山, 疆域險固, 自古別爲一
國, 賽馬爾罕不能越險而竝有之也, 其傎二. 鐵門, 見唐玄奘『西域記』: "在縛芻
河之北, 出鐵門, 過睹賀羅國, 南北千餘里, 又踰大雪山國, 至迦畢試國, 凡數千
里, 而後至北印度迦羅國." 『邱長春西遊記』: "過鐵門後逾七日, 渡小河. 又七日
渡阿母河. 又四日, 至元太祖行在. 時太祖恐印度炎熱, 故回雪山避暑." 是雪山
距鐵門南北已二千里. 『蒙古源流』云: "成吉思汗將進征額納特阿克, 直抵齊塔
納淩嶺之山脊, 遇一獨角獸名曰賽魯, 奔至汗前屈膝而叩. 汗曰: '彼額納特阿克
乃古昔大聖降生之地, 今奇獸至前, 殆上天示意.' 遂振旅而還." 此明言遇獸在雪
山, 非鐵門, 非東印度, 且非因楚材之諫. 蓋楚材在西域十餘年, 止駐守尋思干城,
卽賽馬爾罕城也, 終身未至印度北之大雪山. 後人作「耶律神道碑」者, 必欲歸功
楚材, 故移雪山之事於鐵門以遷就之. 不知千里之謬, 而『元史』因之, 『明史』因
之, 其傎三. 元太祖軍踰雪山, 追算端, 實止至北印度, 未親至中印度, 有『長春西
行記』可證. 若僅及鐵門, 則北印度尙未至, 況能逾中印度而至瀕海之東印度乎!
此則萬里之謬, 亦始於「耶律神道碑」, 而『元史』因之, 『明史』因之, 其傎四.

　　漢時大月氏·大夏境域卽賽馬爾罕之域, 兼今敖罕·布哈爾·愛烏罕諸部地.
自嘉靖後入貢, 一國稱王五十餘人, 則已四分五裂, 故今蔥嶺西無復賽馬爾罕
之名. 而圖西域者, 尙列其舊國以統蔥嶺諸部. 『坤輿』·『職方』諸圖, 『海國聞
見錄』·莊氏『地球圖』竝同, 殊非核實從今之義, 故詳辯之, 以祛正史之誣, 竝
以祛後來諸圖之惑.

주석

1 카슈미르Kashmir: 원문은 '극십미이克什彌爾'이다.

2 철문鐵門: 옛 땅은 지금의 우즈베키스탄 수르한다리야주의 데르벤트 Derbent에 위치한다.

3 사마르칸트Samarkand: 원문은 '새마이한賽馬爾罕'이다.

4 『황청통전皇淸通典』: 『흠정황조통전欽定皇朝通典』, 『청조통전淸朝通典』이 라고도 한다. 청나라 때 혜황嵇璜(1711~1794)·유용劉墉(1719~1805) 등이 건륭 32년(1767)에 칙명을 받들어 편찬한 것으로, 건륭 52년(1787)에 완성되었 다. 청초에서 건륭 50년(1785)까지의 전장제도典章制度가 기록되어 있다. 전체 100권으로, 체제는 『속통전續通典』과 비슷하며, 식화食貨·선거選擧· 직관職官·예禮·악樂·병兵·형刑·주군州郡·변방邊防의 9부분으로 구성되어 있다.

5 타슈켄트Tashkent: 원문은 '탑실한塔失罕'이다.

6 시르다리야강Syr Darya: 원문은 '석이하錫爾河'이다.

7 나린강Naryn River: 원문은 '나림하那林河'이다.

8 헤라트Herat: 원문은 '합나과이성哈那科爾城'이나, 합렬哈烈·흑로黑魯·야리 也里·합랄哈剌·합리哈利·해리海里·의리義利라고도 한다. 지금의 아프가니 스탄 서부에 위치한다.

9 아랄해Aral Sea: 원문은 '함해鹹海'이다.

10 나린강: 원문은 '납림하納林河'이다.

11 코칸트Kokand: 원문은 '곽한霍罕'으로, 지금의 우즈베키스탄 페르가나주 에 위치한다.

12 안디잔Andizhan: 원문은 '안집연安集延'으로, 지금의 우즈베키스탄 페르가 나분지Fergana Valley 동남부에 위치한다.

13 타슈켄트: 원문은 '탑십간塔什干'이다.

14 키르기스스탄Kyrgyzstan: 원문은 '포로특布魯特'이다.

15 마르길란성Margilan: 원문은 '마이합랑성瑪爾哈朗城'으로, 지금의 우즈베키스탄 페르가나주에 위치한다.

16 코칸트: 원문은 '오한敖罕'이다.

17 양히Yanghi: 원문은 '양이養夷'이다. 옛 땅은 지금의 카자흐스탄 잠빌주 Jambyl에 위치한다.

18 샤흐루히야Shahrukhiya: 원문은 '사록해아沙鹿海牙'이다. 옛 땅은 지금의 타슈켄트 서남쪽에 위치한다.

19 사이람Sayram: 원문은 '새란賽蘭'으로, 새람塞藍이라고도 한다. 옛 땅은 지금의 우즈베키스탄 타슈켄트 동북쪽에 위치한다.

20 케시Kesh: 원문은 '갈석渴石'으로, 갈성碣石·석국石國·갈상나羯霜那·거사怯沙 라고도 한다. 옛 땅은 지금의 우즈베키스탄 타슈켄트 일대에 위치한다.

21 테르메스Termez: 원문은 '질리밀迭里密'로, 질리미迭里迷·저밀咀密·항만恒滿·달몰怛沒·특이미忒耳迷라고도 하며, 옛 땅은 지금의 아무다리야강 북쪽 해안, 사마르칸트 동남쪽에 위치한다.

22 일각수一角獸: 뿔이 한 개 달린 짐승으로, 전설상의 유니콘Unicorn을 가리킨다.

23 두와 테무르Duwa Temür: 원문은 '독래첩목아篤来帖木兒'로, 도래첩목아都来帖木兒라고도 한다. 차가타이 칸국의 칸(재위 1329~1330)이다.

24 사인 테무르Sayin Temür: 원문은 '새인첩목아賽因帖木兒'이다.

25 장 씨의 갓을 … 향하는 상황: 원문은 '장관이대, 남원북철張冠李戴, 南轅北轍'이다. 장관이대는 명나라 때 전예형田藝蘅의 『유청일찰留青日劄』, 남원북철은 유향劉向의 『전국책戰國策』에서 유래한 고사로 이름과 실체가 일치하지 않는 상황을 가리킨다.

26 아무다리야강Amu Darya: 원문은 '전추하縛芻河'이다.

27 토하라국Tokhara: 원문은 '도하라국覩賀羅國'으로, 토화라吐火羅라고도 한다.

28 카피사국Kapisa: 원문은 '가필시국迦畢試國'으로, 가비시迦臂施라고도 한다. 옛 땅은 지금의 아프가니스탄 카불 북쪽에 위치한다.

29 카슈미르: 원문은 '가라국迦羅國'으로, 가섭미라국迦葉彌羅國이라고도 한다.

30 아무다리야강: 원문은 '아모하阿母河'이다.

31 『몽고원류蒙古源流』: 17세기 중기에 기록된 몽골족의 흥망사이다. 저자는 몽골족 중흥의 영주英主 다얀칸Dayan Khan의 세손인 사강 세첸Sayang Sečen이다. 모두 8권이며, 몽골 개국부터 역대 칸의 치적과 인도, 티베트 불교사의 개요를 기술하고 있다.

32 무굴 제국: 원문은 '액납특아극額納特阿克'이다.

33 야율초재耶律楚材: 야율초재(1190~1244)는 몽골 제국의 정치가이자 지식인으로, 자는 진경晉卿이다.

34 술탄: 원문은 '산단算端'이다.

35 부하라Bukhara: 원문은 '포합이布哈爾'이다.

36 아프가니스탄Afghanistan: 원문은 '애오한愛烏罕'이다.

37 가정嘉靖: 명나라 제12대 황제 세종世宗 주후총朱厚熜의 연호(1522~1566)이다.

38 장정부莊廷敷: 원문은 '장씨莊氏'이다. 장정부(1728~1800)는 무진武進 사람으로, 자가 안조安調, 호는 흡보恰甫이다.

39 『지구도地球圖』: 원명은 『황조통속직공만국경위지구도설皇朝統屬職貢萬國經緯地球圖說』이다.

서남양

북인도 밖 강역 고찰 2

—

위원

   문: 사마르칸트는 코칸트 경내에 위치하므로, 계빈국도 북인도도 아닌 것이 분명하고, 그 강역은 파미르고원 서쪽에서 가장 큰 대국으로, 동서의 길이가 3천여 리이므로, 단연코 지금의 코칸트 8성의 땅에 그치지 않는다. 게다가 『명사』에서는 사마르칸트 밖의 달실간은 곧 지금의 타슈켄트이고, 복화이卜花爾는 지금의 부하라이며, 팔답합상八答哈商은 지금의 바다흐샨Badakhshān[1]으로 각각 나라를 이루었다고 했는데, 그렇다면 어느 것이 사마르칸트의 강역이란 말인가?

   답: 역사서에서는 영락永樂[2] 연간에 부안傅安[3] 등이 서역에 사신으로 갔을 때 사마르칸트에서 사람을 시켜 부안 등이 수만 리에 달하는 여러 나라를 편력하도록 하여 그 나라의 광대함을 과시했다고 기록하고 있는데, 곧 파미르고원 서쪽이 모두 그 나라의 속국이었던 것이다. 또한 부하라는 사마르칸트에서 서북쪽으로 7백여 리 되는 곳에 위치하며, 처음에

는 지역이 협소했지만 명말에 이르러 사마르칸트 땅이 수십 개로 갈라지면서 지금은 전부 부하라[4]에 병합되어 1백여 개의 성을 아우르고 코칸트 서쪽·남쪽·북쪽의 삼면까지 차지했는데, 근래에는 또한 코칸트를 멸망시켜 차지했다. 바로 지금의 부하라 영역은 곧 옛 사마르칸트 영역으로, 서쪽으로는 카스피해, 동쪽으로는 파미르고원, 북쪽으로는 러시아, 남쪽으로는 아프가니스탄·바다흐샨[5]에 이르고, 옛 대완·대하의 땅을 아우른다. 역사서에 의하면 대완에 70여 개의 성이 있었다고 하는데, 지금 코칸트에는 7개의 성만 남아 있다. 또한 역사서에 의하면 대하는 대완에서 서남쪽으로 2천여 리 되는 곳에 위치하며 규수嬀水 남쪽이라고 하는데, 규수는 섭수葉水 남쪽에 위치하고 이 섭수는 바로 지금의 나린강이며, 곧 규수는 파미르고원 아나바타프타Anavatapta[6]에서 발원한 아무다리야강으로, 두 강 사이가 그 강역인 것이다.

문: 『서역문견록』에 의하면 색극塞克이라는 대국이 있는데, 코칸트 서쪽에 위치하며, 수백 개의 부락으로 이루어져 있고, 코칸트와 더불어 [서쪽 서역의] 강국이라고 한다. 서북쪽으로는 러시아·살목薩穆과 경계를 접하고 또한 아라극阿喇克 등의 나라와 경계가 뒤엉켜 있으니, 과연 어느 나라란 말인가?

답: 아라극은 카자흐스탄(哈薩克)의 음역이고, 색극도 카자흐스탄(薩克)의 음역이다. 아마도 부하라(布哈爾)는 곧 서카자흐스탄(西哈薩克國)으로, 이것이 아라극으로 와전되고, 다시 색극으로 와전되어, 마침내 하나의 나라가 세 개의 나라가 되어 버린 격이다. 카자흐스탄에는 네 지역이 있는데, 좌카자흐스탄은 동부에, 우카자흐스탄·타슈켄트는 중부에, 부하라

는 서부에 있다. 이 세 지역 외에 또한 북카자흐스탄이 있는데, 러시아와 매우 가까이 있고 중국과는 왕래하지 않았으니, 바로 이것이 『서역문견록』에서 말하는 아라극인가? 좌우의 두 지역은 옛 강거국이고, 서쪽·북쪽의 두 지역은 옛 대완국·대하국으로, 명나라 때는 사마르칸트 땅이었으나 명말에 분열되어 코칸트가 10분의 2를, 부하라가 10분의 8을 차지했고, 근래에는 대완국·대하국 모두 부하라에 병합되었다.

문: 『명사』에 의하면, 파미르고원 서쪽으로 오직 사마르칸트와 헤라트[7] 두 나라가 가장 크고, 이 헤라트는 바로 사마르칸트에서 그 아들에게 분봉한 땅이라고 하는데, 지금의 어느 땅을 말하는 것인가?

답: 역사서에서 헤라트는 사마르칸트 서남쪽으로 3천여 리에 위치하며, 이슬람교를 믿는다고 했는데, 여기가 지금의 아프가니스탄이라는 것을 몰랐던 것인가, 아니면 지금의 남터키라고 여긴 것인가? 아프가니스탄은 카스피해 동쪽에 위치하고, 남터키는 곧 카스피해 서쪽 지역에 위치하며, 지중해 동쪽이다. 무릇 『서역도지西域圖志』·『일통지』에서 말하는 서해는 모두 카스피해로, 지중해가 아니다. 그렇다면 『서역문견록』에서 색극은 절대 이슬람족이 아니라고 했는데, 지금 서카자흐스탄 회부回部라고 하는 것은 무엇이란 말인가?

답: 『명사』에 의하면 아라비아[8]가 입공할 때 처음에는 왕이 한 명뿐이었는데, 가정[9] 연간에 입공할 때는 왕을 칭하는 자가 27인에 이르렀다고 한다. 그러므로 『서역도지』에서는 회부가 25대에 이르러 비로소 열두 지파로 나뉘어서 부하라·코칸트·힌두스탄Hindustan[10]·카슈미르·바다흐샨

등의 각 나라로 분할되었다고 했으니, 곧 부하라는 바로 이슬람의 후예인 것이다. 『서역문견록』에서는 천주를 받드는 서양과 러시아에 대해서는 멋대로 북방의 이슬람 대국이라 하면서 색극, 곧 서카자흐스탄 회부에 대해서는 오히려 이슬람족이 아니라고 왜곡하고 있는데, 전도되어 어긋남이 어찌 이것 하나에만 그치겠는가?

北印度以外疆域考二

一

魏源

問曰: 賽馬爾罕國在敖罕境, 其非罽賓, 非北印度固已, 至其疆域爲蔥嶺以西第一大國, 東西三千餘里, 斷非止今敖罕八城之地. 且『明史』賽馬爾罕外, 達失干卽今塔什干, 卜花爾卽今布哈爾, 八答哈商卽今拔達克山, 各自爲國, 則將以何者爲賽馬爾罕之疆域耶?

曰: 史稱永樂中, 傅安等使西域, 賽馬爾罕使人導安等徧歷諸國數萬里, 以夸其國廣大, 則是蔥嶺以西皆其屬國. 又卜爾花雖在賽馬爾罕西北七百餘里, 而初境狹小, 至明末賽馬爾罕地裂爲數十, 今則盡竝於布哈爾, 故撫有百餘城, 包敖罕西·南·北三面, 近且滅敖罕而有之. 則今布哈爾之域卽昔賽馬爾罕之域, 西抵裏海, 東抵蔥嶺, 北接鄂羅斯, 南接愛烏罕·巴達克山, 兼古大宛·大夏之地. 史言大宛七十餘城, 今敖罕止七城. 又史言大夏在大宛西南二千餘里, 嬀水南, 嬀水在葉水之南, 葉水卽今之納林河, 則嬀水爲蔥嶺龍池所出之縛芻河, 二水之間, 是其疆域矣.

曰: 『西域聞見錄』言有塞克大國者, 在敖罕西, 部落數百, 與敖罕勁敵. 西北與鄂羅斯·薩穆接壤, 亦與阿喇克等國犬牙相錯, 是果何國耶?

曰: 阿喇克卽哈薩克之音轉, 塞克卽薩克之音轉, 蓋布哈爾卽西哈薩克國, 乃訛而爲阿喇克, 又訛而爲塞克, 遂分一國爲三國矣. 哈薩克有四部, 左哈薩克, 其東部, 右哈薩克·塔什干, 其中部, 布哈爾, 其西部也. 此三部外尙有北哈薩克, 偪近鄂羅斯, 不通中國, 其卽此『錄』所謂阿喇克者歟? 左右二部爲古康居, 西北二部爲古大宛·大夏, 明時爲賽馬爾罕地, 明末分裂, 敖罕得其十之二, 布哈爾得其十之八, 近日則大宛·大夏皆竝於布哈爾焉.

曰: 『明史』言蔥嶺以西, 惟賽馬爾罕及哈烈二國最大, 其哈烈卽賽馬爾罕分封其子之地, 當今何地耶?

曰: 史言哈烈在賽馬爾罕西南三千餘里, 俗崇回敎, 不知其爲今之愛烏罕歟, 抑爲今之南都魯機歟? 愛烏罕在裏海之東, 南都魯機則在裏海以西地, 地中海東. 凡『西域圖志』『 ·統志』所稱西海者, 皆裏海, 非地中海也. 然則『西域聞見錄』謂塞克國絶非回子種類, 今謂爲西哈塞克回部者何?

曰: 『明史』言天方入貢, 始僅一王, 嘉靖中入貢, 稱王者至二十七人. 故『西域圖志』言回部二十五世始分十二支, 分適布哈爾·敖罕·痕都斯坦·克什彌爾·拔達克山各國, 則布哈爾正回敎後裔. 『西域聞見錄』於西洋·鄂羅斯之奉天主者, 妄指爲北方回子大國, 而於塞克之卽西哈薩克回部者反誣爲非回敎, 傎倒迷謬, 胡壹至此?

주석

1   바다흐샨Badakhshān: 원문은 '발달극산拔達克山'이다.

2   영락永樂: 명나라 제3대 황제 성조聖祖 주체朱棣의 연호(1403~1424)이다.

3   부안傅安: 부안(?~1429)은 명대의 외교가로, 개봉부開封府 태강현太康縣 사람
     이며 자가 지도志道이다. 현리縣吏 벼슬로 시작해 후에는 소수민족과 이
     웃 국가의 언어와 문자를 통역하는 사이관四夷館에서 통사通事를 맡았다.

4   부하라: 원문은 '포합이布哈爾'이다.

5   바다흐샨: 원문은 '파달극산巴達克山'이다.

6   아나바타프타Anavatapta: 원문은 '용지龍池'로, 히말라야산 정상에 위치한
     호수이다.

7   헤라트: 원문은 '합렬哈烈'이다.

8   아라비아: 원문은 '천방天方'이다.

9   가정: 광서 2년본에는 '가경嘉慶'으로 되어 있으나, 『명사』에 따라서 고
     쳐 번역한다.

10   힌두스탄Hindustan: 원문은 '흔도사탄痕都斯坦'이다.

원대 서역 원정 고찰 상

~~~

위원

원나라 태조가 군대를 일으켜 서역으로 간 것은 오로지 회회回回 때문
이다. 회회는 곧 서요[1]로, 그 땅은 천산남로와 파미르고원 서쪽의 코칸트
지역을 다 차지하고 있다. 천산북로 회골回鶻의 경우, 일명 외오畏吾 외오는
또한 외올畏兀이라고도 하며 모두 회골回鶻의 음역이다. 라고 하는데, 당시 외오
국 왕 역시 도호都護에게 이미 투항하였기에, 태조는 천산북로의 회골에
서 일찍이 군사를 일으키지 않고 파미르고원 서쪽에서 곧장 회회국을 공
격했다. 또한 여러 황자를 파견하여 군대를 나누어 천산 이남에서 회회
의 여러 성을 공격했기에, 모두 회골과는 관련이 없다. 회회 서요는 바로
요遼의 후예로, 금나라 초에 무리를 이끌고 서쪽으로 달아났다. 처음에는
막북漠北[2]의 나이만Naiman[3] 부족 내에서 거주하다가, 『거란국지契丹國志』에 보인
다. 후에 회골에 길을 빌려 남쪽으로 회회를 공격하여 그 지역을 모두 차
지했다. 중심지는 두 곳인데, 하나는 파미르고원 서쪽에 위치한 심사간
성尋思干城으로, 곧 사마르칸트이며, 지금의 코칸트 경내에 위치한다. 다른

하나는 파미르고원 동쪽의 키르기스스탄[4]으로, 이리伊犁의 서쪽 경계에 해당하는데, 그 땅은 남쪽으로는 인도, 북쪽으로는 오세티야Ossetia[5]를 경계로 하며, 서쪽으로는 카스피해, 동쪽으로는 이리에 이르고, 너비가 수천 리에 달한다. 이 두 대국은 여러 작은 나라의 중심이어서, 원나라 군대가 공격해서 빼앗을 때도 두 길로 나누어 갔다. 태조는 직접 군대를 통솔해 북로를 경유하여 원 태조 14년(1219)에 오트라르Otrar[6]를 빼앗고 수장 이는 회회 개별 부족의 족장으로, 칸(汗)은 아니다. 을 생포했으며, 원 태조 15년(1220)에는 부하라[7] 「지리지地理志」에는 호와胡瓦로 되어 있으며, 파미르고원 서쪽에 위치한다. ·심사간성 사마르칸트 도성이다. ·탈나이성脫羅爾城 「지리지」에는 나이羅耳로 되어 있다. 을 점령했다. 원 태조 16년(1221)에는 부하라[8]『명사』에는 복화이卜花爾로 되어 있고, 원대 「지리지」에는 아팔합이阿八哈耳로 되어 있는데, 지금은 포갈이布噶爾라고 하며, 또한 사마르칸트 서북쪽에 위치한다. ·설미사간성薛迷思干城『장춘진인서유기』에는 사미사간邪迷思干으로 되어 있는데, 곧 사마르칸트이다.『원사』에서는 둘로 잘못 구분했다. ·마자르이샤리프Mazār-i-Sharif[9]『장춘진인서유기』에 나오는 반리성班里城으로, 철문과 아무다리야강 남쪽에 위치하며 대설산과 가깝다. 를 공격했다. 서역[10]의 군주 알라 웃딘 무함마드Alā al-Dīn Muḥammad[11]는 도주하여 메르키트Merkit[12] 칸과 연합했지만, 태조는 메르키트 칸을 사로잡았다.

『원비사元秘史』에 다음 기록이 있다. 원 태조 14년(1219),[13] 태조는 회부를 정벌하러 떠났다. 제베Jebe[14]를 선봉으로 삼고, 수베게데이Sübegedei[15]가 그 뒤를 이으며, 토르고차르Toqüchar[16]가 또 그 뒤를 잇게 하여 지나는 곳에 있는 성을 공격하지 말고, 노략질도 하지 못하게 하며, 곧장 왕성으로 달려가 태조의 대군이 이르기를 기다려 협공하도록 명했다. 호라즘[17]의 왕 알라 웃딘 무함마드[18]는 메르키트[19]와 연합하여 적을 막아 싸웠다. 이 메르키트 칸은 서요를 찬탈한 나이만의 왕자로, 회부가 서쪽으로 도망쳐서 서요와 연합

한 것으로 보인다. 태조의 군대는 퇴각하는 척하면서 그들을 유인했고, 제
베 등이 통솔하던 군대가 그 후방을 협공하자 호라즘의 군대는 대패해서
신하申河까지 도주하여 거의 다 익사했다. 이 신하申河는 인더스강 상류이다. 다
만 알라 웃딘 무함마드와 메르키트 두 군주는 강을 따라 서쪽으로 달아
났다. 태조는 직접 오트라르[20]의 각 성을 취하고 아륵단곽이산阿勒壇廓爾山
에서 여름을 난 뒤, 이는 인도 북쪽의 대설산으로, 알타이산Altai Mountain[21]이 아니다.
수부게데이에게 명해 북쪽·동쪽 인근 등의 11개 부족을 정벌하도록 했
다. 전후로 호라즘의 성을 정벌한 지 7년이 되자, 파랄가한巴剌可汗으로 하
여금 알라 웃딘 무함마드와 메르키트 칸을 끝까지 추격하게 하고 군대를
철수했다. 태조의 친위부대는 회골 5성을 경유하여 파미르 서쪽에서 서
요 나이만의 군주를 공격했다.

황자 주치Juchi[22] 장남이다. ·차가타이Chaghatai[23] 차남이다. ·오고타이Ogotai[24]
삼남으로, 태종太宗이다. 등은 얀기켄트Yangikent[25]·바르진Barjin[26]·쿠냐우르겐
치Köneürgenç[27] 지금은 옥롱합십玉瓏哈什이라고 하며, 바로 호탄강Khotan River[28]이다. ·
마르차크Maruchaq[29]·메르브Merv[30] 야르칸드[31]로 추정된다. ·사라크스Sarakhs[32]
를 나누어 공격했다. 네 번째 황자 툴루이Tului[33] 등은 투스Tus[34]·니샤부르
Nishapur[35] 등의 성을 나누어 공격하여 모두 함락시키고, 또한 물라히다
Mulahida[36]를 약탈했으며, 마침내 하리강Hari River[37] 오란오소하烏蘭烏蘇河[38]로 추
정된다. 을 건너서 헤리트[39] 등의 성을 점령하고 황제의 군대와 연합하여
탈로칸Tāluqān[40]의 성채를 공격해 빼앗았다. 지금의 파미르고원 서북쪽의 타
슈켄트[41]이다. 호라즘의 알라 웃딘 무함마드는 도주했다. 이에 천산남로의
군대는 또한 두 길로 나뉘어 주치 등은 남산南山의 호탄Khotan[42]을 경유하
여 야르칸드에 이르고, 툴루이 등은 천산의 쿠차Kucha[43]·아크수Aksu[44]·우
츠투르판Uqturpan[45]을 경유하여 카슈가르Kashgar[46]에 이르렀으니, 툴루이

가 먼저 파미르고원 서쪽에서 태조를 만났던 것이다. 원 태조 18년(1223), 황자 주치 등 3인의 군대 역시 합류하여 마침내 서역을 평정하고 다루가치Darughachi[47]를 두어 다스렸다. 원 태조 19년(1224), 킵차크Kipchak 칸국[48]의 술탄Sultan을 추격하여 대설산을 넘어 북인도에 이르렀으나, 각단角端[49]이 나타나자 군사를 돌렸다.

『원사』「곽보옥전郭寶玉傳」에 다음 기록이 있다. 갑술년(1214), 황제를 따라 거란 유민을 토벌하고, 키르기스스탄[50]의 토크마크Tokmok[51] 등의 성을 지나면서 병사 30여만 명을 물리친 뒤, 이어 베쉬발릭Beshbalik[52] 등의 성을 차지했다. 시르다리야강[53]에 이르자 서역인들이 두 진영으로 늘어서서 맞서 싸워 버티었으나 추격하여 거의 다 죽여 버렸고, 군대를 진격해 사마르칸트를 점령했다. 아무다리야강[54]에 이르니, 적이 10여 개의 보루를 구축하고 강에 배를 배치하여, 곽보옥郭寶玉[55]이 불화살을 쏘자 바람을 타고 날아가 배를 불태워 해안 경비병 5만 명을 물리치고 마리Mary[56]의 4개 성을 점령했다. 신사년(1221), 킵차크 칸국의 유리Yuri[57]술탄이 나이만국을 물리치고서 군대를 이끌고 사마르칸트를 점령했다. 태조가 곧 도착한다는 소문을 들더니, 성을 버리고 남쪽으로 도망가 철문관으로 들어가서 대설산에 주둔했다. 곽보옥이 그를 추격하자 유리술탄은 마침내 인도로 달아났다. 태조가 대설산 앞에 주둔했을 당시, 계곡에 눈이 2길 깊이로 쌓였으며, 태조는 조서를 내려 곤륜산을 현극왕玄極王[58]으로 봉하고 대염지大鹽池[59]를 혜제왕惠濟王으로 봉했다.

이 북인도로 달아난 유리술탄은 거란 서쪽 도성을 습격해 차지했고, 태조의 군대 또한 여러 인도 이남 지역을 공격했다. 살펴보면 두 나라 중에서 오직 서요가 출병을 한 지 가장 오래되었다. 대개 야율대석耶律大石[60] 이래로 건국한 지 70년 동안 5인의 황제가 재위했으며, 여황제 2인을 포함

한다. 이때 이 나라는 나이만에 습격당해 점령당한 지 이미 10여 년이 지났다. 태조가 나이만을 멸망시키고 타이양관Tayang Khan[61]을 죽이자, 그 아들 쿠츨루크 küčülüg[62]는 서요로 도주해서 그곳을 습격하여 칸 야율직로고耶律直魯古[63]를 붙잡아 태 상황으로 추대하고 그 나라를 차지했으며, 나라 이름은 여전히 요라고 했다. 원 태조가 서역으로 정벌을 떠나 이 나라를 멸망시켰다. 땅의 면적은 1만 리이며 사람들은 흉포하다. 또한 인근 지역의 한 북인도 칸이 원나라 군대가 철수한 틈을 타서 어부지리를 취하려고 했다. 만약 서요의 우두머리를 사로잡고 그 종족을 이주시키지 않았더라면, 곧 원나라 군대가 돌아간 후에는 복종과 배반을 되풀이했을 것이다. 그래서 태조는 여러 해 군대를 주둔시켜서 사마르칸트를 파미르고원 서쪽의 요충지로 삼아 야율초재에게 지키게 했다. 일군一軍을 분배하여 북쪽으로 보내 킵차크[64]까지 메르키트의 두 군주를 추격했고, 직접 대군을 이끌고 남쪽으로 철문관을 나서서 아무다리야강을 건너고 대설산을 넘어 북인도까지 킵차크 칸국의 군주를 추격했다. 군대를 돌려 돌아온 후에 다시 장군을 파견하여 흔도忻都까지 추격했고, 바로 힌두스탄Hindustan[65]으로, 중인도이다. 끝내 인더스강에 이르러 술탄이 죽자 돌아왔다. 술탄은 서역 간의 칭호이다. 그 후, 부마 티무르Timur를 사마르칸트에 봉해서 진수하게 하고, 아무다리야강에 행성을 설치하여 서역을 통제했다. 아무다리야강은 바로 불경에 나오는 전추하縛芻河로, 파미르고원 아나바타프타에서 발원하여 서쪽으로는 사해로 흐르며, 파미르고원 서쪽의 가장 중요한 강으로, [이 강을 기점으로] 남쪽으로는 인도를 제어할 수 있고, 북쪽으로는 사마르칸트를 제어할 수 있다.

지금의 지리로 고찰해 보면, 태조의 병력은 이리 서쪽 키르기스스탄 지역을 경유하여 코칸트·부하라·타슈켄트를 공격해 빼앗은 후에 남쪽으로는 바다흐샨『원사』「지리지」에는 파답합상巴答哈傷으로 되어 있다. 을 무너뜨리고 카슈미르『원사』「지리지」에는 흘석미서迄石彌西로 되어 있다. 까지 추격했으며, 또한 장군을 파견하여 힌두스탄까지 추격했다가 돌아온 것이다. 태조는 친히 북인도까지는 갔지만, 중인도까지는 가지 않았다. 『원사』에서는 북인도를 동인도로 잘못 인식하고, 또한 각단을 만난 곳이 철문관이라고 잘못 생각했으니, 오류에 오류가 보태진 격이다. 『원사』의 나이만·회골·회회·서요에 대한 것은 당연히 『송사』의 이욱李煜[66]·유창劉鋹[67]·전초錢俶[68]의 예를 본떠서 각각 하나의 전傳을 만들어 태조 초년에 각 나라를 평정한 순서를 드러낸 것이다. 다만 강역의 연혁이 모두 막연하여 결국 어느 곳에 위치했는지 알 수 없으니, 막연함에 막연함이 보태진 격이다. 오인도를 겸병한 것은 곧 헌종憲宗[69] 때이다. 대개 태종太宗[70]은 전력을 다해 금나라를 평정하고 북방을 평정하느라 남쪽을 경영할 겨를이 없었다. 헌종 2년(1252), 쿠빌라이Qubilai[71]는 대리大理를, 왕 테쿠데르Tekuder[72]와 살리 노얀Sali Noyan[73]은 인도를, 키트부카Kitbuqa[74]는 물라히다[75] 바로 유욱劉郁의 『서사기西使記』에 나오는 목내해국木乃奚國이다. 를, 훌라구Hulagu[76]는 서역 술탄국 등을 정벌하도록 명했다.

살펴보건대, 인도는 중인도이고 술탄국은 서인도이다. 물라히다는 바로 인도 북쪽, 사마르칸트 서쪽에 위치하며 사해와 카스피해 사이에 있는데, 모두 파미르고원 서쪽의 3대 부락이어서 군사를 세 길로 나누어 정벌한 것이다. 헌종 8년(1258), 훌라구는 아바스 왕조Abbasid Caliphate, 回回哈里發를 쳐서 그곳을 평정하고 왕을 사로잡아 사신을 파견하여 승전을 아뢰었다. 합리발哈里發은 곧 『명사』에 나오는 합렬국哈烈國으로, 사서에서는 합렬국이 사마르칸트 서남쪽으로 2천여 리 되는 곳에 위치하며, 사마르칸트와 함께 서역의 대국이라고 했는데, 마땅히 지금의 아프가니스탄이다. 또한 살펴보건대, 이 일에 대해『원사』에서는 헌종 2년에 훌라구(旭烈)가 죽었다고 잘못 기록하고, 헌종 3년에 훌라구(旭烈兀)가 서역을 정벌했다고 따로 기록하면서, 한 가지 일이 두 가지 일이 되고 한 사람이 두 사람이 되었으니, 지금 유욱의『서사기』에 따라서 잘못된 부분을 바로잡는다. 헌종 3년(1253), 우량카다이Uriyangkhadai[77] 등에게 서역 합리발·바그다드[78] 등의 나라를 정벌하도록 명하고, 또한 살리 노얀과 테쿠데르 등에게 흔도사(欣都思) 바로 힌두스탄으로, 중인도이다. · 겁실미이(怯失迷爾) 등의 나라를 정벌하도록 명했다. 겁실미이는 바로 카슈미르로, 북인도이다. 이 두 군대는 모두 훌라구의 군대를 보좌했는데, 사서에서는 훌라구의 임무를 이어받은 것으로 잘못 기록하고 있다. 당연히「곽간전(郭侃傳)」과 유욱의『서사기』로 그 사실을 참고해야 한다. 상술한 헌종 시기 서역 정벌사는 모두 서인도에서 발생했다. 북인도·중인도의 경우, 크게 군대를 일으키지 않았는데도 항복했으며, 남인도·동인도에는 곧 원나라 군대가 이르지 못했다. 원나라 초, 아무다리야강에 행상서성(行尙書省)[79]을 설치했는데, 대개 이를 통해 거란의 옛터를 통제하고 남쪽으로 인도 각 나라를 통제했다. 그러나 인도는 대설산이 가로막혀 있는 것을 믿고 얼마 후 제멋대로 명령을 내리며 원나라의 통치를 받지 않았다『해국도지』에 보인다. 원나라 중엽 이후, 곧 사마르칸트는 파미르고원으로 가로막혀 있어서 스스로 일국을 이루었다. 원나라 조정은 그곳에까지 역량이 미치지 못하여, 마침내 아무다리야강에 설치한 행성을 없앴다. 다만 알말리크Almalik[80]·베쉬발릭[81] 두 원수부(元帥府)로 천산남로와 천산북로를 통제했으며, 또한 곡선탑림원수부(曲先塔林元帥府)[82]로 옥문관·양관 동로를 통제했을 따름이다. 동로(東路)는 지금의 안서로(安西路)를 말한다.

元代征西域考上

一

魏源

太祖之用兵西域也, 專爲回回興師. 回回卽西契丹, 其地奄有天山南路及蔥
嶺西敖罕境. 若天山北路之回鶻, 一名畏吾, 畏吾一作畏兀, 皆回鶻之音轉. 其時
畏吾國王亦都護已降, 故太祖於北路回鶻未嘗煩兵, 而直攻回回國都於蔥嶺以
西. 又遣諸皇子分兵攻回回諸城於天山以南, 皆於回鶻無涉也. 回回西契丹, 乃
遼之後裔, 於金初率衆西奔. 初居於漠北乃蠻部內, 見『契丹國志』. 後假道回鶻
南攻回回, 盡有其地. 其國都有二, 一在蔥嶺西之尋思干城, 卽賽馬爾罕城, 在
今敖罕境. 一在蔥嶺東之布魯特, 當伊犁西境, 其地南界印度, 北界阿速, 西抵
裏海, 東抵伊犁, 袤數千里. 此二大國爲諸小國之綱, 故元兵攻取亦分二路. 太
祖自將由北路, 十四年取阿答剌城, 禽其酋, 此回回別部之酋, 非其汗也. 十五年
克蒲華城 「地理志」作胡瓦, 在蔥嶺西. ·尋思干城 卽賽馬爾罕都城. ·脫羅爾城.
「地理志」作羅耳. 十六年攻卜哈爾城 『明史』作卜花爾, 元「地理志」作阿八哈耳,
今作布噶爾, 更在尋思干之西北. ·薛迷思干城 『長春西遊記』作邪迷思干, 卽尋思
干也. 『元史』誤分爲二. ·班勒紇城. 『長春西遊記』有班里城, 在鐵門及阿母河之

南, 近大雪山. 西域主札蘭丁出奔, 與蔑里可汗合, 帝禽蔑里.

『元秘史』: 兔年, 太祖征回部. 命哲伯爲前鋒, 速不台繼之, 脫忽察爾又繼之, 命所過毋攻城, 毋虜掠, 直走王城, 俟太祖大軍至夾攻. 回回王札剌丁與蔑力克合兵拒戰. 此蔑力克汗, 當是乃蠻之子纂西契丹國者, 蓋回部西奔, 與西契丹合兵也. 太祖軍佯卻誘之, 而哲伯等兵夾攻其後, 回兵大敗, 走至申河, 溺死殆盡. 此申河, 卽印度河上遊也. 惟札剌丁及蔑力克二酋沿河西遁. 太祖自取兀都剌爾各城, 於阿勒壇廓爾山過夏, 此謂印度北之大雪山, 非阿爾泰山也. 命速不台征迤北·東隣等十一部. 前後征回城七年, 使巴剌窮追札剌丁二酋, 班師. 此太祖親軍由回鶻五城而攻西契丹乃滿酋於蔥嶺以西也.

皇子術赤 長子. ·察哈台 次子. ·窩闊台 三子, 卽太宗. 等, 分攻養吉干城·巴爾眞城·玉龍傑赤城 今作玉隴哈什, 卽和闐河也. ·馬魯察葉可城·馬魯城 疑卽葉爾羌城. ·昔剌思城. 皇四子拖雷等分攻徒思·匿察兀爾等城, 竝下之, 還掠木剌夷國, 遂度朔朔蘭河, 疑卽烏蘭烏蘇河. 克耶里等城, 與帝會兵, 攻塔里寒寨, 拔之. 卽今蔥嶺西北之塔什干城. 西域主札蘭丁出奔. 此天山南路之兵, 又分二路, 術赤等由南山之于闐而至葉爾羌, 拖雷等由天山之庫車·阿克蘇·烏什而至喀什噶爾, 故拖雷先曾太祖於蔥嶺西也. 十八年, 皇子術赤等二人兵亦來會, 遂定西域, 置達魯花赤監治之. 十九年追可弗又算端踰大雪山, 至北印度角端見班師.

「郭寶玉傳」: 甲戌, 從帝討契丹遺族, 歷古徐鬼國訛夷朵等城, 破其兵三十餘萬, 尋收別失蘭等城. 次忽章河, 西人列兩陣迎拒, 追殺幾盡, 進兵下尋思干城. 次暗木河, 敵築十餘壘, 陳船河中, 寶玉發火箭, 乘風燒其船, 破護岸兵五萬, 收馬里四城. 辛巳, 可弗又國唯算端罕破乃滿國, 引兵據尋思干. 聞帝將至, 棄城南走, 入鐵門, 屯大雪山. 寶玉追之, 遂奔印度. 帝駐大雪山前, 時谷中雪深二丈, 詔封其昆侖山爲玄極王, 大鹽池爲惠濟王.

此北印度算端襲據契丹西都, 太祖兵又攻諸印度以南也. 計二國中, 惟西契

丹用兵最久. 蓋自耶律大石以來, 建國七十載, 閱五帝, 竝二女主數之. 至是爲

乃蠻襲據, 已閱十餘載. 太祖滅乃蠻, 殺太陽汗, 其子屈出律奔西契丹, 襲執其汗,

尊爲太上皇, 據其國, 仍契丹之號. 太祖西征乃滅之. 地袤萬里, 風俗慓悍. 又有隣

部北印度汗, 覬乘我軍退後收漁人之利. 使非禽渠徙種, 則大軍返後, 旋服旋

叛. 故太祖駐軍數載, 以尋思干城爲蔥嶺以西要扼, 令耶律楚材守之. 分一軍北

出, 追蔑里二酋於欽察, 而自率大軍南出鐵門, 踰阿母河, 踰大雪山, 追若弗又

酋於北印度. 旋師後, 復遣將追至忻都, 卽溫都斯坦, 中印度也. 窮及申河, 算端

死乃返. 算端者, 西域汗名. 其後遂封駙馬帖木兒於尋思干城以鎭守之, 而設行

省於阿母河以總控西域. 阿母河卽佛經之縛芻河, 源出蔥嶺之大龍池, 西注鹹

河, 爲蔥嶺西第一幹河, 南可控印度, 北可控尋思干.

以今地里計之, 太祖兵力由伊犁西布魯特境攻取敖罕·布哈爾·塔什干而後,

南敗巴達克山, 『元史』「地理志」作巴答哈傷. 追至克什彌爾, 元「地理志」作迄石

彌西. 又遣將追至痕都斯坦而還. 太祖親至北印度, 未親至中印度.『元史』誤

以北印度爲東印度, 又誤以見角端之地爲鐵門, 繆之又繆.『元史』于乃蠻·于回

鶻·于回回·于西契丹, 當倣『宋史』李煜·劉鋹·錢椒之例, 各立一傳, 以見太祖

初年削平各國次第. 乃疆域沿革, 一切茫然, 竟不知在何方, 疏之又疏. 至其兼

竝五印度, 則在憲宗之世. 蓋太宗全力平金, 平北方, 未遑南略. 憲宗二年, 命

忽必烈征大理, 諸王禿兒花·撒丘征身毒, 怗的不花征沒里奚, 卽劉郁『西使記』

之木乃奚國也. 旭烈征西域素丹等國.

案: 身毒卽中印度, 素丹卽西印度. 沒里奚則在印度之北, 賽馬爾罕之

西, 介鹹海及裏海之間, 皆蔥嶺西之三大部, 故分兵三路征之. 八年, 旭烈

討回回哈里發, 平之, 禽其王, 遣使來獻捷. 哈里發卽『明史』之哈烈國, 史

言哈烈在賽馬爾罕西南二千餘里, 與賽馬爾罕竝爲西域大國, 當爲今之愛烏

罕也. 又案: 此一事『元史』誤於二年書旭烈薨, 而三年別書旭烈兀征西域, 以一事爲二事, 一人爲二人, 今以劉郁『西使記』正其失. 三年, 命兀良哈台等征西域哈里發·八哈塔等國, 又命塔塔兒帶撒里·土魯花等征欣都思 卽痕都斯坦, 中印度. ·怯失迷爾等國. 卽克什彌爾, 北印度也. 此二軍皆以佐旭烈之師, 而史誤爲嗣旭烈之任. 當以『郭侃傳』與劉郁『西使記』參考之. 其所述憲宗世西征戰事, 皆在西印度. 若北·中二印度則不大煩兵而服, 南·東二印度則兵未之及焉. 元初設阿母河行尙書省, 蓋以此控契丹故墟, 南控印度諸國. 然印度恃大雪山之隔, 旋各擅命, 不受統轄. 見『海國圖志』. 中葉後, 則賽馬爾罕以隔於蔥嶺, 則各自爲國. 朝廷鞭長莫及, 遂罷阿母河等處行省. 惟以阿力麻里·別失八里二元帥府控制天山南北二路, 又以曲先塔林元帥府控玉門·陽關東路而已. 東路, 今謂之安西路.

주석

1   서요: 원문은 '서거란西契丹'으로, 흑거란黑契丹·합랄거란哈剌契丹·합랄걸
답合剌乞答이라고도 한다.

2   막북漠北: 고비사막 이북인 현재의 외몽골 지방을 가리킨다.

3   나이만Naiman: 원문은 '내만乃蠻'으로, 몽골 제국 성립 전에 몽골고원 서
북부 이르티시강Irtysh River 저지대 지역에서 상류 지역, 알타이산맥 사이
영역에서 할거하던 유목민 집단이다. 나이만은 11세기 때부터 등장한
부족으로, 12세기 초경 알타이산을 중심으로 부족 연합체를 형성했다.
나이만은 1204년 칭기즈칸과 싸워 패배했고, 나이만 왕자가 중앙아시
아의 카라키타이로 도망치면서 멸망했으며, 부족민 대부분은 몽골 제
국에 편입되었다.

4   키르기스스탄: 원문은 '포로특布魯特'이다.

5   오세티야Ossetia: 원문은 '아속阿速'으로, 아소阿蘇라고도 한다. 옛 땅은 지
금의 코카서스Caucasus 산지에 위치한다.

6   오트라르Otrar: 원문은 '아답랄성阿答剌城'이다. 고대 도시로, 옛 땅은 지금
의 카자흐스탄 남부에 위치한다.

7   부하라: 원문은 '포화성蒲華城'이다.

8   부하라: 원문은 '복합이성卜哈爾城'이다.

9   마자르이샤리프Mazār-i-Sharif: 원문은 '반륵흘성班勒紇城'으로, 지금의 아프
가니스탄에 위치한다.

10   서역: 중앙아시아의 대국 호라즘Khorazm을 가리킨다. 화심火尋이라고도
하며, 옛 땅은 지금의 아무다리야강 하류 일대에 있다.

11   알라 웃딘 무함마드Alā al-Dīn Muḥammad: 원문은 '찰난정札蘭丁'이다. 알라
웃딘 무함마드(1169~1220)는 호라즘 왕조의 제7대 술탄으로, 호라즘의 무
함마드 2세라고도 불린다.

12 메르키트Merkit: 원문은 '멸리蔑里'로, 메르키트를 가리킨다. 메르키트는
    중세 몽골 부족 연맹체 중 하나이다. 몽골 제국 이전 시대에 몽골고원
    북부에서 동남 시베리아에 걸친 지역에 거주했다.

13 원 태조 14년(1219): 원문은 '토년兎年'으로, 기묘년己卯年을 가리킨다.

14 제베Jebe: 원문은 '철백哲伯'이다. 본명은 지르고가타이(1137~1223)로, 몽골
    제국을 건설한 8인의 개국공신 중 한 명이다.

15 수부게데이Sübegedei: 원문은 '속불태速不台'이다. 수부게데이(1176~1248)는
    몽골 제국을 건설한 8인의 개국공신 중 한 명이다. 수부타이로 널리 알
    려져 있다.

16 토르고차르Toqüchar: 원문은 '탈홀찰이脫忽察爾'로, 탈아화찰脫兒火察이라고
    도 한다.

17 호라즘: 원문은 '회회回回'이다. 회회는 일반적으로 이슬람을 가리키나
    여기에서는 호라즘을 지칭한다.

18 알라 웃딘 무함마드: 원문은 '찰랄정札剌丁'이다.

19 메르키트: 원문은 '멸력극蔑力克'이다.

20 오트라르: 원문은 '올도랄이兀都剌爾'이다.

21 알타이산Altai Mountain: 원문은 '아이태산阿爾泰山'이다.

22 주치Juchi: 원문은 '술적術赤'이다. 주치(1182~1227)는 칭기즈칸의 장남으로,
    묘호는 목종穆宗이다.

23 차가타이Chaghatai: 원문은 '찰합태察哈台'이다. 차가타이(1184~1242)는 칭기
    즈칸의 둘째 아들로, 차가타이 칸국의 시조이다. 묘호는 성종聖宗이다.

24 오고타이Ogotai: 원문은 '와활태窩闊台'이다. 오고타이(1186~1241)는 몽골 제
    국 제2대 황제로 칭기즈칸의 셋째 아들이며, 오고타이 칸국의 시조이다.

25 얀기켄트Yangikent: 원문은 '양길간성養吉干城'이다. 지금의 시르다리야강
    하류에 위치한다.

26 바르진Barjin: 원문은 '파이진성巴爾眞城'으로, 팔아진성八兒眞城이라고도 한다.

27 쿠냐우르겐치Köneürgenç: 원문은 '옥룡걸적성玉龍傑赤城'이다. 지금의 투르
    크메니스탄 북부에 위치하며, 옛 호라즘의 수도이다.

28 호탄강Khotan River: 원문은 '화전하和闐河'이다. 여기에서 위원은 옥룡걸적성玉龍傑赤城을 호탄강의 한 지류인 유룽가슈강Yurungkash으로 오인한 것 같다.

29 마르차크Maruchaq: 원문은 '마로찰섭가馬魯察葉可'이다. 광서 2년본에는 '마로찰성馬魯察城'으로 되어 있으나, 『원사』에 따라서 고쳐 번역한다. 지금의 아프가니스탄 북서부에 위치한다.

30 메르브Merv: 원문은 '마로성馬魯城'이다. 광서 2년본에는 '섭이마로성葉爾馬魯城'으로 되어 있으나, 『원사』에 따라 고쳐 번역한다. 지금의 투르크메니스탄 마리주에 위치한다.

31 야르칸드: 원문은 '섭이강성葉爾羌城'이다. 위원은 메르브를 야르칸드로 오인했다.

32 사라크스Sarakhs: 원문은 '석랄사성昔剌思城'이다. 지금의 이란 동북부에 위치한다.

33 툴루이Tului: 원문은 '타뢰拖雷'이다. 툴루이(1192~1232)는 칭기즈칸의 넷째 아들이며, 원나라를 통치한 세조 쿠빌라이의 아버지이다. 묘호는 예종睿宗이다.

34 투스Tus: 원문은 '도사徒思'이다. 광서 2년본에는 '도사닉성徒思匿城'으로 되어 있으나, 『원사』에 따라서 고쳐 번역한다. 지금의 이란 동북부에 위치한다.

35 니샤푸르Nishapur: 원문은 '닉찰올이匿察兀爾'이다. 광서 2년본에는 '찰올이察兀爾'로 되어 있으나 『원사』에 따라서 고쳐 번역한다. 지금의 이란 동북부에 위치한다.

36 물라히다Mulahida: 원문은 '목랄이국木剌夷國'이다. 지금의 이란 북부 카스피해 남쪽 기슭에 위치한다.

37 하리강Hari River: 원문은 '삭삭란하朔朔蘭河'이다. 지금의 아프가니스탄과 투르크메니스탄을 흐르는 강이다.

38 오란오소하烏蘭烏蘇河: 지금의 중국 청해성에서 몽골, 티베트 지역을 흐르는 강으로, 위원은 하리강을 오란오소하로 잘못 보았다.

39 헤라트 : 원문은 '야리耶里'이다.

40 탈로칸Tāluqān: 원문은 '탑리한塔里寒'으로, 탑리간塔里干이라고도 한다. 지금의 아프가니스탄 동북부에 위치한다.

41 타슈켄트: 원문은 '탑십간성塔什干城'이다. 위원은 탈로칸을 타슈켄트로 잘못 보았다.

42 호탄Khotan: 원문은 '우전于闐'으로, 우전于寶이라고도 한다. 지금의 신강 위구르 자치구에 위치한다.

43 쿠차Kucha: 원문은 '고차庫車'로, 지금의 신강 위구르 자치구에 위치한다.

44 아크수Aksu: 원문은 '아극소阿克蘇'로, 지금의 신강 위구르 자치구에 위치한다.

45 우츠투르판Uqturpan: 원문은 '오십烏什'으로, 지금의 신강 위구르 자치구에 위치한다.

46 카슈가르Kashgar: 원문은 '객십갈이喀什噶爾'로, 합실합아哈實哈兒·가사가이加斯加爾라고도 한다. 지금의 신강 위구르 자치구에 위치한다.

47 다루가치Darughachi: 원문은 '달로화적達魯花赤'으로, 탑랄홀차塔剌忽且·달로갈제達嚕噶齊·답로합신荅嚕合臣·탑랄홀지塔剌忽只라고도 한다. 몽골어로 정복지의 총독이나 지사를 의미한다.

48 킵차크Kipchak 칸국: 원문은 '가불차可弗叉'이다. 광서 2년본에는 '약불차若弗叉'으로 되어 있으나, 『원사』에 따라시 고쳐 빈역힌디.

49 각단角端: 하루에 만 리를 가고 먼 지방의 말이 다 통한다는 전설상의 동물이다. 말을 닮았다고도 하며, 두 귀 사이 혹은 코 위에 뿔이 하나 나 있다고 한다.

50 키르기스스탄: 원문은 '고서귀국古徐鬼國'이다.

51 토크마크Tokmok: 원문은 '와이타訛夷朵'로, 지금의 키르기스스탄 북부에 위치한다. 서요의 수도였다.

52 베쉬발릭Beshbalik: 원문은 '별실란別失蘭'으로, 별실팔리別失八里·별석파別石把라고도 한다.

53 시르다리야강: 원문은 '홀장하忽章河'이다.

54 아무다리야강: 원문은 '암목하暗木河'이다.

55 곽보옥郭寶玉: 금나라의 지배 아래 있었던 한족 출신으로, 후에 태조 칭기즈칸의 심복이 되어 그의 장군이 된다. 당나라의 관리 곽자의郭子儀의 후손이다.

56 마리Mary: 원문은 '마리馬里'로, 지금의 투르크메니스탄 동남부에 위치한다.

57 유리Yuri: 원문은 '유唯'이다.

58 현극왕玄極王: 광서 2년본에는 '원극왕元極王'으로 되어 있는데, 강희제康熙帝 애신각라현엽愛新覺羅玄燁의 피휘로 보인다. 『원사』에 따라서 고쳐 번역한다.

59 대염지大鹽池: 사해死海로, 이스라엘과 요르단에 걸쳐 있는 염호鹽湖이다.

60 야율대석耶律大石: 야율대석(1087~1143)은 서요의 초대 황제로, 묘호는 덕종德宗이고, 자는 중덕重德이다. 1115년에 진사에 급제하여 한림원翰林院의 승지承旨가 되었다. 요나라 사람들이 한림을 '임아林牙'라 불렀기 때문에 '대석림아'라고도 불리게 되었다.

61 타이양칸Tayang Khan: 원문은 '태양한太陽汗'으로, 태양한太陽罕, 탑양한塔陽汗, 태양가한太陽可汗 등이라고도 한다. 본명은 타이 부카Tai Buqa(?~1204)이다. 나이만족의 마지막 칸으로, 12세기 후반에 아버지 나이만 족장 이난차 비르게칸이 사망하자 뒤를 이어 4대 칸으로 즉위했다.

62 쿠츨루크Küčülüg: 원문은 '굴출률屈出律'로, 곡출률曲出律, 고출로극古出魯克이라고도 한다. 서요의 제4대 황제(재위 1211~1218)로, 몽골군에게 대패하고 전사했다.

63 야율직로고耶律直魯古: 서요의 제3대 황제(재위 1177~1211)이다.

64 킵차크: 원문은 '흠찰欽察'이다.

65 힌두스탄Hindustan: 원문은 '온도사달溫都斯怛'이다.

66 이욱李煜: 오대 십국 시대 남당南唐의 마지막 황제(재위 961~975)이다.

67 유창劉鋹: 오대 십국 시대 남한南漢의 마지막 황제(재위 958~971)이다.

68 전초錢俶: 오대 십국 시대 오월의 마지막 황제 전홍숙弘俶(재위 948~978)이다.

69 헌종憲宗: 몽골 제국의 제4대 황제인 몽케칸Möngke Khan(재위 1251~1259)을
   가리킨다.

70 태종太宗: 오고타이의 묘호이다.

71 쿠빌라이Qubilai: 원문은 '홀필렬忽必烈'이다. 몽골 제국의 제5대 황제(재위
   1260~1294)로 원나라 초대 황제이다.

72 테쿠데르Tekuder: 원문은 '독아화禿兒花'로, 토로화土魯花라고도 한다. 광서
   2년본에는 '도이화圖爾花'로 되어 있으나, 『원사』에 따라서 고쳐 번역한다.

73 살리 노얀Sali Noyan: 원문은 '살구撒丘'이다. 살리撒里, 살립撒立, 탑탑아대
   살리塔塔兒帶撒里라고도 한다. 광서 2년본에는 '살撒'로 되어 있으나, 『원
   사』에 따라서 고쳐 번역한다.

74 키트부카Kitbuqa: 원문은 '겁적불화怯的不花'이다. 광서 2년본에는 '철저불
   화徹底不花'로 되어 있으나, 『원사』에 따라서 고쳐 번역한다. 키트부카
   (1184~1260)는 훌라구의 가신이다.

75 물라히다: 원문은 '몰리해沒里奚'이다.

76 훌라구Hulagu: 원문은 '욱렬旭烈'이다. 훌라구(재위 1259~1265)는 일 칸국의
   초대 칸이다.

77 우량카다이Uriyangkhadai: 원문은 '올량합태兀良哈台'이다. 우량카다이
   (1201~1272)는 몽골 제국 오고타이칸과 몽케칸 때의 대장군이다.

78 바그다드: 원문은 '팔합탑八哈塔'이다. 광서 2년본에는 '팔답탑八搭塔'으로
   되어 있으나, 『원사』에 따라서 고쳐 번역한다.

79 행상서성行尚書省: 원나라 중통中統에서 지원至元 연간에 설치된 행정구역
   으로, 중앙정부에서 직속 관할하는 1급 행정구역이며, 줄여서 행성行省
   또는 성省이라고 불렀다.

80 알말리크Almalik: 원문은 '아력마리阿力麻里'로, 청대의 '이리성伊犁城'을 가
   리킨다.

81 베쉬발릭: 원문은 '별실팔리別失八里'이다.

82 곡선탑림원수부曲先塔林元帥府: 곡선은 쿠차를, 탑림은 타림강을 가리킨다.

원대 서역 원정 고찰 하

—

위원

　문: 『원사』·『원비사』 및 『장춘진인서유기』에는 모두 원 태조가 오사
장烏斯藏[1]을 정벌한 기록이 없다. 다만 『몽고원류고蒙古源流考』에는 다음과
같은 기록이 있다.

　"칭기즈칸[2]은 33세에 군대를 일으켜 금나라를 정벌했고, 35세에 토크
마크[3]에 군대를 보내 멩굴릭술탄칸Menggülig Sultan Khan[4]을 참수했다. 바로
타이치우드족[5]이다. 37세에 케레이트족[6]의 옹칸Ong Khan[7]을 멸망시키고, 곧
케레이트족의 왕한王罕으로, 일찍이 칭기즈칸과 부자의 인연을 맺어 옹칸이라고 한다.
39세에 내만奈蠻의 투먼칸Tümen Khan[8] 내만은 바로 나이만이다. 을 멸망시켰
으며, 41세에 고를로스Ghorlos[9]의 나린칸Narin Khan[10]을 격퇴시켰다. 지금 막
남몽고漠南蒙古[11]에 고를로스가 있는데, 대체로 그 옛 땅이다. 43세에 하를리우드
Kharli'ud[12]의 아르슬란칸Arslan Khan[13]을 멸망시키고, 당연히 회골·회회인데, 어느
부족인지는 알 수 없다. 45세에 티베트[14]의 굴레게 도르칸[15]에게 군대를 출동
시키니, 그 칸은 사신을 보내 낙타와 공물을 많이 바쳤다. 칭기즈칸이 대

라마에게 서한을 보내 멀리서 귀의의 예를 표했다. 이로써 아리阿里의 세 부락을 점령하여 티베트의 80만 대중을 통치했다."

그렇다면, 원 태조의 군대가 과연 티베트에 이르렀다는 말인가?

답: 여기에서 라마에게 서한을 보냈다고 한 것은, 곧 원나라 군대가 티베트에 이르지 않고 아직 파미르고원 북인도와 티베트 접경지에 있었다는 것이다. 아리의 세 부락을 점령했다는 것은, 단지 대라마와 왕래하여 친분을 맺음으로써 곧 이를 정벌했다고 말했을 뿐이다. 또한 마침내 무굴 제국 중인도이다. 을 정벌하러 가다가 곧 제탑납릉령齊塔納凌嶺의 산등성 마루에 이르러 새로塞魯라는 일각수를 만났는데, 칭기즈칸 앞으로 달려와 무릎을 꿇고 머리를 조아리자 칭기즈칸은 하늘이 계시를 내리는 것으로 알고 군사를 거두어 돌아갔다고 언급하고 있다.

살펴보건대, 제탑납릉령산은 바로 북인도 카슈미르[16] 북쪽의 대설산이다. 서쪽에서 동쪽에 이르기까지 천 리에 걸쳐 뻗어 있으며, 인도와 회북回北의 큰 경계이나. 원 태조는 친히 정벌을 떠나 실제로 북인도까지 가서 그쳤으며, 여러 황자의 군대는 호탄 남로까지 가서 그쳤다. 원나라 사람이 야율초재에 대한 일을 과장하느라고 철문관에서 각단을 만났다고 한 것이나, 『몽고원류』는 라마가 편찬한 것으로, 탕구트Tangut[17]에 대해 꽤 과장을 해서 또한 칭기즈칸이 친히 탕구트 경계에 도달한 일이 있다고 했다. 그 지역은 수천 리에 달하는 차이가 나는데, 오랜 세월 동안 그 오류가 전해져 왔다. 진실로 그 실상을 안다면, 간단한 몇 마디로도 설명할 수 있는 것이다.

문: 『몽고원류』에서는 또한 칭기즈칸이 "하늘의 명을 받들어 천하의 강력한 칸 12인을 지배하고 여러 비열한 약소국 칸을 평정했으니, 지금 마땅히 양생하여 안거할 때이다"라고 언급하고 있다. 원 태조 19년(1224)에는 탕구트인들을 아직 복속시키지 못했고, 원 태조 22년(1227)에 마침내 석도이고錫都爾固[18]칸을 공격하여 사로잡았다. 이것이 탕구트 정벌에 대한 일을 분명히 말하는 것이 아닌가?

답: 이는 탕구트 정벌에 대한 일이 아니라 바로 서하西夏 정벌에 대한 일이다. 원나라 초, 서하·고려高麗·고창高昌을 칭할 때 모두 그 나라를 거론하지 않고 그 종족을 거론했다. 서하는 당올씨唐兀氏, 고려는 숙량합씨肅良合氏라고 했고, 또한 마찬가지로 고창은 외오아畏吾兒라고 했다. 『원비사』에 의하면, 당올씨 부족을 정벌할 때 그 부족장 포이한布爾罕이 항복하여 함께 회회를 공격하기로 약속하고 군대의 우익을 맡아 줄 것을 청했다. 때가 되어 출군하도록 명령하니, [포이한의] 신하 아사감포阿沙敢布가 "대국의 군대가 패할 즈음 우리 군대를 출병시키겠습니다"라고 했다. 태조는 크게 노하여 "나는 먼저 회회를 파괴한 후 다시 너희 나라를 멸망시킬 것이다"라고 했다. 전후로 회성回城을 무릇 7년 동안 공격하고, 툴강 Tuul Gol[19] 흑림黑林의 옛 진영으로 돌아왔다. 다음 해, 마침내 당올씨 부족을 정벌하여 우선 아사감포를 하란산賀蘭山[20]에서 격퇴하고 또한 영주성靈州城에서 그 부족장을 포위하여 주살했다. 영주성과 하란산은 모두 서하의 땅이다. 처음에 항복했다고 한 것은 서하에서 딸을 바쳐 화친을 구한 일을 말하고, 후에 공격하여 주살한 것은 바로 서하의 군주 이현李晛을 주살한 것을 말한다. 당올씨 부족을 정벌한 것이 회부回部를 정벌한 이후이니, 그해 역시 일치한다. 『몽고원류』에서 당올씨 부족(唐兀部)을 탕구트(唐

古特)라고 한 것은 구트(古特)를 합성하여 올兀로 음역한 것으로, 또한 회골 回鶻을 외오畏吾라고 한 것과 마찬가지이다. 원 태조가 티베트를 정벌하지 못했다는 것은 가히 분명하다. 『해국도지』의 초간본에서는 당올唐兀과 외오畏吾를 같은 것으로, 회골回鶻과 외오畏吾를 다른 것으로 여겼는데 그 오류를 알았으니 전후 단락을 정정해서 이곳에 덧붙여 기록한다.

元代征西域考下

一

魏源

　　問: 『元史』·『元秘史』及『長春西游記』, 元太祖皆無征烏斯藏之事. 惟『蒙古源流考』曰: "青吉斯年三十三歲起兵伐金, 三十五歲進兵托克摩克, 斬蕭古里蘇勒德汗. 卽泰赤烏部. 三十七歲破克里特業之翁汗, 卽克烈部王罕也, 曾納爲父子, 故云翁汗. 三十九歲破奈曼之圖們汗, 卽乃蠻. 四十一歲破郭爾羅斯之納林汗. 今漠南蒙古有郭爾羅斯, 殆其故地. 四十三歲破哈爾里固特之阿爾薩蘭汗, 當卽回鶻·回回也, 但未知何部. 四十五歲用兵土伯特之古魯格多爾濟汗, 其汗遣使獻駞隻輜重無算. 青吉斯汗致書於大剌麻, 遙申皈禮. 由是收復阿里三部屬八十萬土伯特人衆." 然則元太祖兵果至西藏乎?

　　曰: 此言致書剌麻, 則兵未至藏, 尙在蔥嶺北印度與西藏交界地. 其言收復阿里三部者, 特以大剌麻通好, 卽謂之收服耳. 又言遂進征額納特阿克, 中印度. 直抵齊塔納淩嶺之山脊, 遇一獨角獸, 名曰塞魯, 奔至汗前, 屈膝而叩, 汗知上天示意, 遂振旅而還.

案: 齊塔納淩嶺之山, 卽北印度迦濕彌羅國北之大雪山也. 自西至東, 綿亘千里, 爲印度與回北之大界. 是太祖親征實至北印度而止, 其諸皇子兵至和闐南路而止. 自元人鋪張耶律楚材, 則以鐵門爲見角端之地. 而『蒙古源流』乃剌麻所撰, 好鋪張唐古特, 則又謂成吉思汗有親至唐古特境之事. 其於地域則差歧數千里, 疑誤千百年. 苟得其情, 片言可折也.

曰:『蒙古源流』又述成吉思汗曰: "承上帝之命, 駕馭天下十二強汗, 平定諸惡劣小汗, 今當養息安居." 十有九年以唐古特人衆未服, 丁亥歲遂攻錫都爾固汗, 禽之. 此非明言征唐古特乎?

曰: 此非征唐古特之事, 乃征西夏事也. 元初稱西夏‧高麗‧高昌, 皆不擧其國, 而擧其氏. 西夏曰唐兀氏, 高麗曰肅良合氏, 亦猶稱高昌爲畏吾兒也.『元秘史』云征唐兀部時, 其酋布爾罕來降, 約共攻回回, 請爲軍右翼. 至是, 令其出軍, 其臣阿沙敢布言: "俟大國兵敗時, 我再出兵." 太祖大怒曰: "我先破回回, 再滅爾國." 前後攻回城凡七年, 還至土剌河黑林舊營. 明年遂征唐兀部, 先破其將阿沙敢布於賀蘭山, 還圍其酋於靈州城, 誅之. 靈州及賀蘭山岩西夏地而初次稱降者卽西夏納女請和之事, 後次討誅者卽誅夏主李晛之事. 而征唐兀部在征回部之後, 年歲亦合. 至『蒙古源流』稱唐兀部爲唐古特者, 譯音古特合聲爲兀字, 亦猶稱回鶻爲畏吾也. 太祖未征西藏可決也. 此志初刊木疑唐兀與畏吾爲一, 而回鶻與畏吾爲二, 旣知其誤, 乃改訂前後段, 附識於此.

주석

1   오사장烏斯藏: 당송 시대의 토번吐蕃으로, 지금의 티베트를 가리킨다.

2   칭기즈칸: 원문은 '청길사靑吉斯'이다.

3   토크마크: 원문은 '탁극마극托克摩克'이다. 지금의 키르기스스탄 북부에 위치한다. 서요의 수도였다.

4   멩굴릭술탄칸Menggülig Sultan Khan: 원문은 '망고리소륵덕한莽古里蘇勒德汗'이다. 광서 2년본에는 '소고리소륵덕한蕭古里蘇勒德汗'으로 되어 있으나, 『몽고원류고』에 따라서 고쳐 번역한다.

5   타이치우드족: 원문은 '태적오부泰赤烏部'로, 태적올泰赤兀·태역적올척泰赤兀惕이라고도 한다. 12세기 몽골초원에 있었던 부족으로, 몽골의 중부와 동남부에 위치했다.

6   케레이트족: 원문은 '극리특업克里特業'으로, 극렬부克烈部라고도 한다. 케레이트는 몽골 제국 이전 시대에 몽골고원 항가이산맥 부근에 흩어져 살던 유목민 부족 집단이다.

7   옹칸Ong Khan: 원문은 '옹한翁汗'이다. 케레이트족의 마지막 지도자였던 토그릴칸(1131~1203)을 가리킨다. 왕한王罕은 금나라에서 하사받은 한자 이름이다.

8   투먼칸Tümen Khan: 원문은 '도문한圖們汗'이다.

9   고를로스Ghorlos: 원문은 '곽이라사郭爾羅斯'이다.

10   나린칸Narin Khan: 원문은 '납림한納林汗'이다.

11   막남몽고漠南蒙古: 광서 2년본에는 '한남몽고漢南蒙古'로 되어 있으나, 지금 지명에 따라서 고쳐 번역한다. 고비사막 이남을 가리킨다.

12   하를리우드Kharli'ud: 원문은 '합이리고특哈里固特'이다.

13   아르슬란칸Arslan Khan: 원문은 '아이살란한阿爾薩蘭汗'이다.

14   티베트: 원문은 '토백특土伯特'이다.

15 굴레게 도르칸: 원문은 '고로격다이제한古魯格多爾濟汗'이다.

16 카슈미르: 원문은 '가습미라국迦濕彌羅國'이다.

17 탕구트Tangut: 원문은 '당고특唐古特'으로, 당고특唐古忒이라고도 한다. 일
    반적으로 티베트 지역과 이 지역의 티베트족을 가리킨다. 탕구트는
    1038년에 서하를 세웠다.

18 석도이고錫都爾固: 광서 2년본에는 '석이고錫爾固'로 되어 있으나, 『몽고원
    류』에 따라서 고쳐 번역한다.

19 툴강Tuul Gol: 원문은 '토랄하土剌河'로, 도랍하圖拉河, 독랄하禿剌河라고도
    한다. 광서 2년본에는 '토土'가 '사土'로 되어 있으나, 『몽고원류』에 따라
    서 고쳐 번역한다.

20 하란산賀蘭山: 지금의 중국 영하寧夏 회족 자치구와 내몽골 자치구 접경
    지에 위치한다.

서남양

부록
파미르고원 동쪽 신강 회부 고찰 상

—

원본에는 없으나, 지금 보충하여 편집한다.
살펴보건대, 이 부분은 해국海國과 무관하지만, 인도의 이슬람교 연혁을
이곳이 아니면 수록할 곳이 없어서 여기에 덧붙인다.

법현法顯[1]의 『불국기佛國記』에 다음 기록이 있다.

선선국鄯善國[2] 왕이 불법을 받들어 [이 나라에] 4천여 명의 승려가 있는데 모두 소승小乘을 수행한다. 여기에서 서쪽으로 가다가 여러 나라를 거쳤는데 언어가 달랐다. 그러나 출가자들은 모두 천축의 글과 천축 말을 배웠다. 서남쪽으로 한 달 정도 가다가 우전국于闐國[3]에 도달하니 수만 명의 승려가 있었는데, 대부분 대승大乘을 수행하며 집마다 문 앞에 2길 남짓 높이의 작은 탑을 세워 놓았다. 이 나라 왕은 법현 등을 사찰에 모셨는데, 3천 명의 승려가 모두 간타Ghanta[4] 소리에 따라 공양을 했고, 그 위의威儀가 엄숙했으며, [공양 중에] 발우 소리가 전혀 들리지 않았다. 여름 4월이 되자, 행상行像[5] 의식을 참관하니, 국왕과 부인들은 꽃을 흩뿌리며 공양했다. 성에서 서쪽으로 7~8리 되는 곳에 25길 높이의 사찰이 있는데, 세 명의 왕을 거치는 동안 지어졌으며, 말로 다 표현할 수 없을 정도로 장엄했다. 산맥 동쪽에 있는 6국의 여러 왕은 모두 금은보화를 바쳐

서 공양했다.

『낙양가람기洛陽伽藍記』[6]에 다음 기록이 있다.

북위 신귀神龜[7] 원년(518), 태후가 승려 혜생惠生을 서역으로 파견하여 경전을 구해 오도록 했다. 선선국에서 서쪽으로 1640리를 가다가 체르첸Cherchen[8]에 이르렀는데, 이곳에 있는 중국 불보살상은 이민족의 모습을 띠고 있지 않았다. 또 비마Bhimā[9]에 큰 사찰이 있었는데, 승려 3백여 명에 금불상은 1길 6자 높이로 상호相好가 반짝반짝 빛났고, 항상 동쪽을 바라보고 서쪽은 바라보지 않았으며, 남방에서 승천해 온 것이라고 했다. 우전국의 왕이 친히 와서 예배를 올리고 불상을 싣고 돌아가다가 도중에 밤이 되어 유숙했는데, 불상이 홀연 본래 있던 곳으로 돌아가 버려서 그곳에 탑을 세워 공양했다. 서쪽으로 870리를 가다가 우전국에 도착하니 벽지불辟支佛[10]의 신발이 있었는데, 지금까지도 썩지 않고 그대로이다.

『위서』「서역전」에 다음 기록이 있다.

우전국의 풍속은 불법을 숭상하여 불탑과 승려가 대단히 많다. 왕은 매번 스님들에게 설재設齋 공양[11]을 할 때 몸소 물을 뿌려 청소하고 음식을 공양한다. 성 남쪽에 찬마사贊摩寺가 있는데, 곧 옛날에 나한비구羅漢比丘 노전盧旃이 그 왕을 위하여 복분부도覆盆浮圖[12]를 조성한 곳이다. 돌 위에는 벽지불의 족적이 있는데, 두 개의 족적이 아직도 생생하게 남아 있다. 『수경주水經注』에 의하면, 우전국에 있는 절 안에 석화石靴가 있으며 돌 위에 벽지불의 족적이 있는데, 법현이 이를 전하지 않은 것은 부처님의 족적이 아니라고 의심했기 때문이라고 한다. 살펴보건대, 역도원酈道元은 단지 「법현전法顯傳」만을 근거로 하고 혜생의 『사서역기使西域記』는 살펴보지 않았기 때문이다. 혜생의 『사서역기』는 체험한 것을 기록했기에 사서에서는 이를 근거로 했다. 슐러국Shule[13]은 고종高宗[14] 때 그 왕이 사신을 보내 석가모니불의 가사 한 벌을 바쳤는데, 길이가 2길 남짓이었다. 고종은 부처의 가사가 당연히 영험하리라고 생각하고, 마침내 그것을 활활 타오르는 불 위에 놓아두었는데 하루가 지나도 타지 않았다. 이 광경을 지켜본 이들은 두려워하며 몸과 마음이 모두 숙연해졌다.

당 현장玄奘의 『서역기西域記』에 다음 기록이 있다.

아기니국Agni[15]·쿠차국Kucha[16]·쿰국Kum[17]은 모두 인도에서 문자를 가져왔으며, 사찰이 각각 110여 곳으로 스님이 적게는 수천 명, 많게는 만여 명에 이르고 소승을 수행한다.

또 다음 기록이 있다.

돌아오는 길에 우전국에 이르렀는데,『서역기』에서는 구살단나국瞿薩旦那國이라고 한다. 문자는 인도를 따르고 불법을 숭상하여 사찰이 1백여 곳에 스님이 5천여 명이며 대부분 대승의 교법을 따랐다. 왕은 상당히 용맹하고 불법을 존중하여 스스로를 비사문毗沙門[18]으로 하늘의 후예라고 말했다. 성 남쪽으로 10여 리를 가면 큰 사찰이 나오는데, 이 나라의 선왕이 아라한의 광명을 널리 비추기 위해 지은 것이다. 서남쪽의 우각산牛角山에 큰 돌이 있고, 절벽 안에서 아라한이 멸심정滅心定[19]에 들어 미륵보살[20]을 기다렸다. 근래에 석실이 붕괴되어 통로가 막혔다.

『진서晉書』「예술전藝術傳」에 다음 기록이 있다.

쿠마라지바Kumārajīva[21]는 천축인이다. 부친 쿠마라야나Kumārayana[22]는 재상직을 사양하고 출가하여 동쪽으로 파미르고원을 넘어갔다. 쿠차의 왕이 그의 명성을 듣고 성 밖으로 나와 맞이하여 국사國師로 청했다. 왕이 누이동생을 억지로 시집보내, 마침내 쿠마라지바가 출생했다. 그는 어렸을 때 매일 천 개의 게송을 외웠으며, 사라국沙羅國의 왕이 그를 중히 여겼고, 오로지 대승으로 교화를 펼쳤다. 20세에 쿠차의 왕이 그를 맞이하여 귀국했다. 부건苻堅[23]은 이 소식을 듣고 쿠마라지바를 맞이하고자 여광呂光을 파견하여 군사 7만 명으로 서역을 정벌하고 만약 쿠마라지바를 사로잡으면 곧 역참을 통해 보내라고 분부했다. 쿠마라지바는 양주涼州에 돌아와서 전진이 망했다는 소식을 듣고 마침내 고장姑臧[24]에 머물렀다. 요흥姚興[25]이 요석姚碩을 파견하여 서역을 정벌하여 여륭呂隆[26]을 멸망시키고 이어 쿠마라지바를 후진으로 맞아들였다.

『신당서』「서역전」에 다음 기록이 있다.

태종太宗이 곽효각郭孝恪[27]을 파견하여 아기니를 공격하자, 쿠차에 있는 수행자[28] 선謌이 여러 차례 "당나라가 마침내 서역에 왔으니, 오래지 않아 우리 나라 역시 망하겠군"이라고 탄식했다.

위원이 살펴보건대, 이상 4가지 일은 모두 당나라 이전 서역에서는 불법이 행해져 이슬람교가 없었다는 증거이다. 파미르고원 서쪽의 경우, 인노 이외에 무릇 시금의 이슬람 각 나라가 당나라 이전에 마찬가지로 모두 불교를 믿었다는 것이 진나라 법현·위나라 혜생·당나라 현장의 기록에 나타나 있는데, 하물며 파미르고원 동쪽은 말해 무엇하랴!

『명사』「서역전도西域傳圖」에 다음 기록이 있다.

슐러국[29]·쿰국[30]·사합로국沙哈魯國은 그 풍속이 모두 부처를 공경하고 싸움을 싫어한다. 살펴보건대, 『명사』에서는 모두 영락永樂 연간 진성陳誠의 『사서역기 使西域記』[31]의 기록을 근거로 삼았는데, 여기서는 또한 명나라 초 회부回部에서는 여전히 부처를 받들어 아직 다 이슬람교를 따르지는 않았다는 증거이니, 하물며 당·송·원 대 는 말해 무엇하랴!

『구당서』에 다음 기록이 있다.

슐러국 서쪽 지대는 파미르고원으로, 그 풍속은 현신祆神을 섬기고 그 들만의 문자가 있다. 우전국은 현신 섬기기를 좋아하며 불교를 숭상한 다. 계빈국은 파미르고원 남쪽에 위치하는데, 항상 대월지에 복속되어 있었다. 그 땅은 덥고 습하며, 사람들은 모두 코끼리를 타고 다니고, 특 히 불법을 신봉한다. 이 현신이 이슬람교인지 천주교인지는 모르겠다. 그렇지만 역 시 불교와 함께 유행했다는 증거이다.

『송사』에 다음 기록이 있다.

우전국은 서쪽으로 파미르고원에 이르고 브라만과 접하는데, 2천여 리 정도 떨어져 있다. 이 브라만은 바로 파미르고원 서쪽의 이슬람국이다.

또 다음 기록이 있다.

쿠차는 본래 회흘回紇의 방계로, 경우景祐[32] 연간에 입공하여 불경 1장藏 을 하사했다. 소성紹聖[33] 3년(1096)에 표를 올리고 옥불상을 바쳤다.

또 다음 기록이 있다.

고창高昌은 한나라 때 거사전국車師前國[34] 왕의 땅이었다. 그 땅에 이슬람 교도가 꽤 많아서 역시 회흘回紇이라고도 한다. 건덕乾德[35] 3년(965), 서주西州

회흘의 칸이 승려 법연法淵을 보내 부처의 치아를 바쳤다. 나라에는 사찰이 50여 곳으로, 모두 당나라에서 편액을 하사했다. 사찰 내에는 『대장경大藏經』·『당운唐韻』·『옥편玉篇』·『경음經音』 등이 소장되어 있다. 송 태종이 공봉관供奉官 왕연덕王延德[36]을 그 나라에 사신으로 파견하여 응운대녕사應運大寧寺라는 사찰을 둘러보았는데, 정관貞觀 14년(640)에 지어진 것이었다. 또한 마니사麻尼寺와 파사승波斯僧은 각기 다른 교리를 지니고 있었는데, 이는 불경에서 말하는 외도外道이다. 살펴보건대, 마니사와 파사외도波斯外道는 모두 천주교로, 송나라 때 이슬람 지역에서는 그 종교를 믿는 사람들도 간간이 섞여 있었다.

또 다음 기록이 있다.

옹희雍熙[37] 원년(984), 서주의 회흘이 브라만의 승려 영세永世·파사외도 아리연阿里煙과 함께 입공했다. 경덕景德[38] 4년(1007), 비구 법선法仙 등을 보내 입조하여 말을 바치고 오대산五臺山을 둘러보기를 청했다. 또한 승려 적翟을 보내 상주를 올리고 도성에 사찰을 조성하여 황제의 만수무강을 축원하고자 했으나 윤허하지 않았다. 희녕熙寧[39] 원년(1068)에 입공하여 금박본 『대반야경大般若經』을 청하자 묵본墨本을 하사했다. 이는 송나라 때 회부에 단지 한두 개의 타 종교가 섞여 있었을 뿐, 전 지역에서는 여전히 불교를 신봉했다는 증거이다.

『서역수도기西域水道記』에 다음 기록이 있다.

야르칸드 성안 동남쪽 모퉁이에 높이가 30여 길에 달하는 오래된 부도가 하나 있는데, 무슬림은 '도지圖持'라고 불렀으며 카라키타이Qara Khitai[40] 사람이 조성한 것이라고 한다. 무슬림은 중국인을 화태和台라고 했다.

쿰국의 키질강Kizil River[41] 남쪽으로 30여 리를 가다가 천불동千佛洞을 지나고 서쪽으로 산을 돌아가니, 금빛과 푸른빛의 불상들이 여전히 남아 있었으며, 벽에는 '혜근惠勤'이라는 글자가 쓰여 있었는데, 아마도 승려의 법명일 것이다. 동쪽으로 무자트강Muzat River[42]에 합류해서 그곳을 돌아 남쪽으로 40여 리를 가서 정곡산丁谷山[43] 서쪽을 지났는데, 산세가 깎아지른 듯 험준했다. 그 위에 높이가 1길 이상에 깊이가 2길 남짓인 석실 5개가 있고, 벽에는 불상 수십 좌를 조각해 놓았는데, 영락과 향기 나는 꽃으로 장식했으며 붉은빛과 푸른빛이 어우러져 있었다. 동굴 입구 서남향으로 안쪽에 돌기둥 3개가 있었으며, 지름이 1자에 에서와 산스크리트어가 쓰여 있고 태양의 고리를 새겨 놓았는데, 돌무지가 침식되어 단지 '건중 2년建中二年'이라는 글자만 알아볼 수 있었다. 또한 한 구역에는 사문沙門의 명칭이 적혀 있었다. 『수경주水經注』에는 쿠차 북쪽으로 40리 되는 산에 작리대청정雀離大淸淨이라는 사찰이 있는데, 지금 그 유적을 돌이켜 보면 약간의 차이는 있지만 거의 흡사하다.

『서역수도기』에 다음 기록이 있다.

이리강Ili River[44]은 공신성拱宸城[45] 남쪽을 거쳐 옛날 회부의 왕 투글루크 티무르Tughlugh Temur[46]의 무덤 서쪽을 지난다. 이슬람인의 『쿠란』[47]에는 "그 부족의 초창기에 아미나 빈트 와브Amina bint Wahb[48]라는 여인이 있었다. 천지가 한 남자를 시켜 그녀에게 흰 기운을 불어넣게 하니, 감응하여 임신해서 아들을 낳아 무함마드Muhammad[49]라 했고, 회부의 왕이 되었다. 3대에 이르러서는 어린아이들도 불법을 배웠다. 또한 14대에 이르러 투글루크 티무르가 22세에 왕위를 계승했다. 2년 후에 쿰국에 사냥을 나갔다가 이슬람인을 만나 무함마드[50]의 가르침을 전수받아 이리로 돌아갔으며, 또한 이슬람교도 7인이 그의 부족들에게 전도하여 마침내 모두 옛 풍속으로 돌아갔다. 그는 재위한 지 10년 만에 죽었다"라고 되어 있다. 살펴보건대, 이리는 파미르고원 및 카자흐스탄과 가까워서 원나라 말엽에는 남로 8성의 회족 부족장들과는 달리 모두 원나라 후예들의 분봉지였다. 그러나 이 회족 부족장 역시 처음에는 불교를 믿었으나 중년에 비로소 이슬람교를 믿었다. 이 역시 원나라 말엽에는 이슬람교가 아직 성행하지 않았다는 하나의 증거이다. 메카Mecca[51]의 부족장은 낙타 40마리에 메카의 흙을 실어 날라서 이 무덤을 지어 푸른 유리를 덮고 무덤 문에 축조한 연도를 새겨 놓았다. 지금 가경 25년(1820)에 이르기까지 무릇 474년이 지난 것이다. 그들의 계산법으로 헤아려 보면, 30년은 1만 631일이니, 곧 474년은 16만 7969일에 0.8일을 더한 것이다. 실제로 해를 계산해 보면, 459년이 된다. 또한 323일 반나절은 경진庚辰년에서 역으로 그것을 헤아려 보면, 대개 원나라 순제順帝 지정至正 20년(1360) 경자년에 지어진 것이다.

『서역문견록』에 다음 기록이 있다.

구차 시쪽으로 60리 되는 곳에 내불동산大佛洞山이 있다. 산 위이래의 앞뒤에는 동굴 4백~5백 개가 뚫려 있으며, 안쪽에는 모두 오색으로 금가루를 입혀서 그린 불상이 있다. 가장 높은 동굴에는 3개의 기둥이 세워져 있고, 벽에는 커다란 흙으로 된 불상을 조각했으며 중국의 해서체로 윤회경輪回經을 새겨 놓았고, 벽 위에 백의대식白衣大食을 새겨 놓았다. 이것은 당나라 때 조성된 것이라고 전한다. 이상 세 가지 일은 모두 지금의 회부에 일찍이 옛날 불교 유적이 존재했다는 증거이다.

蔥嶺以東新疆回部附考上

—

原無, 今補輯.
案: 此與海國無涉, 以印度回教沿革非此不備, 故附之.

法顯『佛國記』曰: 鄯善國王奉法, 有四千餘僧, 悉小乘學. 從此西行, 所經諸國, 語各不同. 然出家人皆習天竺書·天竺語. 西南行一月, 得至于闐, 僧數萬人, 多大乘學, 家家門前起小塔, 高二丈許. 國王安置法顯等於僧伽藍, 三千僧共揵槌食, 威儀齋肅, 器鉢無聲. 及夏四月, 觀佛行像, 國王·夫人散華供養. 城西七八里有僧伽藍, 高二十五丈, 經三王方成, 莊嚴妙好, 非言可盡. 嶺東六國諸王, 皆以上寶供養.

『洛陽伽藍記』: 魏神龜元年, 太后遣比丘惠生向西域取經. 從鄯善西行千六百四十里至左末城, 有中國佛菩薩像, 無胡貌. 又捍𪖚城有大寺, 僧三百餘, 金像丈六, 相好炳然, 恒面東, 不西顧, 言自南方騰空而來. 于闐國王親見禮拜, 載像歸, 中途夜宿, 忽還本處, 因起塔供養. 西行八百七十八里至于闐國, 有辟支佛靴, 於今不爛.

『魏書』「西域傳」: 于闐俗重佛法, 寺塔僧尼甚衆. 王每設齋, 親灑掃饋食. 城南有贊摩寺, 卽昔羅漢比丘盧旃, 爲其王造覆盆浮圖之所. 石上有辟支佛跣 處, 雙迹猶存. 『水經注』云: 于闐國寺中有石靴, 石上有辟支佛迹, 法顯所不傳, 疑 非佛迹云云. 案: 道元但據「法顯傳」, 未考惠生『使西域記』耳. 惠生『記』所目驗, 故史據之. 疏勒國當高宗遣使獻釋迦牟尼佛袈裟一, 長二丈餘. 高宗以審是佛 衣應有靈異, 遂置猛火之上, 經日不然. 觀者悚駭, 心形俱肅.

唐玄奘『西域記』曰: 焉耆國·龜茲國·姑墨國, 文字竝取則印度, 伽藍各百十 所, 僧徒少者數千, 多者萬餘, 習學小乘.

又曰: 歸途至于闐國, 『記』作瞿薩旦那國. 文字遵印度, 崇尙佛法, 伽藍百餘 所, 僧徒五千餘人, 竝多大乘法敎. 王甚驍武, 敬重佛法, 自云毗沙門, 天之祚 胤也. 城南十餘里有大伽藍, 此國先王爲徧照阿羅漢建. 西南牛角山有大石, 崖 中有阿羅漢入滅心定待慈氏佛. 近者崖崩, 掩塞門徑.

『晉書』「藝術傳」: 鳩摩羅什, 天竺人也. 父鳩摩羅炎, 辭相位出家, 東度蔥 嶺. 龜茲王聞其名, 郊迎請爲國師. 偪妻以妹, 遂生羅什. 幼時日誦千偈, 沙羅 國王重之, 專以大乘爲化. 年二十, 龜茲王迎還國. 苻堅聞而欲迎之, 遣呂光將 兵七萬西伐, 諭以若獲羅什, 卽馳驛送之. 還至涼州, 聞秦亡, 遂留姑臧. 迨姚 興遣姚碩西伐, 破呂隆, 乃迎羅什至秦.

『唐書』「西域傳」: 太宗之遣郭孝恪擊焉耆也, 龜茲有浮屠善, 數歎曰: "唐 家終有西域. 不數年, 吾國亦亡."

源案: 以上四事, 皆唐以前西域竝行佛法, 無回敎之證也. 至蔥嶺以西, 印度以外, 凡今回敎各國, 唐以前亦皆佛敎, 見於晉法顯·魏惠生·唐玄奘所記, 矧蔥嶺以東乎!

『明史』「西域傳圖」: 蘇魯國·阿克蘇國·沙哈魯國, 俗皆敬佛惡鬪. 案: 『明史』皆據永樂中陳誠『使西域記』之言, 此又明初回部尙奉佛, 未盡從回敎之證也, 況唐·宋·元之世乎!

『舊唐書』: 疏勒國西帶蔥嶺, 俗事祆神, 有胡書文字. 于闐國, 好事祆神, 崇佛敎. 罽賓國, 在蔥嶺南, 常役屬於大月氏. 其地暑濕, 人皆乘象, 尤信佛法. 此祆神未知爲回敎, 爲天主敎. 然亦不過與佛敎雜行之證也.

『宋史』: 于闐國西抵蔥嶺, 與婆羅門接, 相去二千餘里. 此婆羅門卽蔥嶺西之回敎.

又曰: 龜玆本回紇別種, 景祐中入貢, 賜以佛經一藏. 紹聖三年上表獻玉佛.

又曰: 高昌, 漢車師前王之地. 其地頗有回敎, 故亦謂之回紇. 乾德三年, 西州回紇可汗遣僧法淵獻佛牙. 國中佛寺五十餘所, 皆唐朝賜額. 寺中有『大藏經』·『唐韻』·『玉篇』·『經音』等. 宋太宗遣供奉官王延德使其國, 游佛寺, 曰應運大寧之寺, 貞觀十四年造. 復有摩尼寺·波斯僧, 各持其法, 佛經所謂外道者也. 案: 摩尼寺·波斯外道, 皆天主敎. 宋時回疆特間有之.

又曰: 雍熙元年, 西州回紇與婆羅門僧永世·波斯外道阿里烟同入貢. 景德四年, 遣尼法仙等來朝獻馬, 請游五臺山. 又遣僧翟入奏, 欲於京城建佛寺, 祝聖壽, 不許. 熙寧元年入貢, 求金字『大般若經』, 以墨本賜之. 此宋時回部僅聞有一二他教, 其全境仍奉佛教之證也.

『西域水道記』曰: 葉爾羌城內東南隅有古浮圖一, 高三十餘丈, 回人名曰圖持, 謂是喀喇和台國人所造也. 回謂漢人曰"和台."

阿克蘇城赫色勒河南流三十餘里, 經千佛洞, 西緣山, 法像尚存, 金碧, 壁有題字, 曰'惠勤', 蓋僧名也. 東滙于渭于河, 折而南四十餘里, 經丁谷山西, 山勢斗絶. 上有石室五所, 高丈餘, 深二丈許, 就壁鑿佛相數十, 鋪瓔珞香花, 丹青斑駁. 洞門西南向中有三石楹, 方徑尺, 隸書梵字, 鏤刻日環, 積石剝蝕, 惟辨"建中二年"字. 又有一區是沙門題名. 『水經注』言龜茲國北四十里山中有寺, 名雀離大清淨, 今溯遺跡, 差存髣髴.

『西域水道記』: 伊犁河逕拱宸城南, 經故回部王吐呼魯克吐木勒罕墓西. 回人『庫魯安書』云: "其部初有女子曰阿郎固庫勒魯者. 天地使一丈夫向女吹噓白氣, 感而有身, 生了山麻木吟伊頃, 爲回部王. 傳至三凹, 童蒙習佛法. 又傳十四世, 爲吐呼魯克吐木勒罕, 年二十二, 嗣爲國主. 後二歲, 獵於阿克蘇, 遇回人授派噶木巴爾法返伊犁, 又有回教七人來教其部衆, 遂盡返舊俗. 在位十年卒." 案: 伊犁與蔥嶺及哈薩克近, 故元末有回酋非若南路八城之, 皆元裔世藩也. 然此回酋亦先奉佛教, 中年始遇回教. 此亦元末回教未盛行之一證. 有滿克國回部長以橐駝四十, 負滿克國土爲建此塚, 覆以碧琉璃, 刻墓門識營造之年. 至今嘉慶二十五年, 凡四百七十四年. 推以彼術, 三十年積一萬六百三十一日, 則四百七十四年當積一十六萬七千九百六十九日又十分日之八. 以歲實約之, 得四百五十九年. 又三百二十三日大半日, 從庚辰逆數之, 蓋建於元順帝至正二十年庚子歲.

　　『西域聞見錄』曰: 庫車城西六十里, 有大佛洞山. 山上下前後鑿洞四五百處, 內皆五采金粉, 繪爲佛像. 最高一洞三楹, 壁鑿大土像, 漢楷輪回經, 一白衣部鑴壁上. 相傳唐代所爲. 以上三事, 皆今日回部尙存古時佛敎遺跡之證.

주석

1   법현法顯: 법현(337~422)은 중국 동진 시대의 승려로, 최초로 실크로드를 경유해 인도에 가서 중국에 불경을 가지고 돌아왔다. 그의 여행기 『불국기』는 당시 중앙아시아나 인도에 관해 서술한 귀중한 사료로 평가받고 있다.

2   선선국鄯善國: 한대의 누란국樓蘭國으로, 옛 땅은 지금의 신강 위구르 자치구 차키리크현Qakilik에 위치한다.

3   우전국于闐國: 타클라마칸사막Taklamakan Desert의 남서쪽에 있던 고대 국가이다.

4   간타Ghanta: 원문은 '건퇴揵槌'이다. 산스크리트어로, 종교적 의식에 사용되는 종이나 목탁 등을 가리킨다.

5   행상行像: 관불행상觀佛行像이라고도 한다. 서역 지방에서 해마다 석가탄신일에 불상을 장식하여 수레에 싣고 성안을 돌아다니는 행사를 말한다.

6   『낙양가람기洛陽伽藍記』: 6세기 중엽 중국 북위의 양현지楊衒之가 편찬한 책으로, 전 5권이다. 낙양의 성곽, 궁실, 사찰, 탑, 묘당 등의 붕괴된 모습을 보고 지난날의 성회를 회상하며, 이들에 관한 전설과 고사를 상술한 책이다.

7   신귀神龜: 중국 북위 효명제孝明帝의 두 번째 연호(518~520)이다.

8   체르첸Cherchen: 원문은 '좌말성左末城'으로, 차말성且末城, 차지성且志城, 저말성沮末城이라고도 한다. 지금의 신상 위구르 사치구 가르간현Qarqan에 위치한다.

9   비마Bhīmā: 원문은 '한마성捍嫲城'으로, 비마성媲摩城이라고도 한다. 지금의 신강 위구르 자치구 호탄현 동쪽에 위치한다.

10   벽지불辟支佛: 부처님의 가르침에 의하지 않고 스스로 깨친 성자로, 고요와 고독을 즐기므로 설법 교화를 하지 않는다. 독각獨覺이라고도 한다.

11 설재設齋 공양: 불공을 위해 음식물을 마련하여 스님들에게 공양하는 의식이다.

12 복분부도覆盆浮圖: 항아리를 엎어 놓은 모양의 부도浮圖를 가리킨다.

13 슐러국Shule: 원문은 '소륵국疏勒國'으로, 구사국佉沙國, 가사지리伽師祇離라고도 한다. 지금의 신강 위구르 자치구 카슈가르Kashgar에 위치한다.

14 고종高宗: 북위의 제5대 황제 고종 문성황제文成皇帝 탁발준拓跋濬(재위 452~465)을 가리킨다.

15 아기니국Agni: 원문은 '언기국焉耆國'으로, 아기니국阿耆尼國이라고도 한다. 옛 땅은 지금의 신강 위구르 자치구 카라샤르Qarasheher 회족 자치현에 위치한다.

16 쿠차국Kucha: 원문은 '구자국龜玆國'으로, 굴자屈茨, 구자鳩玆, 귀자歸玆, 굴지屈支, 구자丘玆라고도 한다. 옛 땅은 지금의 신강 위구르 자치구 쿠차현에 위치한다.

17 쿰국Kum: 원문은 '고묵국姑墨國'으로, 극묵亟墨, 발록가국跋祿迦國이라고도 한다. 옛 땅은 지금의 신강 위구르 자치구 아크수Aksu 일대이다.

18 비사문毗沙門: 다문천왕多聞天王 또는 바이스라바나Vaiśravana라고 하며, 불교의 사천왕 중 수미산의 북방을 수호하는 천왕이다.

19 멸심정滅心定: 멸진정滅盡定이라고도 한다. 멸심정은 마음의 작용을 소멸시켜 무심의 상태에 이르게 하는 것이다.

20 미륵보살: 원문은 '자씨불慈氏佛'이다.

21 쿠마라지바Kumārajīva: 원문은 '구마라습鳩摩羅什'으로, 쿠차 출신이다. 쿠마라지바(344~413)는 중국 후진後秦 시대에 장안에서 3백 권에 달하는 불교 경전을 한역漢譯해서 불교 보급에 크게 공헌했다.

22 쿠마라야나Kumārāyana: 원문은 '구마라염鳩摩羅炎'이다.

23 부견苻堅: 중국 오호 십육국 시대 전진前秦의 제3대 황제 세조世祖 선소황제宣昭皇帝(재위 357~385)이다.

24 고장姑臧: 개장蓋臧이라고도 하며, 지금의 감숙성 무위시武威市에 위치한다. 중국 역사상 양주涼州의 치소治所였고, 일찍이 오호 십육국 시대에

전량前涼·후량後涼의 수도였다.

25 요흥姚興: 오호 십육국 시대 후진의 제2대 황제 고조高祖 문환황제文桓皇帝
(재위 394~416)이다.

26 여륭呂隆: 오호 십육국 시대 후량後涼의 마지막 군주(재위 401~403)이다.

27 곽효각郭孝恪: 곽효각(?~648)은 허주許州 양적陽翟 사람으로, 수말隋末 이밀
李密의 휘하에 있다가 당에 귀순했다. 아르시를 공격하여 그 왕 돌기지
突騎支를 생포했고, 쿠차를 공격해서 도성을 함락시켰으나, 그곳 재상
나찰那利의 공격을 받아 전사했다.

28 수행자: 원문은 '부도浮屠'이다. 일반적으로는 스님의 유골이나 사리를
모시는 무덤을 가리키지만, 여기에서는 불가의 가르침을 수행하는 수
행자를 의미한다.

29 슐러국: 원문은 '소로국蘇魯國'이다.

30 쿰국: 원문은 '아극소국阿克蘇國'이다.

31 『사서역기使西域記』: 명나라 영락 연간에 이부원외랑吏部員外郎 진성陳誠
(1365~1457)이 편찬한 서역 견문록으로, 『서역번국지西域蕃國志』라고도 한
다. 진성은 영락 12년(1414)에 호부주사戶部主事 이섬李暹 등과 함께 명을
받들어 신강과 중앙아시아 지역의 17개국을 거쳐 갔다가 10개월 정도
지나 이듬해에 귀국했다. 영락 14년(1416)에 자신이 경험한 내용을 바탕
으로 책을 써서 『사서역기』라고 명명했다.

32 경우景祐: 북송 제4대 황제 인종仁宗 조정趙禎의 세 번째 연호(1034~1038)이다.

33 소성紹聖: 북송 제7대 황제 철종哲宗 조후趙煦의 두 번째 연호(1094~1098)이다.

34 거사전국車師前國: 청말의 투르판 지역으로, 당대에는 고창국高昌國 교하
현交河縣, 원·명 대에는 화주火州에 해당한다.

35 건덕乾德: 북송 태조太祖 조광윤趙匡胤의 두 번째 연호(963~968)이다.

36 왕연덕王延德: 광서 2년본에는 '왕정덕王廷德'으로 되어 있으나, 『송사』에
따라서 고쳐 번역한다. 왕연덕(939~1006)은 북송 시기 하북성 대명大名 사
람으로, 태종의 명을 받들어 서역 고창에 출사하고 견문 여행기를 저술
한 것으로 유명하다.

37 옹희雍熙: 북송 제2대 황제 태종太宗 조광의趙匡義의 두 번째 연호(984~988)이다.

38 경덕景德: 북송 제3대 황제 진종眞宗 조덕창趙德昌의 두 번째 연호(1004~1008)이다.

39 희녕熙寧: 북송 제6대 황제 신종神宗 조욱趙頊의 첫 번째 연호(1068~1077)이다.

40 카라키타이Qara Khitai: 원문은 '객라화태국喀喇和台國'으로, 객라한국喀喇汗國이라고도 한다. 돌궐인이 중앙아시아에 세운 나라이다.

41 키질강Kizil River: 원문은 '혁색륵하赫色勒河'이다.

42 무자트강Muzat River: 원문은 '위우하渭于河'로, 타림강의 지류 중 하나이다.

43 정곡산丁谷山: 지금의 신강 위구르 자치구 우룸치 쿠차현 북쪽에 있는 산이다.

44 이리강Ili River: 원문은 '이리하伊犁河'이다.

45 공신성拱宸城: 옛 땅은 지금의 신강 위구르 자치구 코르가스현Qorghas 서북쪽의 곽성진霍城鎭으로, 1947년에 코르가스현으로 바뀌었다.

46 투글루크 티무르Tughlugh Temur: 원문은 '토호로극토목륵한吐呼魯克吐木勒罕'이다. 투글루크칸(재위 1347~1363)은 동차가타이 칸국인 모굴리스탄 칸국의 초대 칸이다.

47 『쿠란』: 원문은 '『고로안서庫魯安書』'이다.

48 아미나 빈트 와브Amina bint Wahb: 원문은 '아랑고고륵로阿郞固庫勒魯'이다.

49 무함마드Muhammad: 원문은 '마목합이항麻木哈伊項'이다.

50 무함마드: 원문은 '파갈목파이派噶木巴爾'이다.

51 메카Mecca: 원문은 '만극국滿克國'이다.

서남양

부록
파미르고원 동쪽 신강 회부 고찰 하

『흠정서역도지欽定西域圖志』에 다음 기록이 있다.

회부의 계보를 살펴보면, 그 시조 칭기즈칸이 제1대이고, 살펴보건대, 원나라 태조太祖이다. 아들 차가타이[1]가 제2대이며, 살펴보건대, 회부를 분봉받은 태조의 둘째 아들로, 회부 부족장의 초대 선조이며, 천산 남쪽과 북쪽이 모두 그의 분봉지로, 지금의 친신 남쪽에만 그치지 않았다. 합니배소필라극哈喇拜蘇畢喇克이 제3대이고, 다와치Dawači[2]가 제4대이며, 살펴보건대, 이는 건륭 연간 포로가 되었던 준가르 부족장과 동명으로, 원나라 초 사람이다. 바르당Bardang[3]이 제5대이고, 바투르 보힌Batur buhan[4]이 제6대이며, 투메네Tumene[5]가 제7대이고, 아구스Agus[6]가 제8대이며, 카이두Khaidu[7]가 제9대이고, 살펴보건대, 원나라 세조 때 해부海部에서 반란을 일으킨 왕은 태종의 후손으로, 이 사람이 아니다. 살목포와薩木布瓦가 제10대이다. 투글루크 티무르[8]가 제11대이고, 커저르호자Kedzer hojo[9]가 제12대이며, 시라리Sirali[10]가 제13대이고, 시라마하무트Siramahamut[11]가 제14대이며, 마무트Mamut[12]가 제15대이고, 유누스Yunus[13]가 제16대이며, 아마트Amat[14]가 제17대이고, 사이에드Sayiyed[15]가 제18대이며, 아부둘리스트Abdurisit[16]가 제19대이고, 아부둘라임Abdura'im[17]이 제20대이며, 바바한Baba han[18]이 제21대이고, 아크바시Akbash[19]가 제22대이며, 아카무드Aqamud[20]가 제23대이고, 만수르Mangsur[21]가 제24대이며, 아부두알라Abdūalā[22]가 제25대이다. 살펴보건대, 곧 순치 12년(1655)에 상주한 야르칸드의 회족 왕이다.

『흠정외번왕공표전欽定外藩王公表傳』에 다음 기록이 있다.

순치 3년(1646), 투르판 술탄 아불 아흐메드 하지칸Abul-Ahmed Haji Khan[23]은 사신을 파견하여 표를 올리고 공물을 바쳤다. 황제가 조서를 내려 "투르판은 원나라 칭기즈칸의 둘째 아들 차가타이가 분봉받은 땅으로, 이전 명나라 때는 280여 년 동안 단절 상태였다. 지금 다행히 다시 화합하니, 이 어찌 하늘의 뜻이 아니겠는가? 명나라 때 받은 칙인敕印을 모두 바쳤으니, 따로 봉작을 하사하노라"라고 했다. 술탄은 몽골에서 칸을 칭하는 것과 마찬가지로, 명나라 성화 연간의 회부에 대한 칭호이다. 순치 6년(1649), 하서河西의 반역자 회족 정국동丁國棟[24] 등이 반란을 일으켰는데, 하미Hami를 다스리는 바바한[25]의 아들 토륜태土倫泰[26]를 왕으로 옹립하고, 숙주肅州를 근거지로 삼아 반란을 일으켰다. 제독提督 장용張勇이 그들을 토벌하여 평정했다. 순치 12년(1655), 회족 수장 극배克拜가 야르칸드의 표表를 가지고 와서 하미의 바바한이 야르칸드의 압둘라Abdullah칸[27]에게 구금되어 있다고 하며 중국 내지의 백성을 돌려줄 것이니 [압둘라칸을] 벌할 것을 청했다. 장용이 표문의 칭호가 다른 연유를 힐문하니,[28] 극배는 이렇게 고했다. "하미·투르판·야르칸드는 모두 형제 부락으로, 그 부친 압둘라힘Abdul Rahim[29]은 야르칸드에 거하며, 죽은 지 이미 오래되었습니다.

아들이 아홉 명인데, 큰아들은 바로 압둘라칸으로 야르칸드에 거하고, 둘째 아들은 바로 아불 아흐메드 하지칸으로 투르판에 거하며, 그다음이 바바한으로 하미에 거하고 있습니다. 청나라 조정에 죄를 지어 야르칸드의 칸에게 구금되어 있습니다. 그다음의 여러 동생은 쿰·쿠차·호탄을 나누어 다스린 지 오래되었습니다. 전에는 조공 사절이 투르판에서 왔기에 투르판 칸의 이름으로 서명한 것입니다. 그러나 지금은 야르칸드 칸이 형제 중 장남이기에 표문에 야르칸드 칸의 칭호를 사용한 것입니다."

강희 12년(1673), 투르판 사신이 말과 박옥璞玉을 바쳤으며, 표문에는 오목특새이특한烏木特賽伊特汗이라고 칭했고 1083년으로 적혀 있었는데, 바로 아불 아흐메드 하지칸의 아들이다. 살펴보건대, 이는 원나라 왕족 후손이 이슬람 연호를 받든 것이며, 명나라 말 천산남로에서 처음으로 이슬람교로 개종했다는 증거이다. 강희 25년(1686) 후로는 표문을 바치며 "신은 칭기즈칸의 후예로 술레이만Suleiman대제[30]의 대업을 계승하여…"라고 운운했다. 강희 21년(1682), 갈단은 불만을 품고 천산남로의 압둘 라시드Abdul Rashd[31]를 감금했다. 강희 35년(1696), 갈단이 패하자 압둘 라시드는 탈출하여 돌아갔는데, [조정에서는] 조서를 내려 사람을 보내 하미까지 호송하도록 해서 야르칸드로 돌려보냈다. 살펴보건대, 회강回疆에서는 이후로 칸의 지위가 마침내 사라졌는데, 대개 밖으로는 준가르 부족에게 핍박을 받고 안으로는 이슬람교의 호자에 의해 왕국이 분리되어, 원나라 후예는 사라지게 된 것이다. 건륭 20년(1755), 정북장군定北將軍 반디Bandi[32]가 투르판의 옛 수장 만수르[33]는 원나라 태조의 후예로 객라사이喀喇沙爾에 거하고 있으니, 마땅히 돌려보내 옛 속지를 관할하게 해야 한다고 상주했다. 건륭 21년(1756), 섬감陝甘총독 황정계黃廷桂[34]가 애민호자Emin Khoja[35]가 그린 투르판 지도를 바치고, 투르판에는 더 이상 몽골의 후예는 없다고 상주했다. 아울러 과주瓜州의 회족들은 옛 땅으로 돌아가기를 원하며, 옛날 준가르에 납부했던 부세를 공액貢額으로 인정해 주기를 청했다.

『서역도지』에 또 다음 기록이 있다.

이슬람교의 조상을 살펴보면, 무함마드가 제1대이고, 사촌 동생 알리 이븐 아비 탈리브Ali ibn Abi Talib[36]가 제2대이며, 알후세인 이븐 알리al-al-Ḥusayn ibn ʿAlī[37]가 제3대이고, 자인 알아비딘Zayn al-ʿĀbidīn[38]이 제4대이며, 무함마드 알바키르Muḥammad al-Bāqir[39]가 제5대이고, 자파르 알사디크Jaʿfar al-Ṣādiq[40]가 제6대이며, 무사 알카짐Mūsā al-Kāẓim[41]이 제7대이고, 알리 이븐 무사 알리다ʿAlī ibn Mūsā al-Riḍā[42]가 제8대이며, 무함마드 이븐 알리 알자와드 Muḥammad ibn ʿAlī al-Jawād[43]가 제9대이고, 알리 이븐 무함마드 알하디ʿAlī ibn Muḥammad al-Hādī[44]가 제10대이다. 이어 하산 알아스카리Hasan al-Askari[45]가 제11대이고, 무함마드 이븐 하산 알마흐디Muhammad ibn Hasan al-Mahdi[46]가 제12대이며, 아흐메드Ahmad[47]가 제13대이고, 무함마드Muhammad[48]가 제 14대이며, 사객삼沙喀三이 제15대이고, 사액색윤沙額色尹이 제16대이며, 잘랄 웃딘Jalal ud Din[49]이 제17대이고, 케말딘 메그눈Kemāluddin Magnūn[50]이 제18대이며, 부르하누드딘Burhānu-d-Din[51]이 제19대이고, 피르 디와나Pir Diwana[52]가 제20대이다. 그리고 무함마드Muhammad[53]가 제21대이고, 부르하누드딘Burhānu-d-Din[54]이 제22대이며, 잘랄 웃딘Jalal ud Din[55]이 제23대이고, 마흐둠이 아잠Makhdūm-i Aʿẓam[56]이 제24대이며, 무함마드 애민호자[57]가 제25대이고, 무함마드 유수프호자Muhammad Yusuf Khoja[58]가 제26대이며, 살펴보건대, 제26대는 처음 카슈가르[59]로 천도한 조상으로, 『서역수도기』에 그 기록이 보이며 호지잔Hojijan[60]에 이르기까지 단지 4대에 그쳤을 뿐이다. 히다야트 알라 Hidāyat Allāh[61]가 제27대이고, 야흐야호자Yahya Khoja[62]가 제28대이며, 무함마드호자[63]가 제29대이고, 부라니둔Buranidun[64]과 호지잔이 제30대이다.

또 다음 기록이 있다.

무함마드호자의 아들 부라니둔과 호지잔은 바로 반란을 일으킨 대하지와 소하지이다. 이슬람교 제25대인 바하 웃딘Bāhā ud Dīn[65]·아브드 울카리크Abd ul-Khāliq[66]·무함마드Muhammad[67]·이브라힘Ibrahim[68]·이샤크Ishaq[69]·무함마드 알리Muhammad Ali[70]·아랍륵안阿拉勒顏·무함마드Muhammad[71]·색덕극色德克·아삼Assam[72]·사이혁화탁沙伊赫和卓·아브드 울라흐 아크 보그라는 모두 열두지파로, 부하라·힌두스탄 등에 나뉘어 거주했다. 제26대 합색목哈色木은 후에 부하라로 옮겼고, 무사Mūsā[73]는 후에 바다흐샨[74]으로 옮겼으니, 계보의 순서를 일일이 다 기록하지는 않겠다.

『서역수도기』에 다음 기록이 있다.

무함마드 유수프는 처음으로 카슈가르[75]로 천도했으며, 살펴보건대, 호지잔의 고조高祖이다. 토착민 방아마龐雅瑪가 거주하던 곳에 사원을 지어 바쳐서 사후에 그곳에 묻혔다. 무덤은 회성回城에서 동북쪽으로 10리 징도 되는 곳에 위치하는데, 회족들이 곧 무덤에 사당을 만들어 마자르Mazar[76]라고 불렀다. 주위에는 돌난간을 쌓고 가운데는 나무 기둥을 세운 뒤 그 끝에 말·소·사슴 꼬리로 표시를 해 놓았는데, 이는 희생을 바쳐서 복을 기원한다는 뜻이다. 나무가 무성하고 건물이 높고 널찍하며, 외벽에는 화초가 새겨진 푸른빛 유리가 둘러쳐져 있다. 매일 인시·미시·신시·유시·술시에 걸쳐 경전과 주문을 외우고, 해가 지면 북치고 나팔을 불어 전송했는데, 이를 소르나이Sornay[77]라고 한다. 7일마다 시장이 열렸는데, 이를 바자르Bazaar[78]라고 한다. [장이 열리기] 하루 전날 남녀는 사당에 와서 엎

드러 절하며 장사가 잘되기를 기원한다.

　위원이 말한다.

　서역에서는 당나라 이전에는 파미르고원 서쪽 동쪽을 막론하고 모두 불교를 믿었고 이슬람교를 믿지는 않았다. 이슬람교는 수나라·당나라 사이에 시작되어 다만 그 종교가 극서 지역에서만 유행했을 뿐, 파미르 고원 동쪽에까지 퍼지지는 않았다. 이슬람교가 파미르고원 동쪽까지 퍼진 것은 명나라 말부터이다. 이슬람교가 비록 동쪽에서 행해졌지만, 천산 남로 각 회성의 부족장은 아직까지 모두 원 태조의 후예로, 이슬람의 후예와는 관련이 없었다. 그들이 준가르 부족에 멸망당한 것은 곧 청초 강희 연간부터이다.

　이 3가지 일을 여러 책을 통해 밝혀 보니, 서역에서 예로부터 모두 불교를 믿었다는 것은 『진서』「구마라집전鳩摩羅什傳」과 진나라 승려 법현·위나라 승려 혜생·당나라 승려 현장의 서역에 다녀온 기록을 통해 살펴볼 수 있고, 『위서』『진서』『당서』『송사』의 「서역전西域傳」에도 보이며, 오늘날 야르칸드 경내의 옛 부도에도 나타나 있다.『서역수도기』에 보인다. 아크수성 밖 수십 리 되는 곳 강기슭에 있는 천불동 및 석불동, 쿠차성 서쪽 60리 되는 곳에 있는 대불동은 모두 그 상호가 장엄하며, 산스크리트어 경전이 예서로 새겨져 있어 옛날에 회강에서 모두 불교를 믿었다는 것이 해와 별이 빛나듯 명백한 사실이다.

　이슬람교가 모두 극서에서만 유행하다가 명나라 말부터 파미르고원 동쪽에까지 퍼지기 시작했다는 것은 『당서』「서역전」의 대식大食·파사波斯 부분, 『명사』「서역전」의 천방天方·묵덕나默德那 부분에서 살펴볼 수 있고, 또한 회부의 계보 이는『서역도지』에 인용된 것을 참고하라. 및『서역수도기』

에도 보인다. 대개 수나라·당나라 때 무함마드가 천방에서 굴기하여 여러 나라를 복속시켰으며, 종교를 창시하여 하늘을 섬겼고, 서역에서는 그를 높여 천사라 칭했는데, 그들의 언어로는 파이감바르라고 한다. 그 땅은 파미르고원 서쪽으로 1만여 리 되는 곳에 위치하며, 25대에 이르러 비로소 열두지파로 나뉘어 부하라·코칸트·힌두스탄·카슈미르·바다흐샨 등 여러 나라로 나뉘어 옮겨 갔으며, 26대 무함마드 유수프가 비로소 동쪽으로 카슈가르로 옮겨 가서 사원을 세우고 가르침을 행했고, 사후에 그곳에 묻혔다. 그는 바로 호지잔의 고조부이자 신강남로 이슬람교의 시조이다. 그러나 여전히 극서의 종교적 종주국을 천당天堂으로 여겨, 회강에서 이슬람교를 배운 이들은 일생 동안 반드시 서해로 가서 한차례 예배를 올렸다. 근래 비로소 명나라 말에 이르러 파미르고원 동쪽에 이슬람교가 있었다는 사실 또한 해와 별이 빛나듯 명백하다.

신강의 이슬람 부족장이 청초 이전에는 모두 원나라 후예였다고 하는 것은 『원사』·『명사』에 그 기록이 보이고, 『흠정외번왕공표전』에 실린 순치 초년의 조서·강희 연간의 표문과 무릇 장용·반디·황정계가 전후로 올린 상주문에 그 기록이 나타나 있다. 대개 원나라 때 파미르고원 서쪽으로는 태조 부마 [사인 테무르Sayin Temür]의 봉토 사마르칸트이고, 파미르고원 북쪽의 러시아[79]·킵차크는 태조의 장남 주치의 봉토이며, 알타이산[80] 북쪽으로는 태조의 손자 카이두Khaidu[81]·두아Dua[82]·시리기Shiregi[83] 등의 봉토이고, 파미르고원 동쪽·천산 이남은 태조의 둘째 아들 차가타이(察罕岱)의 봉토로, 야르칸드에 성문을 세웠으며 먼 후대의 자손들은 천산남로 각 성을 나누어 다스렸다. 『원사』에 의하면, 우전국이 종왕宗王 알구Alghu[84]의 봉토라고 하고, 살펴보건대, 찰한대察罕岱는 바로 『원사』에 나오는 차가타이 태자이고, 알구왕의 우전국은 「암백전暗伯傳」·「원세조기元世祖紀」에 그 기록이 보인다. 여러 차례 호탄[85]을 정벌했다는 말이 있는데, 바로 우전 국에서 반란을 일으킨 왕을 정벌했다는 것이다.『명사』에 의하면 하미는 원나라 위무왕威武王의 봉토로, 모두 차가타이의 후손이며 조정에서 따로 베쉬발릭에는 천산남로 원수부를 세우고, 알말리크에는 천산북로 원수 부를 세워서 그곳을 통치했다고 한다. 원나라 말엽, 천산북로는 권신 토 곤Toghon[86]이 점거하여 따로 준가르부가 되었기에 원나라 후예는 단지 천 산남로에만 있었다. 청초 순치 연간에 회부의 수장이 표를 바치고 공물 을 올리며 또한 야르칸드 수장을 대종太宗으로 삼아 "신은 칭기즈칸의 후 예로 술레이만대제의 대업을 계승하여…"라고 했다. 그의 여러 동생은 나뉘어 8성의 우두머리가 되었으니, 바로 그는 원나라의 후예로 제25대 이다. 강희 연간에 이르러 준가르에 멸망당했고, 준가르는 각 성의 원나 라 수장을 붙잡아서 천산 북쪽으로 이주시켰다. 비록 강희 35년(1696)에 [준가르 수장] 갈단을 멸망시키고 회부 수장을 석방하여 야르칸드로 돌 려보냈지만, 끝내 그 나라는 일어나지 못했다. 이후로 칸이 마침내 사라 졌다. 그러므로 건륭 연간 준가르부를 소탕하여 평정했을 때 각 회부에 더 이상 원나라 후예가 없었기에 호지잔은 이슬람교를 기반으로 흥기하 여 그곳을 차지했다. 이에 앞서 종래로 회부 수장이 표를 올리고 공물 을 바친 적은 없다. 호지잔 이전에는 모두 원나라의 후예로, 이슬람의 후 예가 아니었다는 것이 또한 해와 별이 빛나듯 명백하다.

근래『서역도지』만 유독 신강남로가 예로부터 모두 이슬람교를 믿었 다고 하며 역대「서역전」의 오류를 모두 질책하고 있지만, 무릇 당나라 이전 일에 대해서는 언급하고 있지 않다. 즉 원나라 칭기즈칸에서 순치 초년에 이르기까지, 무릇 25대에 걸친 분봉지와 관련된 일을 모두 상고 시대의 일로 만들어 버리고, 더욱이 파이갑바르 이전을 원 태조와 같이 보며, 또한 파이감바르를 카슈가르로 천도한 시조로 보고 있지만, 이슬람교 시조의 무덤이 극서의 천방에 있다는 것과 같은 표현은『명사』에는 실려 있지 않다. 파이감바르와 무함마드를 두 사람으로 밝혀 놓고, 회부의 수장이 원나라·명나라 때부터 이슬람교를 믿었다고 했지만, 순치 연간 표를 올리고 공물을 바친 원나라 후예인 수장이 누구인지는 결국 불문에 부치고『흠정외번표전欽定外藩表傳』같은 관서官書에서도 불문에 부쳤다. 그 원인을 따져 보면, 모두 명나라 말엽 이슬람교가 천방에서 카슈가르에 전파되었을 때, 원나라 후예인 수장들이 바람에 쏠리듯 이슬람교를 믿었기에 강희 초년 투르판에서 표를 올릴 때 1083년으로 서명한 것이니, 이는 원나라 후예들이 이슬람교로 개종했다는 증거이다. 그러므로 중국인은 마침내 원나라의 후예를 이슬람의 후예로 잘못 알고 아울러 신강에 예로부터 이슬람교가 있었다고 오인한 것이다. 이는 모두 견강부회가 극에 달한 것으로, 지금 특별히 이전의 여러 책을 모두 기록하여 살펴는 보지만 판단하지 않는 것은 신중함을 기하기 위해서이다.

『당서』에서는 우전국·슐러국은 민간에서 현신祆神을 섬긴다고 했고,『송사』에서는 불교 사찰 외에 미니시末尼寺와 피시시波斯寺가 있다고 했다. 이 회강에서는 옛날에 아울러 천사天祠를 섬겼으니, 어찌 서역에 예로부터 모두 천주교만 있었다고 말할 수 있겠는가? 불경에서 누차 브라만 외도가 디지 제천시大自在天祠를 섬겼다고 했어도 비록 부처의 세상이 다 사라질 수는 없는 것이니, 어찌 인도에 예로부터 모두 조로아스터교(祆神敎)만 있고 불교는 없었다고 말할 수 있겠는가? 당나라 때 장안에 대진파사사大秦波斯寺가 있었는데, 지금 북경과 마카오에는 천주당이 있고 각 성에는 예배당이 있으니, 또한 어찌 중국에서는 모두 현신만을 믿고 다른 종교는 없다고 말할 수 있겠는가? 오직 회강남로의 현신에 대해서는 예전에는 특별히 제사를 지냈다고 들었지만 불교의 10분의 1에도 미치지 못했는데, 수천 리에 이르러 하나의 종교를 이루어서 가가호호 알려지게 되고 불교가 자취를 감추어 행해지지 않게 된 것은 곧 실제로 명나라 말엽부터이다. 이뿐 아니라 회골·회회는 모두 파미르고원 동쪽의 나라 이름으로, 그 종교는 천방에서 창시되어 본래 천방교天方敎라고 했지, 회교라고 하지는 않았으며, 파미르고원 서쪽에서 종교를 믿는 각 나라 역시 회회라고 하지 않았으니, 가령 몽골이 불교를 믿는다고 해서 어찌 인도를 몽골이라고 칭할 수 있겠는가? 지금 중국에서는 천방을 회회교回回敎라고 칭하고 아울러 회회국回回國이라고 하면서 회부가 천방에서 만여 리 이상 떨어져 있는 것을 모르는데, 바로 천주교가 유럽, 즉 옛날의 대진에서 성행했으나, 후세 사람들은 이로 인해 천주가 탄생한 유다를 대진으로 칭하면서 실제 이 두 지역이 지중해로 가로막혀 있다는 사실을 모르는 것과 마찬가지이다.

蔥嶺以東新疆回部附考下

—

『欽定西域圖志』: 回部世系, 其始祖靑吉斯汗爲第一世, 案: 卽元太祖也. 子察罕岱爲第二世, 案: 太祖次子分封回部者, 是爲回酋之初祖, 山南山北皆其分地, 不止今山南也. 哈喇拜蘇畢喇克爲第三世, 達瓦齊爲第四世, 案: 此與乾隆所俘準酋同名, 其人則在元初. 巴爾當爲第五世, 巴圖爾博汗爲第六世, 圖墨訥爲弟七世, 阿沽斯爲第八世, 海都爲第九世, 案: 元世祖時有海都叛下, 乃太宗裔孫, 非此人也. 薩木布瓦爲第十世. 特木爾圖胡魯克爲第十一世, 克則爾和卓爲第十二世, 錫喇里爲第十三世, 錫喇瑪哈木特爲第十四世, 瑪木特爲第十五世, 王努斯爲第十六世, 阿瑪特爲第十七世, 睿葉特爲第十八世, 阿布都里錫特爲第十九世, 阿布都喇伊木爲第二十世, 巴巴汗爲第二十一世, 阿克巴錫爲第二十二世, 阿哈木特爲第二十三世, 莽蘇爾哈色木爲第二十四世, 阿布都勒拉爲第二十五世. 案: 卽順治十二年上表之葉爾羌回汗也.

『欽定外藩王公表傳』: 順治三年, 吐魯番蘇勒檀阿布勒阿哈默特阿濟汗

遣使表貢. 諭曰:"吐魯番, 乃元成吉思汗次子察罕岱受封之地, 前明時隔絕
二百八十餘載. 今幸而復合, 豈非天乎? 所受明朝敕印, 可悉繳上, 別錫封爵."
蘇勒檀者, 猶蒙古稱汗, 明成化時回號也. 順治六年, 河西逆回丁國棟等叛, 僞
立哈密巴拜汗子士倫泰爲王, 據肅州叛. 提督張勇討平之. 十二年, 回目克拜齋
葉爾羌表至, 稱哈密巴拜汗爲葉爾羌阿布都剌汗所禁, 獻還內地民, 請罪. 張
勇詰其表異名之故, 克拜告曰:"哈密·吐魯番·葉爾羌皆昆弟, 其父曰阿都剌汗,
居葉爾羌, 卒已久. 子九人, 長卽阿布都剌汗, 居葉爾羌, 次卽阿布勒阿哈默特
汗, 居吐魯番, 次巴拜汗, 居哈密. 以得罪天朝, 故爲葉爾羌汗所拘禁. 其次諸
弟分長阿克蘇·庫車·和闐. 前貢使來自吐魯番, 故署吐魯番汗名. 今以葉爾羌
汗爲昆弟長, 故表稱葉爾羌汗名."

　康熙十二年, 吐魯番使貢馬及璞玉, 表稱烏木特賽伊特汗, 署一千八十三年,
卽阿布勒阿哈默特汗之子也. 案: 此以元酋裔長而奉回敎年號, 此明季南路初改
回敎之證. 二十五年後, 貢表稱 "臣成吉思汗裔, 承蘇賚滿汗業……"云云. 康
熙二十一年, 噶爾丹以嫌縶山南阿布都爾實特. 三十五年, 噶爾丹敗, 阿布都爾
實特脫出來歸, 詔遣人護至哈密, 使歸葉爾羌. 案: 回疆自後汗位遂絕, 蓋外迫於
準部, 內分於回敎和卓木, 而元裔亡矣. 乾隆二十年, 定北將軍班第奏吐魯番舊
頭目莽蘇爾爲元太祖裔, 居喀喇沙爾, 應遣歸, 轄其舊屬. 二十一年, 陝甘總督
黃廷桂獻額敏和卓繪吐魯番圖, 奏吐魯番不復有蒙古裔. 瓜州回民願歸故土,
請視舊納準夷賦爲貢額.

　『西域圖志』又曰: 回敎之祖派噶木巴爾第一世, 同祖兄子阿里爲第二世,
鄂賽音爲第三世, 再努勒阿畢丁爲第四世, 瑪木特巴克爾爲第五世, 札丕爾薩
氐克爲第六世, 木色伊喀則木爲第七世, 阿里伊木西里雜爲第八世, 賽葉特勒
塔里布爲第九世, 阿布勒拉爲第十世. 阿布雜勒爲第十一世, 阿布都勒拉爲第

十二世, 阿哈瑪特爲第十三世, 瑪木特爲第十四世, 沙咯三爲第十五世, 沙額色尹爲第十六世, 札拉里丁爲第十七世, 克瑪里丁爲第十八世, 布爾哈尼丁爲第十九世, 米爾氏瓜納爲第二十世. 瑪木特爲第二十一世, 布喇尼丁爲第二十二世, 札拉里丁爲第二十三世, 瑪哈圖木阿雜木爲第二十四世, 瑪木特額敏爲第二十五世, 瑪木特玉素布爲第二十六世, 案: 第二十六世爲初遷喀城之祖, 見『西域水道記』, 至霍集占僅四世耳. 伊達雅圖勒拉和卓爲第二十七世, 雅雅和卓爲第二十八世, 瑪罕木特爲第二十九世, 波羅尼都·霍集占爲第三十世.

又曰: 瑪罕木特子波羅尼都·霍集占, 卽大·小和卓木兩逆酋也. 其第二十五世之巴哈古敦·阿布都哈里克·瑪木特·伊布喇伊木·伊薩木·瑪木特阿里·阿拉勒顏·瑪木特·色德克·阿三·沙伊赫和卓·阿布都勒拉共十二支, 析居布哈爾·痕都斯坦諸處. 第二十六世之哈色木後遷布哈爾, 木薩爾後遷拜勒哈, 世次不備載.

『西域水道記』曰: 瑪木特玉素普之初遷喀什噶爾也, 案: 卽霍集占之高祖. 土人龐雅瑪獻所居地爲寺, 死卽葬焉. 墓在回城東北十里許, 回人卽墓爲祠堂, 曰瑪咱爾. 周甃石欄, 中列木格, 標馬·牛·鹿尾於其端, 謂薦牲祈福也. 樹木陰翳, 臺宇軒敞, 外垣以藍色玻璃鏤刻花卉. 每日寅·未·申·酉·戌五時誦經咒, 日入則鼓吹送之, 曰送日鼓. 七日爲市, 曰巴咱爾市. 前一日男婦入祠堂膜拜, 以求利市.

魏源曰: 西域自唐以前無論蔥嶺西東皆有佛教, 無回教. 其以回教稱者, 自隋·唐之間始, 且其教止行於極西, 而未及蔥嶺以東. 其及蔥嶺以東者, 自明季始. 教雖東行, 而山南各回城酋長尚皆元太祖之裔, 於回裔無與. 其被滅於準夷, 則自國初康熙間始.

以此三事, 證諸群書, 則其言西域自古皆佛敎者, 見於『晉書』「鳩摩羅什傳」及晉僧法顯·魏僧惠生·唐僧玄奘使西域之記, 見於『魏書』·『晉』·『唐書』·『宋史』西域各傳, 見於今日葉爾羌城內之古浮圖.『西域水道記』. 阿克蘇城外數十里河岸之千佛洞及石佛洞, 庫車城西六十里之大佛洞, 皆像好莊嚴, 梵經隸刻, 是回疆之舊皆佛敎, 昭如星日.

其言回敎皆在極西, 明季始被蔥嶺以東者, 見於『唐書』「西域傳」之大食·波斯,『明史』「西域傳」之天方·默德那, 又見於回部之世譜 此見『西域圖志』所引. 及『西域水道記』. 蓋隋·唐時謨罕默德崛起天方, 臣服諸國, 創敎事天, 西域尊曰天使, 番語曰派罕巴爾. 其地在蔥嶺西萬餘里, 二十五世始分十二支, 分適布哈爾·敖罕·痕都斯坦·克什彌爾·巴達克山諸國, 至二十六世瑪木特玉素普始東遷喀城, 立寺行敎, 死卽葬焉. 卽霍集占高祖, 是爲新疆南路回敎之祖. 然仍以極西之祖國爲天堂, 故回疆習敎之人終身必赴西海禮拜一次. 是蔥嶺東之有回敎近始明季, 又昭如星日.

其言新疆回酋國初以前皆元裔者, 見於『元史』·『明史』, 見於『欽定外藩王公表傳』所載順治初年之上諭·康熙中之貢表, 與夫張勇·班第·黃廷桂先後之奏. 蓋元時蔥嶺以西爲太祖駙馬賽馬爾罕封地, 蔥嶺以北之阿羅思·欽察爲太祖長子術赤封地, 金山以北爲太祖孫海都·篤姓·昔里吉等封地, 蔥嶺以東·天山以南爲太祖次子察罕岱封地, 建闍於葉爾羌, 其苗裔分王南路各城. 其見『元史』者, 如于闐爲宗王阿魯忽所封, 案: 罕岱卽『元史』之察合台太子也, 阿魯忽王于闐見「暗伯傳」·「元世祖紀」. 屢言征斡端, 卽征于闐叛王也. 見『明史』者, 哈密爲元威武王所封, 皆察罕岱之孫, 而朝廷別建南路元帥府于別失八里, 北路元帥府於阿力麻里以控禦之. 元末天山北路爲强臣脫歡所踞, 別爲準部, 於是元裔惟有天山南路. 國初順治中, 回酋表貢尙以葉爾羌酋爲大宗, 稱"臣成吉思汗裔承蘇賚滿汗業…."
其諸弟分長八城, 卽元裔之第二十五世也. 至康熙中竝滅于準夷, 拘各城
元酋, 遷之山北. 雖康熙三十五年滅噶爾丹時縱回酋歸葉爾羌, 亦終於不
振. 自後汗位遂絕. 故乾隆蕩平準部時, 各回城無復元裔, 於是霍集占以
回敎橫起據之. 前此從無回敎酋長表貢之事. 是霍集占以前之皆元裔, 非
回裔, 亦昭如星日.

而近日『西域圖志』獨以新疆南路從古皆回敎, 盡斥歷代「西域傳」之
謬, 然無以處夫唐以前也. 則取元成吉思汗至順治初凡二十五世之藩封
竝移諸上古, 謂其更在派罕巴爾以前與元太祖同名, 又以派罕巴爾卽遷
喀城始祖, 而無如回敎祖墓在天方極西, 載在『明史』也. 則柝派罕巴爾與
穆罕驀德爲二人, 謂回城酋長自元·明卽皆回敎, 而順治間表貢之元裔酋
長何人竟置不問, 於『欽定外藩表傳』之官書亦置不問. 推原其故, 皆由明
季回敎由天方至喀城時, 諸元裔酋長靡然奉之, 故康熙初土魯番貢表署
千八十三年, 此元裔改奉回敎之證. 故華人遂誤以元裔爲回裔, 竝誤以新
疆自古皆回敎. 此皆鑿枘之至大者, 今特盡錄諸書於前, 案而不斷, 以昭
愼重.

『唐書』言于闐·疏勒俗事祆神, 『宋史』言其佛寺外有末尼寺及波斯寺.
此回疆舊兼有天祠之事, 豈得謂西域自古皆天主敎乎? 佛經屢言婆羅門
外道事大白在天祠, 雖佛世不能盡絕, 豈得謂印度自古皆祆神敎, 無佛敎
乎? 唐時長安有大秦波斯寺, 今京師及澳門有天主堂, 各省有禮拜寺, 又
豈得謂中國皆奉祆神, 無他敎乎? 惟回疆南路之祆神昔特聞有其祀, 不及
佛敎十分之一, 至其數千里竝爲一敎, 家喩戶曉, 佛敎埽迹不行則實始於
明之末葉. 不特此也, 回鶻·回回皆蔥嶺以東國名, 其敎創於天方, 本名天
方敎, 不名回敎, 其蔥嶺以西奉敎各國亦皆不名回回, 猶之蒙古崇佛敎,

豈可竝稱印度爲蒙古耶? 今中土稱天方爲回回敎, 竝稱爲回回國, 不知回

部之去天方萬有餘里, 正猶天主敎行歐羅巴, 卽古之大秦, 後人因竝稱天

主所生之如德亞爲大秦, 不知實隔地中海.

주석

1 차가타이: 원문은 '찰한대察罕岱'이다.

2 다와치Dawači: 원문은 '달와제達瓦齊'이다.

3 바르당Bardang: 원문은 '파이당巴爾當'이다.

4 바투르 보한Batur bohan: 원문은 '파도이박한巴圖爾博汗'이다.

5 투메네Tumene: 원문은 '도묵눌圖墨訥'이다.

6 아구스Agus: 원문은 '아고사阿沽斯'이다.

7 카이두Khaidu: 원문은 '해도海都'이다.

8 투글루크 티무르: 원문은 '특목이도호로극特木爾圖魯克'이다.

9 커저르호자Kedzer hojo: 원문은 '극칙이화탁克則爾和卓'이다.

10 시라리Sirali: 원문은 '석라리錫喇里'이다.

11 시라마하무트Siramahamut: 원문은 '석라마합목특錫喇瑪哈木特'이다.

12 마무트Mamut: 원문은 '마목특瑪木特'이다.

13 유누스Yunus: 원문은 '옥노사玉努斯'이다. 광서 2년본에는 '왕노사王努斯'로

되어 있으나, 『흠정서역도지』에 따라서 고쳐 번역한다.

14 아마트Amat: 원문은 '아마특阿瑪特'이다.

15 사이예드Sayiyed: 원문은 '새엽특賽葉特'이다.

16 아부둘리스트Abdurisit: 원문은 '아포도리석특阿布都里錫特'이다.

17 아부둘라임Abdura'im: 원문은 '아포도라이목阿布都喇伊木'이다.

18 바바한Baba han: 원문은 '파파한巴巴汗'이다.

19 아크바시Akbash: 원문은 '아극파석阿克巴錫'이다.

20 아카무드Aqamud: 원문은 '아합목특阿哈木特'이다.

21 만수르Mangsur: 원문은 '망소이합색목莽蘇爾哈色木'이다.

22 아부두알라Abdūalā: 원문은 '아포도륵랍阿布都勒拉'이다.

23 아불 아흐메드 하지칸Abul-Ahmed Haji Khan: 원문은 '아포륵아합묵특아제
한阿布勒阿哈默特阿濟汗'이다.

24 정국동丁國棟: 정국동(?~1649)은 감숙성 감주甘州 사람이다. 그는 원래 명
나라 때 감주 등지에 주둔했던 군관으로, 처음에는 이자성에게 투항했
다가 순치 초년에 청나라에 항복했다. 순치 5년(1648) 3월, 청의 중만경
한重滿輕漢과 변발령에 불만을 품고 감주 부장副將 미라인米喇印과 반란을
일으켰으나 청나라 군대에 패배했다.

25 바바한: 원문은 '파배한巴拜汗'이다.

26 토륜태土倫泰: 광서 2년본에는 '사륜태土倫泰'로 되어 있으나, 『흠정서역
도지』에 따라서 고쳐 번역한다.

27 압둘라Abdullah칸: 원문은 '아포도랄한阿布都剌汗'이다. 야르칸드의 제11대
칸(재위 1638~1669)이다.

28 장용이 … 힐문하니: 극배는 이전에 하미의 사절로 한 차례 가욕관에
온 적이 있는데, 재차 사절로 올 때는 야르칸드의 표문을 가지고 왔기
때문에 장용이 표문의 칭호가 다르다고 의심한 것이다.

29 압둘 라힘Abdul Rahim: 원문은 '아도랄한阿都剌汗'이다.

30 술레이만Suleiman대제: 원문은 '소뢰만한蘇賚滿汗'이다. 오스만제국의 10대
술탄(재위 1520~1566)이다.

31 압둘 라시드Abdul Rashid: 원문은 '아포도이실특阿布都爾實特'이다. 바바한의
아들이다.

32 반디Bandi: 원문은 '반제班第'로, 청나라의 귀족이자 장군, 정치가였던 보
르지기트 반디(1664~1755)를 가리킨다.

33 만수르: 원문은 '망소이莽蘇爾'로, 만소이滿蘇爾라고도 한다.

34 황정계黃廷桂: 황정계(1691~1759)는 청나라 정치인으로, 자는 '단애丹崖'이다.

35 애민호자Emin Khoja: 원문은 '액민화탁額敏和卓'이다. 애민호자(1694~1777)는
건륭제가 아끼던 위구르족 출신 부족장으로, 대소화탁大小和卓의 난을
평정했다.

36 알리 이븐 아비 탈리브Ali ibn Abi Talib: 원문은 '아리阿里'이다.

37 알후세인 이븐 알리al-Ḥusayn ibn ʿAlī: 원문은 '악새음鄂賽音'이다.

38 자인 알아비딘Zayn al-ʿĀbidīn: 원문은 '재노륵아필정再努勒阿畢丁'이다.

39 무함마드 알바키르Muḥammad al-Bāqir: 원문은 '마목특파극이瑪木特巴克爾'이
  다. 열두이맘파 제5대 이맘인 무함마드 이븐 알리 알바키르Muḥammad ibn
  ʿAlī al-Bāqir(재위 712~733)로 추정된다.

40 자파르 알사디크Jaʿfar al-Ṣādiq: 원문은 '찰비이살저극札丕爾薩氏克'이다. 열두
  이맘파 제6대 이맘인 자파르 이븐 무함마드 알사디크Jaʿfar ibn Muḥammad
  al-Ṣādiq(재위 732~765)로 추정된다.

41 무사 알카짐Mūsā al-Kāẓim: 원문은 '목색이객칙목木色伊喀則木'이다. 열두
  이맘파의 제7대 이맘 무사 이븐 자파르 알카짐Mūsā ibn Jaʿfar al-Kāẓim(재위
  765~799)로 추정된다.

42 알리 이븐 무사 알리다ʿAlī ibn Mūsā al-Riḍā: 원문은 '아리이목서리잡阿里
  伊木西里雜'이다. 열두이맘파의 제8대 이맘 알리 이븐 무사 알리다(재위
  799~818)로 추정된다.

43 무함마드 이븐 알리 알자와드Muḥammad ibn ʿAlī al-Jawād: 원문은 '새엽특륵
  탑리포賽葉特勒塔里布'이다.

44 알리 이븐 무함마드 알하디ʿAlī ibn Muḥammad al-Hādī: 원문은 '아포륵랍阿布
  勒拉'이다.

45 하산 알아스카리Hasan al-Askan: 원문은 '아포잡륵阿布雜勒'이다.

46 무함마드 이븐 하산 알마흐디Muhammad ibn Hasan al-Mahdi: 원문은 '아포도
  륵랍阿布都勒拉'이다.

47 아흐메드Ahmad: 원문은 '아합마특阿哈瑪特'이다.

48 무함마드Muhammad: 원문은 '마목특瑪木特'이다.

49 잘랄 웃딘Jalal ud Din: 원문은 '찰랍리정札拉里丁'이다.

50 케말딘 메그눈Kemāluddin Magnûn: 원문은 '극마리정克瑪里丁'이다.

51 부르하누드딘Burhânu-d-Din: 원문은 '포이합니정布爾哈尼丁'이다.

52 피르 디와나Pir Diwana: 원문은 '미이지과납米爾氏瓜納'이다.

53 무함마드Muhammad: 원문은 '마목특瑪木特'이다.

54 부르하누드딘Burhānu-d-Din: 원문은 '포라니정布喇尼丁'이다.

55 잘랄 웃딘Jalal ud Din: 원문은 '찰랍리정札拉里丁'이다.

56 마흐둠이 아잠Makhdūm-i A'ẓam: 원문은 '마합도목아잡목瑪哈圖木阿雜木'이다.
아흐메드 카사니Ahmad Kasani라고도 한다.

57 무함마드 애민호자: 원문은 '마목특액민瑪木特額敏'이다.

58 무함마드 유수프호자Muhammad Yusuf Khoja: 원문은 '마목특옥소포瑪木特玉
素布'이다.

59 카슈가르: 원문은 '객성喀城'으로, 지금의 신강 위구르 자치구에 위치한다.

60 호지잔Hojijan: 원문은 '곽집점霍集占'으로, 천산산맥 남쪽에 거주하던 위
구르족 수장이다. 호지잔(?~1759)은 대하지 부라니둔의 동생으로, 소하
지라 불렸다.

61 히다야트 알라Hidâyat Allâh: 원문은 '이달아도륵랍화탁伊達雅圖勒拉和卓'이
다. 아팍호자Āfāq Khwāja라고도 한다.

62 야흐야호자Yahya Khoja: 원문은 '아아화탁雅雅和卓'이다.

63 무함마드호자: 원문은 '마한목특瑪罕木特'이다.

64 부라니둔Buranidun: 원문은 '파라니도波羅尼都'이다.

65 바하웃딘Bāhā ud Dīn: 원문은 '파합고돈巴哈古敦'이다.

66 아브드 울카리크Abd ul-Khāliq: 원문은 '아포도합리극阿布都哈里克'이다.

67 무함마드Muhammad: 원문은 '마목특瑪木特'이다.

68 이브라힘Ibrahim: 원문은 '이포라이목伊布喇伊木'이다.

69 이샤크Ishaq: 원문은 '이살극伊薩克'이다. 광서 2년본에는 '이살목伊薩木'으
로 되어 있으나, 역사적 사실에 따라서 고쳐 번역한다.

70 무함마드 알리Muhammad Ali: 원문은 '마목특아리瑪木特阿里'이다.

71 무함마드Muhammad: 원문은 '마목특瑪木特'이다.

72 아삼Assam: 원문은 '아삼阿三'이다.

73 무사Mūsā: 원문은 '목살이木薩爾'이다.

74 바다흐샨: 원문은 '배륵합拜勒哈'이다.

75 카슈가르: 원문은 '객십갈이喀什噶爾'이다.

76 마자르Mazar: 원문은 '마찰이嗎咱爾'로, 무덤을 의미한다.

77 소르나이Somay: 원문은 '송일고送日鼓'이다.

78 바자르Bazaar: 원문은 '파찰이시巴咱爾市'이다.

79 러시아: 원문은 '아라사阿羅思'이다.

80 알타이산: 원문은 '금산金山'이다.

81 카이두Khaidu: 원문은 '해도海都'로, 카이두(재위 1248~1301)는 오고타이 칸국
   의 제3대 칸이다.

82 두아Dua: 원문은 '독성篤姓'으로, 독왜篤哇라고도 한다. 두아(재위 1282~1307)
   는 차가타이 칸국의 제10대 칸이다.

83 시리기Shiregi: 원문은 '석리길昔里吉'로, 몽골 제국의 제4대 칸인 몽케칸의
   넷째 아들이다.

84 알구Alghu: 원문은 '아로홀阿魯忽'이다. 알구(재위 1260~1266)는 차가타이의
   손자로, 차가타이 칸국의 칸이다.

85 호탄: 원문은 '간단幹端'이다.

86 토곤Toghon: 원문은 '탈환脫歡'이다. 토곤(?~1439)은 오이라트부의 수장으
   로 명나라 영락제로부터 순녕왕順寧王의 칭호를 받았다.

찾아보기

해국도지(十) 지리 색인

244

해국도지(十) 서적 색인

해국도지(十) 개념 색인

저자 소개

위 원 魏 源(1794~1857)

청대 정치가, 계몽사상가이다. 호남성湖南省 소양邵陽 사람으로 도광
2년(1822) 향시鄕試에 합격했다. 1830년 임칙서 등과 함께 선남시사宣南
詩社를 결성해서 황작자黃爵滋, 공자진龔自珍 등 개혁적 성향을 지닌 인사
들과 교류했다. 1840년 임칙서의 추천으로 양절총독 유겸裕謙의 막료
로 들어가면서 서양에 관심을 갖게 되었다. 같은 해 임칙서에게서
『사주지』를 비롯해 서양 관련 자료를 전해 받고 『해국도지』를 편찬
했다. 주요 저작으로는 『공양고미公羊古微』, 『춘추번로주春秋繁露注』, 『성
무기聖武記』 등이 있다.

역주자 소개

정 지 호 鄭址鎬

도쿄대학 대학원 인문사회계 연구과에서 박사학위를 취득하고 현재 경희대학교 사학과 교수로 재직 중이다. 주요 연구로 중국의 전통적 상업 관행인 합과合夥 경영 및 량치차오梁啓超의 국민국가론에 대해 다수의 논문을 발표했으며 현재는 귀주貴州 소수민족 사회에 대한 연구를 진행하고 있다. 저서로는 『합과: 전통 중국 상공업의 기업 관행』, 『키워드로 읽는 중국의 역사』, 『진수의 《삼국지》 나관중의 《삼국연의》 읽기』, 『한중 역사인식의 공유』(공저)가 있으며, 역서로는 『애국주의의 형성』, 『중국근현대사 1: 청조와 근대 세계』, 『동북사강』 등이 있다.

이 민 숙 李玟淑

한국외국어대학교에서 중국고전소설로 박사학위를 받았으며, 현재 한림대학교 인문학연구소 학술연구교수로 재직 중이다. 고서적 읽는 것을 좋아해서 틈틈이 중국 전통 시대의 글을 번역해 출간하고 있다. 특히 필기문헌에 실려 있는 중국 전통문화를 이해하고 재구성하는 것에 관심이 많다. 저서로는 『한자 콘서트』(공저), 『중화미각』(공저), 『중화명승』(공저), 역서로는 『태평광기』(공역), 『우초신지』(공역), 『풍속통의』(공역), 『강남은 어디인가: 청나라 황제의 강남 지식인 길들이기』(공역), 『임진기록』(공역), 『녹색모자 좀 벗겨줘』(공역), 『열미초당필기』, 『영환지략』(공역) 등이 있다.

고 숙 희 高淑姬

성균관대학교 대학원에서 중문학 박사학위를 받았다. 동서양 고전을 즐겨 읽으면서 동서양 소통을 주제로 한 대중적 글쓰기를 시도하고 있다. 특히 18세기 한중 사회의 다양한 문화에 대해 큰 관심을 가지고 소소한 글쓰기를 하고 있다. 최근에는 법의학과 전통 시대 동아시아 재판 서사에 대해 깊은 관심을 가지고 연구를 진행 중이다. 저서로는 『고대 중국의 문명과 역사』와 『중국 고전 산문 읽기』가 있고, 역서로는 『송원화본』(공역), 『중국문화 17: 문학』, 『백가공안』, 『용도공안』, 『열두 누각 이야기+二樓』, 『新 36계』 등이 있다.

정 민 경 鄭瑉暻

중국사회과학원에서 중국문학 전공으로 박사학위를 받았다. 현재 제주대학교 중문과 부교수로 재직 중이다. 중국소설과 필기를 틈틈이 읽고 있으며 중국 지리와 외국과의 문화 교류에도 관심이 많다. 저서로는 『옛이야기와 에듀테인먼트 콘텐츠』(공저), 『중화미각』(공저), 『중화명승』(공저)이 있고, 역서로는 『태평광기』(공역), 『우초신지』(공역), 『풍속통의』(공역), 『명대여성작가총서』(공역), 『강남은 어디인가: 청나라 황제의 강남 지식인 길들이기』(공역), 『사치의 제국』(공역), 『(청 모종강본) 삼국지』(공역), 『영환지략』(공역) 등이 있다.

해국도지
海國圖志